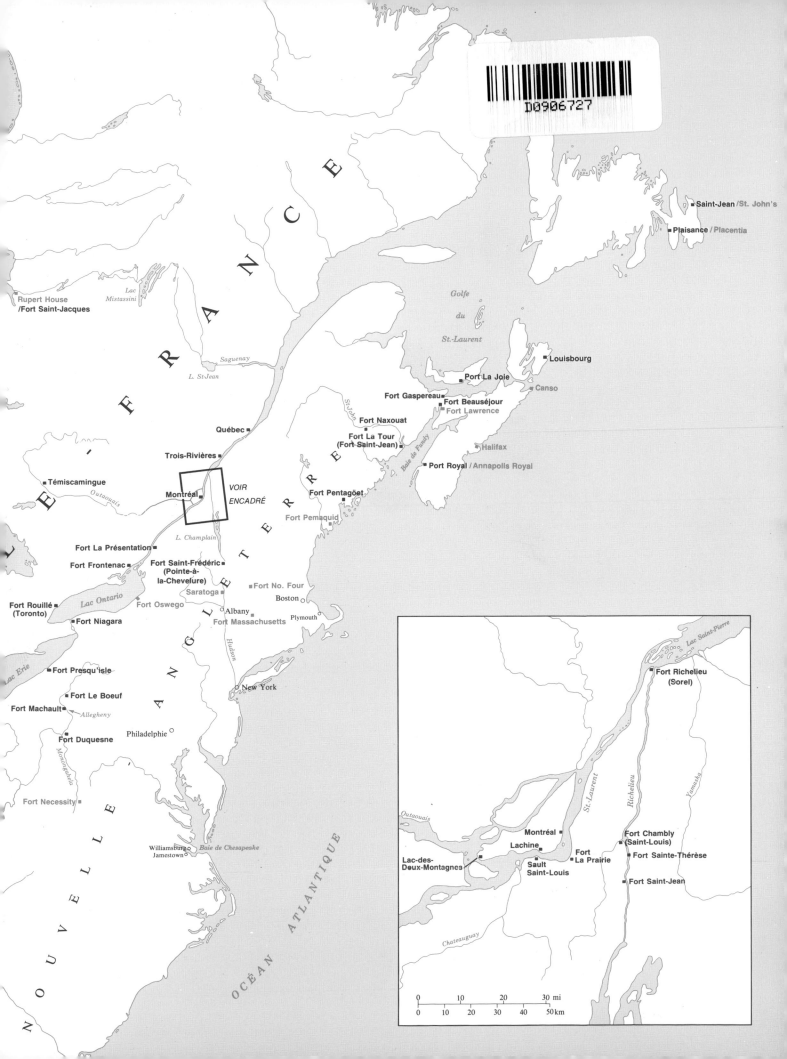

Juin 2000

LE PATRIMOINE MILITAIRE CANADIEN

D'hier à aujourd'hui

Tome 1

1000-1754

RENÉ CHARTRAND

LE PATRIMOINE MILITAIRE CANADIEN

D'hier à aujourd'hui

Tome 1

1000-1754

ART GLOBAL

Données de catalogage avant publication (Canada)

Chartrand, René

    Patrimoine militaire canadien : d'hier à aujourd'hui
    L'ouvrage complet comprendra 3 vol.
    Comprend des ref. bibliogr. et un index.
    Sommaire : t. 1. 1000–1754

    ISBN 2–920718–44–4 (v. 1)

    1. Canada – Histoire militaire. 2. Armées – Canada – Histoire. 3. Militaires – Canada.
4. Soldats – Canada.
I. Titre.

FC226.C42 1993   355'.00971   C93–096593–0
F1028.C42 1993

This work was published simultaneously in English under the title:
CANADIAN MILITARY HERITAGE
Volume I
1000–1754
ISBN 2–920718–49–5

Cet ouvrage a été publié à l'initiative et sous les auspices de
Communications M.C. Stratégiques
et du Service historique du ministère de la Défense nationale du Canada.

Coordonnateur du projet : Serge Bernier

Conception et réalisation : Équipe Art Global

Imprimé au Canada

© Art Global, inc., 1993
1009, avenue Laurier Ouest
Montréal, Québec H2V 2L1

ISBN 2–920718–44–4
4ᵉ trimestre 1993

Je tiens à remercier les personnes suivantes, historiens, conservateurs, archéologues, collectionneurs et illustrateurs, qui m'ont ouvert leurs portes et ont partagé avec moi les fruits de leurs recherches :

Christian Ariès, Monsireigne – Francis Back, Montréal – Russel Bouchard, Chicoutimi – Jean Boudriot, Paris – Jean et Raoul Brunon, Salon-de-Provence – Gerald A. Embleton, Onnens – Albert W. Haarmann, Washington – Bruno Hélias, Plomelin – Eugène Lelièpvre, Montrouge – Lewis Parker, Toronto – Michel Pétard, Saint-Julien-de-Concelles – David Rickman, Greenville – Marcel Trudel, Longueuil;

les institutions suivantes, pour leur précieuse collaboration :

Anne S.K. Brown Military Collection, Brown University, Providence – Archives de la société d'histoire militaire La Sabretache, Paris – Archives du port de Rochefort – Archives nationales de France – Archives nationales du Canada – Archives nationales du Québec – Bibliothèque du Service canadien des parcs – Bibliothèque nationale de France – Bibliothèque nationale du Canada – Musée David M. Stewart, Montréal – Musée de la Marine, Paris – Musée de l'Armée, Paris – Musée de l'Armée, Salon-de-Provence – Musée du Château de Ramezay, Montréal – Museo Naval, Madrid – Service historique des armées, Vincennes;

et tout particulièrement
Serge Bernier
William Constable
W.A.B. Douglas
Donald E. Graves
Ministère de la Défense nationale du Canada, Service historique

Sandy Balcom
Suzanne Bergevin
Christina Cameron
André Gousse
Robert Grenier
Marc Lafrance
Claude Lefebvre
Jean-Pierre Proulx
Service canadien des parcs

mon assistante
Michèle Guitard
pour leur travail éditorial
Suzanne Bélanger et Hélène Ouvrard
mon épouse
Luce Vermette

René Chartrand
Hull

La paix est le rêve des sages ;
la guerre est l'histoire des hommes.
Louis-Philippe, comte de Ségur (1753-1830),
officier, diplomate, membre de l'Académie française

AVANT-PROPOS

Il semble aller de soi que les traditions militaires du Canada proviennent de son patrimoine européen. Depuis des siècles, nos soldats ne sont-ils pas à l'image de ceux de l'Europe occidentale : maniant les mêmes armes, soumis au même type de discipline, revêtus d'uniformes similaires, encadrés par une organisation à peu près identique, appliquant le même code d'honneur ? Mais ce n'est là qu'un aspect de nos traditions. Il en existe un autre, moins apparent, qui nous a été conféré par la nature même du territoire canadien et par la présence, sur celui-ci, des nations qui l'occupaient depuis des millénaires. Cet aspect, qui découle de notre perception du monde qui nous entoure, c'est la manière de livrer un combat. Par lui, notre patrimoine non seulement se démarqua, dès les débuts de notre histoire, de son héritage européen, mais il acquit aussi une grande originalité.

Tous les peuples autochtones de l'Amérique du Nord avaient une tradition guerrière. Le courage, la valeur au combat et l'habileté à manier les armes figuraient parmi les plus grandes vertus de ces sociétés. Les premières tentatives d'établissements européens au Canada furent d'ailleurs repoussées par des guerriers amérindiens et inuit. Ce n'est que sept siècles après l'arrivée des premiers Vikings que des petites colonies européennes parvinrent enfin à s'implanter, souvent grâce à l'aide d'indigènes qui s'alliaient aux nouveaux venus dans le but de commercer.

Les colonies britanniques et hollandaises en Amérique du Nord furent essentiellement sédentaires et bénéficièrent de l'apport de nombreuses vagues d'immigrants. Ces gens, qui voulaient recréer leurs villes et leurs campagnes natales dans le Nouveau-Monde, édifièrent leur domaine le long du littoral de la côte atlantique, leur vision étant surtout agricole et maritime. L'intérieur du continent avait peu d'attraits pour eux.

Tel ne fut pas le cas des Français, qui remontèrent le fleuve Saint-Laurent et s'avancèrent profondément dans les terres. C'est ainsi qu'en 1608 ils fondèrent Québec, qui allait devenir le verrou stratégique de la Nouvelle-France. Puis en 1642, ce fut Montréal qui, grâce à sa situation exceptionnelle au cœur d'un réseau de voies d'eau, fut appelée à être le point de départ de la conquête du continent nord-américain. De plus en plus ambitieux, les Français poursuivirent leurs explorations, de l'est à l'ouest, du nord au sud, et furent davantage en contact avec les Amérindiens que les autres nations européennes. Ces relations influencèrent grandement leur mode de vie.

Mais c'est surtout par l'ampleur de leur vision que les Français se distinguèrent des autres Européens présents en Amérique du Nord à cette époque. Dans leur stratégie, des gouverneurs, tels Champlain, Frontenac, et plus tard Beauharnois, prévoyaient la conquête de l'ensemble du continent. Dans cette optique, la première colonie établie sur les bords du Saint-Laurent allait être la base d'un vaste empire, la Nouvelle-France. Celle-ci englobait effectivement, un siècle après la fondation de Québec, malgré une occupation réduite, la région des Grands Lacs et la vallée du Mississippi jusqu'au golfe du Mexique. Et tandis que cet immense croissant mettait un frein aux tentatives d'expansion de la Nouvelle-Angleterre, les Français s'aventuraient déjà à la recherche de la mer de l'Ouest, le Pacifique...

La clé du succès de cette grande visée stratégique fut la militarisation de la population, par la formation d'une milice et l'intégration d'officiers canadiens dans l'armée régulière, et surtout l'élaboration d'une tactique originale, fortement inspirée des méthodes guerrières amérindiennes, par laquelle la Nouvelle-France tint en échec tous ses ennemis et connut son apogée.

LES PREMIERS GUERRIERS

L'espace canadien est immense. Il s'étend de l'Atlantique au Pacifique, se divise en plusieurs zones horaires de l'est à l'ouest et son climat, tempéré au sud, est arctique au nord. Au total, ce vaste territoire pourrait facilement englober l'Europe occidentale. Il a fallu des siècles d'explorations – celles-ci souvent menées par des militaires – pour en établir la géographie précise, depuis les premières cartographies esquissées par les découvreurs du XVIe siècle jusqu'aux grands relevés aériens exécutés par l'Aviation royale canadienne.

L'environnement y est resté pratiquement inchangé depuis quelque 3 500 ans. De l'Atlantique jusqu'à l'extrémité ouest des Grands Lacs, une vaste forêt couvre le sud du pays. Viennent ensuite des centaines de kilomètres de prairies, qui ne prennent fin qu'aux montagnes Rocheuses. Le versant du Pacifique est le plus tempéré avec sa dense forêt bordant la côte jusqu'à l'Alaska. Au nord du Saint-Laurent, des Grands Lacs et des Prairies, la végétation devient peu à peu boréale, puis se transforme en toundra à mesure que l'on approche de l'océan Arctique.

La zone habitable se limite, du moins en ce qui concerne l'agriculture, à la partie la plus méridionale du pays. Les établissements se feront donc surtout au sud, puisque la taïga et la toundra subarctiques ne permettent pas de faire subsister une population nombreuse. Au Moyen Âge, le climat du Canada était plus tempéré. Il l'est resté jusqu'au XIVe siècle, alors que débutait le petit âge glaciaire, dont l'apogée se situe entre la fin du XVIIe siècle et le milieu du XIXe siècle. Ce phénomène de refroidissement ne s'est d'ailleurs pas produit uniquement au Canada, il a affecté tout l'hémisphère nord de la planète. Les cultures furent bouleversées et les populations, y compris les militaires, durent transformer leurs façons de se nourrir, de se vêtir et de se déplacer pour tenir compte de nouveaux facteurs, telle la neige, qui constitue, notamment dans le domaine des transports, un obstacle de taille. Dans la vallée du Saint-Laurent, où les températures annuelles varient énormément, pouvant descendre à -40°C en hiver pour remonter à 35°C en été, les Européens empruntèrent aux Amérindiens une foule de moyens de survie pour pouvoir affronter un environnement présentant des écarts de température

aussi extrêmes. Ce facteur influença également leurs méthodes de combat.

Une autre particularité de l'immense territoire canadien est d'être arrosé par de nombreux cours d'eau. Aussi le contrôle des rivières et des fleuves, qui, jusqu'au milieu du XIXe siècle, étaient les seules véritables grandes voies de communication, revêtira-t-il pour les Européens, dès le début, une importance stratégique de premier ordre. Tant qu'il n'y eut pas de routes terrestres, naviguer représenta, pour les explorateurs, l'unique façon de pénétrer à l'intérieur des terres. Afin d'atteindre le cœur du continent, ils adoptèrent, rapidement, le canot d'écorce des Amérindiens, embarcation légère et maniable. Pendant très longtemps, la navigation estivale resta le seul moyen de transporter des tonnes de matériel et des centaines d'hommes sur de grandes distances. Lorsque, vers 1730, sera construite la première route reliant Montréal et Québec, le chemin du Roy, elle sera surtout utilisée pour les déplacements légers. Le transport des marchandises et des troupes continuera de se faire par les cours d'eau jusqu'à ce que le chemin de fer soit suffisamment développé pour prendre la relève, ce qui se produira durant la seconde moitié du XIXe siècle.

Les distances, le sens de l'espace, la rigueur du climat et la proximité d'une nature à l'état sauvage, rien de tout cela n'était familier aux premiers Européens qui débarquèrent ici. Aujourd'hui encore, ces grandes étendues quasi inhabitées, l'omniprésence d'un monde naturel avec sa faune, pour ainsi dire, à portée de fusil, produisent une forte impression sur l'Européen qui arrive au Canada, tout comme elles le firent sur son ancêtre il y a quelques siècles. Cependant, la plus importante des rencontres qui attendait l'Homme d'Europe en Amérique n'était pas celle de la nature inviolée, quoique marquante, mais celle de l'Homme d'Amérique.

Un monde déjà habité

En effet, quand les Européens « découvrirent » l'Amérique, ils ne mirent pas le pied dans un monde désert, mais sur un continent où se trouvaient déjà, depuis quelque 12 000 ans, les descendants de nomades venus d'Asie. Dans la partie septentrionale de l'Amérique du Nord, les vastes plaines de l'ouest, les régions essentiellement boisées du

centre et de l'est, la côte rocheuse du Labrador, depuis l'estuaire du Saint-Laurent jusqu'aux zones arctiques, tout cela, qui deviendrait un jour le Canada, était habité par divers peuples qui constituaient presque autant de groupes culturels. Dans la zone arctique, les Inuit étaient arrivés depuis à peu près l'an 1000 de notre ère. La partie du Québec située au nord du Saint-Laurent, le centre et le nord de l'Ontario, ainsi que de grandes régions du Manitoba et de la Saskatchewan, étaient occupés par le groupe algonquien (Cris, Ojibwés, Algonquins, Montagnais). L'île de Terre-Neuve était le territoire des Béothuks. La péninsule de Gaspé, la Nouvelle-Écosse et l'île du Prince-Édouard formaient le domaine des Micmacs, des Malécites et des Abénaquis. Celui des Amérindiens des Plaines commençait à l'ouest du lac Winnipeg, au Manitoba, où se trouvaient d'abord les Ojibwés et les Cris des plaines, puis, un peu plus loin, jusqu'aux montagnes Rocheuses, les Assiniboines, les Gros Ventres, les Pieds noirs et les Sarsis.

Tous ces peuples, essentiellement nomades, vivaient de chasse et de pêche, tandis que, dans la vallée du Saint-Laurent, au sud du Québec et de l'Ontario, et à l'ouest de ce qui est maintenant l'État de New York, se trouvaient les Iroquoiens (Hurons, Iroquois, Neutres, Pétuns), qui, dépendant déjà largement de l'agriculture, étaient sédentarisés et habitaient dans des villages.

Parmi les peuplades du nord-est, celles qui appartenaient au groupe iroquoien apparurent comme les plus militarisées. Elles étaient aussi les seules à avoir formé des associations : la Confédération huronne, fondée vers 1440, et la Ligue des Cinq Nations iroquoises, qui remonte aux alentours de 1560. Cette dernière joua un rôle prépondérant dans l'histoire de la colonie française. Elle regroupait les Agniers, que les Anglais appelèrent Mohawks, les Goyogouins (Cayugas), les Onontagués (Onondagas), les Onnéiouts (Oneidas) et les Tsonnontouans (Senecas).

Les Iroquois et les Hurons vivaient dans des villages fortifiés, entourés de palissades. Ces ouvrages défensifs étaient des constructions fort développées. Ainsi, la bourgade de Hochelaga, qui occupe le site sur lequel s'élève aujourd'hui la ville de Montréal, est «toute ronde et close de bois à trois rangs, en façon d'une pyramide croisée par le haut», d'environ neuf mètres de hauteur. Le sommet de la palissade est parcouru «de manières de galeries et échelles à y monter, lesquelles sont garnies de roches et de cailloux». Il n'y a qu'une seule porte, qui «ferme à barre»[1]. De même, un village iroquois est habituellement solidement fortifié de «quatre bonnes palissades de grosses pièces de bois, entrelacées les unes parmi les autres... de la hauteur de trente pieds, et les galeries, comme en manière de parapets»[2]. Il s'agit bien, dans les deux cas, du type de fortifications commun aux villages hurons et iroquois. Les fouilles archéologiques confirment qu'un rang de pieux doublait parfois, à l'extérieur, la palissade principale et qu'à l'intérieur l'enceinte était toujours tracée selon un plan ovale ou rond. Ces constructions, d'une façon générale, ne sont pas sans rappeler les forts de

bois érigés dans le nord de l'Europe occidentale durant le haut Moyen Âge.

Les bourgades de moindre importance et les postes isolés étaient aussi fortifiés, ensuite d'attacher des cordes aux piliers de soutien et de renverser ceux-ci à la force des bras.

Les Iroquoiens ne furent pas les seuls à ériger des

La forteresse de Cahokia.
Reconstitution de William Iseminger.
Cahokia Mounds State Historic Site, Illlinois.

mais plus modestement. Un fortin en bois que les Iroquois avaient construit « est fait de puissants arbres, arrangez les uns sur les autres en rond »[3], de sorte que la palissade qui l'entoure est relativement basse. La description de l'attaque de cette petite place forte par les Hurons révèle quelques-uns des moyens qu'utilisaient les Amérindiens pour assiéger un camp ennemi. Les Hurons s'approchèrent d'abord des murs qu'ils voulaient saper en se cachant derrière de grandes parois mobiles en bois. Ils abattirent les arbres les plus grands, à proximité de la palissade, de manière à les faire tomber sur celle-ci. Toujours abrités derrière leurs parois mobiles, ils tentèrent

fortifications aussi imposantes en Amérique du Nord. Dans la vallée du Mississippi, foyer de multiples civilisations précolombiennes, des peuples, disparus avant l'arrivée des Blancs, bâtirent de nombreux forts. Vers l'an 1200 de notre ère, la grande cité de Cahokia, qui se trouvait près de la ville actuelle de Collinsville, en Illinois, était ceinte d'une palissade de quatre à cinq mètres de hauteur, ponctuée de nombreuses tours de garde et entourée d'un fossé. Ces fortifications assuraient la protection d'une population de quelque 20 000 habitants. De récentes fouilles archéologiques, menées au fort de Kitwanga, en amont

de la rivière Skeena, en Colombie-Britannique, confirment que les nations amérindiennes de la côte du Pacifique construisaient également des fortifications imposantes. L'idée même de fortifier ne se limitait pas aux peuples sédentaires. Les Amérindiens nomades du nord des grandes plaines, par exemple, érigeaient occasionnellement des huttes en bois entourées de petites palissades en guise de fortification temporaire.

Les rites amérindiens

La guerre jouait un rôle primordial dans la vie de tous les peuples de l'Amérique du Nord précolombienne. Se distinguer au combat représentait pour le jeune homme la manière par excellence de gagner l'estime et le respect des autres

guerriers et d'attirer l'attention des femmes. Par ailleurs, le dogmatique «crois ou meurs» des guerres de religion européennes était inconnu dans les sociétés amérindiennes du Canada. Il en allait de même de l'adhésion à un parti de guerre. Le guerrier n'était pas soumis à une discipline rigide. Il pouvait décider à son gré de se battre ou non, ou cesser à n'importe quel moment de guerroyer, s'il le jugeait ainsi. La raison en était que, pour l'Amérindien, le sens de la vie réside en grande partie dans la liberté individuelle, liberté des croyances, liberté des êtres.

Néanmoins, c'était surtout la vengeance d'actes commis par d'autres tribus qui constituait le motif de guerre par excellence.

Un conflit iroquoien traditionnel avait généralement pour origine la réparation exigée par la famille d'un guerrier tué. Le conflit pouvait couver pendant un certain temps, puis dégénérer en une série de raids, ou d'attaques et de contre-attaques qui étaient autant de revanches, dont la dernière se justifiait toujours par la précédente. Ainsi se perpétuait un climat de violence et d'hostilité à peu près permanent entre les diverses nations. La décision de mener une expédition guerrière pouvait également être la conséquence d'un songe qu'avait fait un chef ou un prêtre de guerre, appelé à tort sorcier par les Blancs.

La plupart des mâles devenaient guerriers dans les sociétés amérindiennes de l'Amérique du Nord. Très tôt, le jeune garçon s'entraînait à maîtriser les armes de trait, arc, javelot et fronde, s'exerçait à lutter corps à corps, apprenait à se déplacer furtivement, à se camoufler et à terrifier l'ennemi par des

cris. En cas d'hostilités, des bandes plus ou moins importantes se formaient, puis se divisaient en escouades de cinq ou six hommes. Les guerriers reconnus comme les plus braves étaient élus chefs de guerre et constituaient une sorte d'état-major. C'était eux qui, réunis en conseil, débattaient et traçaient le plan de campagne. Avant le combat, ils établissaient une stratégie sommaire prévoyant une certaine disposition des guerriers sur le terrain et la tactique à suivre.

Toute expédition guerrière faisait l'objet de préparatifs méticuleux. D'abord, il fallait réunir tous les hommes entre 15 et 35 ans pour former le parti de guerre. On accordait la préférence aux guerriers expérimentés qui voulaient s'y joindre.

Le marché de Cahokia.
Reconstitution de Michael
Hampshire.
Cahokia Mounds State Historic Site,
Illinois.

Guerrier outaouais muni d'un bouclier.

Archives nationales du Canada,
(C113067).

Cependant, il fallait composer avec les jeunes guerriers, pressés de se distinguer, qui se présentaient sans invitation. On les acceptait aussi, mais à la condition qu'ils se soumettent à l'autorité du chef. À l'approche du territoire ennemi, il devenait parfois difficile de contenir ces adolescents dont l'impétuosité pouvait compromettre l'attaque surprise. Ensuite, il fallait rassembler tout le matériel nécessaire pour la durée de l'expédition, dont une partie était camouflée en cours de route, en prévision du retour. On apportait des vivres, de la colle pour réparer les canots et les armes, des mocassins de rechange, de la peinture sèche, des armes, des boucliers et des armures de bois.

Lorsqu'ils arrivaient à proximité du territoire de l'ennemi, les guerriers laissaient leurs canots et continuaient à pied à travers bois. Ils marchaient toujours à la suite les uns des autres, « en file indienne », le chef ouvrant le défilé, suivi des guerriers d'expérience, puis des jeunes. Entre l'aube et le crépuscule, ils pouvaient parcourir ainsi jusqu'à 40 kilomètres, selon les difficultés qu'ils rencontraient. À l'approche du camp ennemi, ils se préparaient pour le combat en s'enduisant le corps de peinture, pour se donner une apparence hideuse, revêtaient leurs armures et prenaient leurs armes. Ils invoquaient ensuite les Esprits pour les rendre favorables à leur combat, puis se dirigeaient vers leurs victimes éventuelles sans laisser de trace et sans faire le moindre bruit.

Même quand ils attaquaient en bandes, les Amérindiens privilégiaient le combat de type individuel. Au cours de la mêlée, les chefs se trouvaient dans l'impossibilité d'exercer un contrôle rigoureux sur les combattants, de sorte qu'ils leur donnaient très peu de directives. Quand une bataille mettait aux prises deux groupes assez nombreux d'autochtones, ils s'affrontaient d'abord avec des armes de trait, puis en venaient au corps à corps en terrain relativement dégagé. Telles furent aussi les premières batailles entre Amérindiens et Européens. Mais les engagements pouvaient prendre également une toute autre forme, telle l'attaque surprise perpétrée par une escouade en maraude contre des guerriers ennemis isolés ou même contre des gens sans défense.

Dès leurs premiers échanges militaires avec les Européens, les Amérindiens comprirent la futilité de se battre en rangs serrés contre des opposants mieux armés qu'eux, rompus à cette discipline sur les champs de bataille européens. Grâce à leur intelligence de la guerre, ils saisirent que leur principal avantage résidait dans leur plus grande mobilité. Ils se concentrèrent dès lors sur les attaques surprises et misèrent sur la tactique du harcèlement, que les Français du XVIIIe siècle nommèrent « la petite guerre » – terme dans lequel on perçoit toute leur lassitude – et qui n'est rien d'autre que la guérilla moderne, cette méthode de combat qui tient en échec les armées les mieux équipées au monde.

L'équipement offensif du guerrier autochtone se composait essentiellement d'un arc et de flèches ainsi que d'un gourdin. Celui-ci était soit un casse-tête, pièce de bois sculptée d'un seul tenant, dont la tête, un peu courbée, comportait une boule, soit une hache de guerre faite d'une pierre solidement fixée au bout d'un manche de bois. On se servait aussi de frondes et, plus rarement, de lances.

Le guerrier amérindien possédait également un attirail défensif, c'est-à-dire une armure, qui lui protégeait le devant et l'arrière du corps, de même que les jambes. Elle était faite « de baguettes blanches, serrées l'une contre l'autre, tissées et entrelacées de cordelettes fort durement »[4]. La mobilité constituant l'atout majeur à la guerre, l'armure, à l'instar des canots d'écorce, se devait d'être légère. Son usage était manifestement très répandu chez les Amérindiens partout en Amérique. Un bouclier plus ou moins imposant, désigné souvent sous le terme de « rondache », sans doute par affinité avec un petit bouclier rond, de ce nom, en usage en Europe au XVIe siècle, la complétait.

Toutes ces pièces d'armement étaient surtout utiles pour les batailles en terrain découvert, mais elles servaient probablement aussi pendant les embuscades. Les armures ainsi fabriquées étaient à l'épreuve des pointes de flèche en pierre, « mais non toutefois de [nos pointes en] fer »[5], et certainement pas des balles. L'usage croissant des armes à feu européennes entraînera leur disparition. Cependant, les boucliers resteront en usage, durant le XVIIe siècle, parmi plusieurs nations amérindiennes, notamment les Hurons, les Iroquois, les Montagnais et les Algonquins. Armures et boucliers pouvaient comporter des armoiries

Amérindien portant l'armure.
Archives nationales du Canada, (C113065).

compréhension d'un Français ou d'un Anglais du XVIIe siècle.

Le sort que les Amérindiens réservaient à leurs prisonniers a été le sujet d'innombrables récits depuis 500 ans, récits d'une lecture insoutenable, la plupart du temps, tant est grande la cruauté qui s'y manifeste. Les Iroquois et les Sioux n'allaient-ils pas jusqu'à crucifier des enfants captifs ? Encore faut-il faire des distinctions. Chez les Iroquois, où la torture rituelle était la plus répandue, nombre de prisonniers ne terminaient pas leurs jours au poteau de supplice, mais était tout bonnement adoptés par les familles de leurs ennemis et jouissaient des mêmes privilèges que les membres de ces dernières. Quant aux Abénaquis, ils préféraient garder leurs prisonniers comme esclaves plutôt que de les faire périr à petit feu.

Il est une autre pratique amérindienne sur laquelle les Européens jetèrent l'anathème : le cannibalisme. Les Amérindiens consommaient parfois le cœur ou d'autres parties du corps d'un ennemi qu'ils avaient jugé particulièrement brave face à la souffrance et à

peintes. Chez les Hurons, celles-ci indiquaient le village du porteur. Par exemple, celles du village de Quieunonascaran représentaient un canot.

Un acte rituel de rétribution

Si, chez plusieurs peuples amérindiens, il suffisait de « toucher » un ennemi sans le tuer pour prouver sa bravoure, l'un des principaux objectifs de la guerre consistait à capturer et à ramener vivants quelques guerriers de l'autre camp. Le captif savait ce qui l'attendait et c'était avec stoïcisme qu'il subissait des tourments qui pouvaient se prolonger durant plusieurs jours. La torture était considérée, dans la plupart des sociétés amérindiennes, comme un acte rituel de rétribution et, comme telle, demeura absolument hors de la

la mort, au lieu de simplement le jeter aux ordures, afin de s'approprier son courage et parce qu'ils le croyaient digne d'être perpétué de cette manière. Si cette macabre coutume pouvait avoir un sens dans certains cas, il y eut d'autres occasions où la déraison l'emporta. Tel cet infortuné prisonnier qu'ils éventrèrent sans rituel afin de pouvoir s'abreuver de son sang et manger son cœur « encore chaud »[6].

La coutume de lever des scalps, c'est-à-dire d'arracher la chevelure d'un ennemi en découpant le cuir chevelu, semble très ancienne. Dès 1535, un explorateur remarqua « les peaux de cinq têtes d'hommes »[7] à Hochelaga. Cette pratique était fort répandue, aussi bien chez les Amérindiens des forêts que chez ceux des plaines. Le scalp était de toute évidence un trophée de guerre. S'il était prélevé sur un blessé, la victime avait peu de chances de survie. On préférait couper la tête du vaincu et l'emporter ; mais si l'on était trop encombré, on enlevait simplement la chevelure. Telle aurait été l'origine de cette horrifiante coutume.

Horrifiante aux yeux des Européens, qui la condamnaient à grands cris. Il se pratiquait pourtant à ce sujet une morale bien douteuse durant les guerres coloniales. En effet, à partir de la fin du XVIIe siècle, les autorités de la Nouvelle-Angleterre offrirent des primes importantes pour les scalps de leurs ennemis.

Les Français, dont les chevelures se trouvaient ainsi mises à prix, rétorquèrent en faisant de même pour celles des Britanniques, bien que la valeur de leurs primes n'ait été qu'un dixième de celles payées par les Anglais. En fait, ils préféraient consacrer leur argent à racheter aux Amérindiens les Blancs qu'ils gardaient en captivité. Enfin, il arriva que des combattants blancs des deux côtés s'adonnèrent eux-mêmes à lever des scalps. En réalité, sous leurs protestations officielles, les autorités coloniales perpétuaient donc cette pratique dont ils faisaient porter l'odieux aux Amérindiens.

L'habillement et les parures

L'habillement de la plupart des Amérindiens des forêts de l'Est, à l'époque de leurs rencontres initiales avec les Européens, était relativement simple. L'été, ils

Gravure du XVIe siècle montrant les horreurs commises par des chrétiens « civilisés » sur leurs semblables à Anvers, le 8 novembre 1576. De telles scènes se répétèrent tout au long des guerres de religion en Europe.
Anne S.K. Brown Military Collection, Brown University, Providence.

allaient torse nu, mais portaient le brayet, sorte de pagne ou de bande-culotte qui passait entre les jambes, retenu à la taille par une ceinture. Ils se chaussaient de mocassins en cuir souple et, à l'occasion, enfilaient des mitasses, longues jambières attachées aussi à la ceinture. L'hiver, ils se couvraient d'un vêtement de fourrure à longues manches. Toutes les pièces de leur habillement étaient taillées dans des peaux que leurs femmes tannaient, apprêtaient et cousaient.

Les Hurons portaient sur la tête, «principalement quand ils allaient à la guerre», des panaches «faits de poils d'élan, peints en rouge et collés à une bande de cuir large de trois doigts»[8]. Les Iroquois, eux, arboraient dans les mêmes circonstances un genre de casque consistant en un bandeau de bois mince, pourvu d'un arceau passant par le milieu de la tête, muni de petites douilles destinées à recevoir des plumes dont la longueur distinguait les chefs des simples guerriers[9]. D'autres s'arrachaient «tous les cheveux de la tête, à l'exception d'une petite touffe»[10] qu'ils laissaient croître et qu'ils ornaient de plumes colorées. Pour se donner un aspect terrifiant, Hurons et Iroquois s'appliquaient diverses couleurs sur la figure. Il arrivait aussi qu'ils aient sur le corps des tatouages multicolores, souvent pour des raisons religieuses et traditionnelles, mais aussi afin de faire peur à ceux qui n'y étaient pas habitués.

La rencontre des Vikings

D'après les premiers explorateurs européens, les divers peuples disséminés en Amérique avaient tous une tradition guerrière. Les plus anciens récits connus, les Sagas islandaises, traitent des rapports qui s'établirent entre les Vikings et les autochtones – rapports de force surtout –, au cours d'événements survenus vers l'an 1000 de notre ère. Longtemps considérés comme des légendes, les récits qui forment la trame de la *Saga des Groenlandais* et de la

Guerriers amérindiens du centre du Canada au XVIe siècle. Trois types de tenues communes à toutes les tribus amérindiennes y sont représentées. Reconstitution de David Rickman.
Ministère de la Défense nationale du Canada.

Saga d'Éric le Rouge ont été confirmés depuis quelques décennies par d'importantes découvertes archéologiques, notamment la localisation d'un établissement viking à l'Anse-aux-Meadows, à l'extrémité de la péninsule nord de l'île de Terre-Neuve. Il semble bien qu'il s'agisse là du « Vinland » des Sagas.

À quel groupe ethnique appartenaient donc ces guerriers assez audacieux pour s'attaquer aux colonies vikings ? Certaines indications laissent croire qu'il s'agissait d'Inuit, d'autres, d'Amérindiens. Les Scandinaves les désignaient par le mot *Skraelings*, terme qui englobe tout indigène, sans distinction. La *Saga d'Éric le Rouge* les décrit comme étant des hommes de petite taille, vêtus de peau, au teint foncé, aux cheveux raides, dotés de grands yeux et de pommettes saillantes. Ces autochtones qui occupaient le Vinland – Terre-Neuve et une partie de l'est du Québec – vers l'an 1000 seraient-ils les ancêtres des Béothuks et des Algonquiens de la période historique ?

Selon la *Saga des Groenlandais*, une attaque des Vikings contre neuf autochtones, qu'ils auraient trouvés couchés sous leurs trois embarcations de peau, aurait marqué le premier échange entre les deux peuples. Un seul des *Skraelings* aurait échappé au massacre et serait parvenu à fuir. D'une façon générale, les Vikings ne faisaient pas de prisonniers à moins d'avoir quelque profit en vue. Une de leurs coutumes les plus redoutables était le *strandhogg*, raid qu'ils effectuaient sur un village côtier afin de se saisir de bétail et de vivres. Ils

Guerrier viking vers l'an mil. Une épingle, semblable à celle trouvée à l'Anse-aux-Meadows, à Terre-Neuve, attache la cape. Reconstitution de Louis S. Glanzman.
National Geographic Society, Washington.

enlevaient par la même occasion les jeunes filles et les enfants robustes afin de les vendre comme esclaves. Les autres habitants, s'ils n'avaient pas réussi à fuir, étaient souvent massacrés sur place. L'attaque dont auraient été victimes les neuf *Skraelings* était possiblement un *strandhogg*. Quelque temps après cet événement, d'autres indigènes, venus «dans un grand nombre de bateaux en peau», attaquent le navire des Vikings. Ils sont armés d'arcs et savent s'en servir habilement, car ils tuent d'une flèche Thorvald, le chef de leurs ennemis. Malgré cet affrontement, les

Vikings restent encore deux ans au Vinland avant de retourner au Groenland.

Puis, quelques années passent et une nouvelle colonie viking, composée de 60 hommes et de cinq femmes, s'installe au Vinland, avec du bétail, sous la direction d'un chef nommé Karlsefni. Peu de temps après leur arrivée, des *Skraelings* sortent du bois. Ils demandent à échanger leurs fourrures contre des armes, ce que Karlsefni défend formellement aux siens d'accepter. On troquera donc les pelleteries contre du tissu rouge que les autochtones s'enrouleront autour de la tête en guise de coiffure. Ces relations amicales tournent au vinaigre quand un indigène est tué pour avoir tenté de voler des armes. Un combat s'ensuit. D'après la *Saga d'Éric le Rouge*, les *Skraelings* sont armés, cette fois, d'arcs et de flèches ainsi que de frondes, et les projectiles « pleuvent comme de la grêle » sur les Vikings. Les autochtones font usage, en outre, d'un curieux objet sphérique, d'un bleu-noir prononcé, qu'ils lancent à l'aide d'une perche dans le camp ennemi. Pendant sa retombée, l'objet tournoie en émettant un son hideux. Frappés de terreur, les Vikings, qui se croient

encerclés, n'ont qu'une seule pensée, s'enfuir. Voyant la débandade des siens, l'épouse de Karlsefni, Freydis, se saisit de l'épée d'un Viking, tué d'une pierre plate dans le crâne, et fait face aux autochtones. Son courage rallie les siens et la situation est finalement renversée. Néanmoins, à la suite de ce combat, les colons jugent la situation intenable et peu de temps après abandonnent leur village.

Si brefs soient-ils, ces récits des Sagas corroborent plusieurs renseignements sur l'art militaire des *Skraelings*. De toute évidence, ils semblent assez bien organisés, militairement parlant, puisqu'ils peuvent réunir un grand nombre de guerriers en peu de temps. Ils sont courageux, puisque prêts à s'attaquer à des inconnus rassemblés sur des navires ou groupés à l'intérieur d'une colonie. La bravoure à la guerre est même l'une des valeurs qui comptent le plus pour eux, peut-on penser. Puis, ils font preuve d'une grande mobilité, qu'ils doivent certainement, en bonne partie, à la légèreté de leurs embarcations. Ils sont capables également d'une

retraite rapide, ce qui n'est pas nécessairement la déroute à laquelle concluent les Vikings. Comme les Européens l'apprendront au fil des combats qui les opposeront pendant des siècles aux autochtones, une attaque éclair suivie d'un repli tout aussi brusque est typique de leur manière de guerroyer. Enfin, ils manient leurs armes de façon redoutable et connaissent même la psychologie du combat, pour inventer et utiliser des objets destinés à effrayer l'ennemi, comme ces boules bleu-noir lancées avec le résultat escompté contre les Vikings. De plus, ceux-ci ne semblent pas avoir découvert les bases ou les villages des *Skraelings*, alors que les autochtones ont repéré les établissements européens assez rapidement, ce qui dénote, chez eux, l'existence d'un système de surveillance efficace.

Les *Skraelings* pourraient être les premiers autochtones à avoir rencontré l'homme blanc en Amérique du Nord, il y a de cela près de 1 000 ans. Les envahisseurs, pour leur part, étaient issus de l'un des peuples les plus agressifs et les plus guerriers du haut Moyen Âge européen. Navigateurs intrépides, les Vikings avaient abordé le continent au terme d'un long périple. Partis à l'aventure sur

Équipement du guerrier viking

L'équipement du guerrier viking était plus ou moins important selon ses moyens, mais tous possédaient des armes offensives. Au premier rang, se trouvait la hache de guerre, qu'ils maniaient d'une façon redoutable. Au début, ils étaient les seuls à se servir de cette arme, mais leurs adversaires l'adoptèrent rapidement. L'épée était également fort prisée et le javelot était une pièce d'armement d'usage courant. Enfin, chaque guerrier portait un couteau à la ceinture.

Fragments d'une cotte de mailles, à droite, rivet de fer, à gauche, fragment d'un bol et bras d'une balance à charnières en bronze. Objets d'origine viking trouvés lors des fouilles dans l'île d'Ellesmere et à la Terre de Baffin.
Musée canadien des civilisations, Hull.

les mers, ils avaient mis le cap vers l'ouest – qui représentait l'inconnu – et avaient atteint l'Islande vers 860. Ils commencèrent à coloniser cette île dès la fin du IXe siècle, et c'est de là qu'en 982 Éric le Rouge mit la voile pour découvrir le Groenland, « Terre Verte », où deux colonies s'établirent. Quelques années plus tard, un navire, commandé par Bjarni, entrevit une nouvelle terre, à l'ouest – le Canada actuel. Bjarni fut bientôt suivi par Lief Erickson, qui longea les côtes du « Helluland », du « Markland », et du « Vinland », qui pourraient être, respectivement, l'île de Baffin, la côte du Labrador et Terre-Neuve. La découverte de ruines à l'Anse-aux-Meadows, à Terre-Neuve, confirme d'ailleurs que des tentatives d'établissement de petites colonies eurent lieu.

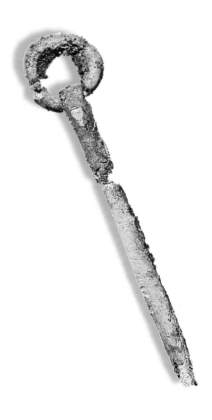

Épingle de bronze datant de l'an mil, trouvée pendant les fouilles de l'établissement viking à l'Anse-aux-Meadows, Terre-Neuve. Les épingles à manteau de ce type étaient très populaires chez les Vikings.
Service canadien des parcs.

Pour les combats à distance, on utilisait l'arc et les flèches. Les Sagas rapportent que les colons vikings, au Vinland, avaient en leur possession des épées, des haches et des javelots. Toutefois, elles ne disent pas qu'il y ait eu d'archers dans leurs rangs.

En ce qui concerne les armes défensives, le bouclier occupait la place d'honneur. Tout guerrier en possédait un. De forme circulaire, en bois, il pouvait être recouvert de cuir peint en rouge et encerclé de métal. Au centre se trouvait l'ombon, sorte de bosse de fer destinée à protéger le poing. Il semble que la plupart des guerriers aient possédé un casque. Habituellement très simple, de forme conique, il était souvent prolongé par une languette servant à couvrir le nez. Les cornes, appendices qui font généralement partie de cette pièce d'équipement dans les représentations contemporaines des terribles guerriers nordiques, sont le fait de l'imagination populaire. Elles n'ont jamais surmonté leurs casques[11]. La cotte de mailles était peu portée, en raison de son coût fort élevé. Il est probable que seuls les chefs et les hommes les plus prospères du groupe pouvaient se l'offrir, sans oublier ceux qui en avaient dépouillé des soldats ennemis. La découverte, au cours de fouilles archéologiques récentes, effectuées dans le nord-ouest du Groenland et dans l'est de l'île Ellesmere, de deux fragments datant respectivement des XIe et XIIe siècles prouve que ce vêtement de protection s'est rendu jusqu'en Amérique. Cotte de mailles et casques étaient en fer.

La tenue vestimentaire du Viking se composait d'une tunique, de pantalons de laine, de chaussures en cuir souple, d'une ceinture sur laquelle était enfilé le fourreau de l'épée, et peut-être d'un couvre-chef. Par temps froid, son habillement se complétait d'une cape de laine, retenue à l'épaule droite par une grosse épingle de métal.

Le retrait des Vikings

Est-ce le rapport de force qui s'est établi dès le premier contact avec les populations locales qui a amené les Vikings à quitter l'Amérique ? Les autochtones étaient certainement nombreux, et les nouveaux venus, malgré leurs armes de fer, ne pouvaient espérer en avoir raison. Comme le dit la *Saga d'Éric le Rouge*, les Vikings, au Vinland, « réalisèrent que, bien que ce fut une bonne terre, leur vie à cet endroit serait toujours dominée par la peur et les combats ». Ils décidèrent donc de retourner chez eux, de sorte que la première incursion européenne armée au Canada fut repoussée. Après l'échec des tentatives de colonisation vikings, il faudra attendre quelque 500 ans pour qu'arrive du vieux continent une nouvelle vague d'explorateurs.

Chapitre 2

LES SOLDATS DU XVIe SIÈCLE

Un peu avant la fin du XVe siècle, l'attrait des terres inconnues, à l'Ouest, se fit sentir de nouveau et l'Amérique fut redécouverte par les Européens, qui tentèrent, tout au long du XVIe siècle, d'y fonder des colonies : les Espagnols et les Portugais optèrent principalement pour l'Amérique du Sud, tandis que les Français et les Anglais s'intéressèrent surtout à l'hémisphère nord. Parmi toutes ces nations, seule l'Espagne en tirera des profits importants. Le Canada fut à cette époque la visée de nombreuses explorations, depuis celle de Jean Cabot, en 1497, jusqu'à celles de Jacques Cartier, mais aucune implantation n'en résulta. Ce territoire demeura donc, jusqu'au XVIIe siècle, l'apanage exclusif des autochtones. Néanmoins, les prises de possession effectuées par Cartier dans la vallée du Saint-Laurent furent reconnues, et les terres découvertes désignées sur les cartes européennes comme la « Nouvelle-France ».

Ces intrépides explorateurs ne se seraient jamais lancés à la recherche de terres inconnues, peut-être peuplées d'indigènes aux dispositions incertaines, mais supposées féroces, sans s'assurer un minimum de sécurité avec de bonnes armes et des gens qui en connaissaient le maniement et l'entretien. Aussi, quelle que soit leur nationalité, les marins qui signaient leur engagement pour ces expéditions devaient-ils être capables de se transformer en « hommes d'armes » face au danger. Chaque galion était équipé, dans cette éventualité, d'une réserve d'épées, de piques et d'arquebuses, et pourvu de quelques pièces d'artillerie. La distinction entre « navire de guerre » et « navire marchand » restait cependant assez vague. D'une façon générale, le galion ordinaire, qui faisait du commerce une année, pouvait être armé « en guerre » l'année suivante pour une campagne militaire, puis être affecté de nouveau au transport des denrées. Il y avait quelques notables exceptions, comme le *Great Harry*, grand galion de guerre britannique.

Pour avoir développé un type de navire capable d'effectuer de longs voyages océaniques, les Européens du XVIe siècle jouissaient d'un avantage révolutionnaire sur tous les peuples de leur temps. Ce ne fut pas seulement l'Amérique que leur avance technique mit à leur portée. À la même

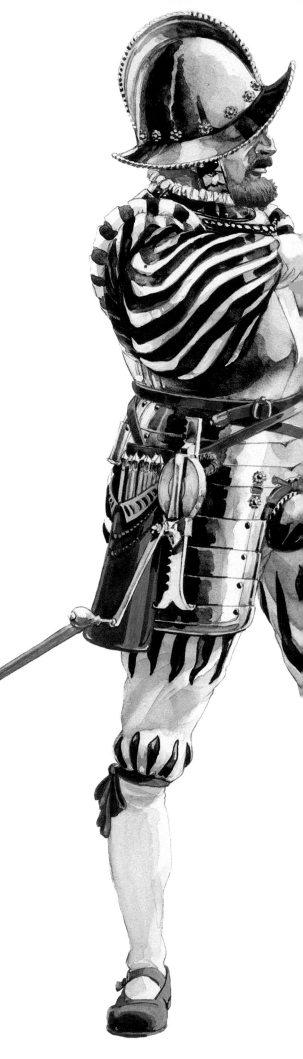

Arbalétrier français, vers 1541-1542, portant la livrée blanche et noire des membres de l'expédition de Cartier et Roberval au Canada. Reconstitution de Michel Pétard.
Ministère de la Défense nationale du Canada.

époque, ils réussirent également à contourner l'Afrique. Les Portugais, qui dominaient à ce moment-là la scène maritime, atteignirent l'Inde en 1500, puis se rendirent jusqu'en Extrême-Orient.

De la piétaille au soldat

Aux XIVe et XVe siècles, de profondes transformations touchèrent également l'armement et la tactique. Elles entraînèrent l'avènement d'un nouveau type d'homme de guerre : le soldat professionnel. Au Moyen Âge, le prototype du guerrier, sur les champs de bataille européens, c'est le chevalier. Il se déplace à cheval, comme son nom l'indique ; revêtu d'abord d'une cotte de mailles et d'un heaume, il sera, par la suite, enfermé de pied en cap dans une armure d'acier. Les gens à pied, la « piétaille », comme on dit dédaigneusement, ce sont habituellement les

archers et les piquiers. Ils sont mal équipés – on leur interdit les armes de gentilshommes, comme l'épée, qui pourraient leur sauver la vie dans les mêlées – et très peu protégés, bien que sévèrement exposés tout au long du combat.

La situation changea après que des armées de chevaliers, ayant pour opposants de simples gens de pied, eurent essuyé de cuisantes défaites. Cela se passa au XIVe siècle, quand une série de batailles mit la chevalerie aux prises avec des bandes de rudes montagnards suisses armés d'arcs, d'arbalètes, de longues piques et d'hallebardes, ces piques terminées par une tête de hache comme en porte encore de nos jours la garde suisse du pape. Rassemblés en formation serrée, piquiers et hallebardiers formaient une sorte de monstrueux hérisson que les chevaliers et leurs montures étaient impuissants à pénétrer. La noblesse subit alors des pertes terribles et les Suisses acquirent, grâce à cette technique qui bouleversait les règles du jeu, une notoriété militaire qu'ils conservèrent durant des siècles.

Le XIVe siècle vit aussi l'arrivée des armes à feu sur les champs de bataille, sous la forme des lourdes bombardes, ancêtres des canons, qui se signalaient surtout durant les sièges. Il fallut attendre encore une centaine d'années avant qu'apparaissent les premières armes à feu portatives : les arquebuses. Elles étaient capables de percer les armures.

Au Moyen Âge, chevaliers et seigneurs comptaient dans leur suite, sur une base régulière, des « sergents » et des « archers », dont la tâche consistait à encadrer les autres sujets à qui obligation était faite de servir sous les armes pendant 40 jours par campagne. Avec l'accession de l'infanterie au rang de « reine des batailles », l'importance des gens de pied s'accrût, ainsi que, proportionnellement, leur nombre et la durée de leur service. Rarement payés, ces hommes vivaient souvent de rapines ou d'exactions commises sur les petites gens, aux environs des champs de bataille. La campagne terminée, certains devenaient de véritables dangers publics.

Arquebusier, entre 1530 et 1540.
Reconstitution d'Eugène Titieux.
Anne S.K. Brown Military Collection,
Brown University, Providence.

Galion du XVIe siècle.
Bibliothèque nationale du Canada,
(NL18025).

On les qualifiait même de « pilleurs et mangeurs de peuple ». Pour éviter ces abus, les princes en vinrent graduellement à « solder » les hommes qui se vouaient à la pratique de la guerre. D'où, en France, « ce beau nom de soldat »[12] qu'on leur donna. Au XVe siècle, le principe de payer les hommes qui embrassaient le métier des armes s'établit solidement.

L'enrôlement des soldats

La compagnie est l'unité tactique de base, au XVIe siècle. Elle regroupe un nombre variable de soldats, en moyenne une cinquantaine, mais quelquefois bien plus. Ils sont commandés par des officiers : le capitaine, assisté d'un ou de plusieurs lieutenants et d'un enseigne porte-drapeau. Tandis que les officiers proviennent habituellement de la petite noblesse, les sous-officiers se recrutent parmi les soldats les plus expérimentés ou les plus instruits. Ce sont les « anspessades » – à peu près l'équivalent du lance-caporal ou première classe moderne –, les caporaux, les sergents et les fourriers. Il y a au moins un tambour et souvent un fifre par compagnie, ainsi qu'un « soldat frater », dont la tâche est de donner les premiers soins aux blessés. Les compagnies peuvent se

Tambour, entre 1530 et 1540.
Reconstitution d'Eugène Titieux.

Anne S.K. Brown Military Collection,
Brown University, Providence.

composer uniquement de piquiers, d'arbalétriers ou d'arquebusiers, ou d'un mélange de ces diverses spécialités. Comme on peut le voir, si l'on exclut les changements dus à l'évolution des armes et l'appellation de certains grades, la compagnie, telle qu'elle était constituée il y a 500 ans, présente de nombreuses similitudes avec celle d'aujourd'hui[13].

À la Renaissance, le capitaine recrute généralement lui-même les hommes qu'il lui faut pour remplir ses effectifs, mais il peut déléguer cette tâche à son représentant – le lieutenant ou le sergent « recruteur » –, qui fait les premières approches. Celles-ci doivent déboucher sur une entente. Lorsqu'elle sera conclue, la recrue se trouvera liée au capitaine par un contrat, parfois oral, et recevra alors « la prime », somme d'argent versée au soldat au moment de son enrôlement.

Le nouveau venu doit prêter serment aux « Articles de la guerre », qui définissent ses devoirs et ses obligations, notamment la fidélité au drapeau, et l'avertissent de ce qui l'attend en cas de mutinerie ou de désertion – habituellement la peine capitale. Quand il recevra sa solde, elle sera déjà entamée par divers paiements que retiendra le capitaine pour assumer les frais de son équipement et de son armement, s'il n'en possède pas. L'officier, en général, se repaye avec profit. La nourriture et le vêtement peuvent faire l'objet de semblables déductions. Si la recrue arrive, par ailleurs, armée, équipée et vêtue, diverses conditions de son contrat seront à son avantage. Il semble d'usage que les soldats envoyés outremer bénéficient de certains privilèges pour l'achat de leur fourbi, ce qui représente sans doute une forme de compensation.

Les soldats des expéditions au Canada

Jusqu'au milieu du XVIIe siècle, les diverses expéditions à destination du Canada ne furent pas accompagnées de détachements des troupes royales, mais d'hommes levés par les compagnies d'exploration et de commerce qui finançaient l'opération. Pour avoir le droit de recruter des soldats, ces compagnies, anglaises ou françaises, devaient obtenir la

Piquier, entre 1530 et 1540.
Reconstitution d'Eugène Titieux.

Anne S.K. Brown Military Collection,
Brown University, Providence.

permission du souverain, condition qui s'appliquait également au droit de couler des canons et de faire la guerre. Elles s'engageaient à assumer tous les frais de l'expédition, dont ceux du recrutement, de l'entretien et de l'équipement des troupes, en échange d'un monopole exclusif, la traite des fourrures, par exemple. Le chef de l'expédition recevait en outre une commission royale de lieutenant général, ou de gouverneur, qui lui donnait autorité pour agir au nom du roi – souvent un des actionnaires importants de l'entreprise – dans les affaires de la colonie.

Qui sont-ils donc, ces soldats qui accompagnent les expéditions se dirigeant vers

le Canada ? Il est probable que plusieurs, sinon la majorité, étaient des vétérans de l'armée royale ayant à leur actif, déjà, plusieurs campagnes. En fait, la composition des premiers corps militaires envoyés en Amérique du Nord dut ressembler à celle des troupes transportées par les Espagnols au sud. Il y a « parmi nous des soldats qui avaient été dans plusieurs parties du monde, à Constantinople, dans toute l'Italie et à Rome... »[14], écrit l'un deux. En période de paix, surtout, ces soldats, démobilisés, arpentaient les divers royaumes d'Europe en quête d'un engagement, et l'aventure outre-mer n'était certes pas à dédaigner.

Par ailleurs, les soldats ne sont pas les seuls hommes d'armes que l'attrait de ces expéditions amène en Amérique. Des gentilshommes s'y joignent pour participer aux explorations, dans l'espoir de trouver de l'or ou de se procurer des terres. Cartier en prend quelques-uns sur ses bateaux en 1535 ainsi qu'en 1541-1543. Dans certains cas ils sont relativement nombreux. Par exemple, lors de la seconde expédition de

Martin Frobisher, en 1577, on compte « 11 autres gentilshommes »[15] en sus des officiers réguliers. Ce sont, en quelque sorte, des surnuméraires, dont l'épée et les connaissances peuvent s'avérer utiles.

Les documents du XVIe siècle sont vagues quant à la présence et au nombre de soldats dans les corps expéditionnaires. En 1504, un galion français vogue vers le Brésil. C'est l'une des premières fois que la France envoie des hommes outre-mer. Les écrits sur ce voyage ne mentionnent pas l'occupation de chacune des 60 personnes à bord, mais rapportent cependant qu'elles sont bien armées, avec quelque 40 « harquebuses et autres tels bastons à fcu », sans compter des piques, des pertuisanes et des dagues. Une mention

selon laquelle « Jacques L'Homme, dit La Fortune, soldat »[16], a été enlevé, de même qu'un marin, par les Amérindiens, prouve qu'il y avait des hommes d'armes à bord.

Les soldats de Cartier et de Roberval

À son premier voyage, en 1534, Jacques Cartier ne semble pas avoir emmené de soldats de métier ni de gentilshommes autres que ses officiers. Cependant, il y a certainement au moins un canonnier parmi l'équipage de ses deux navires, car on tire du canon. La relation du second voyage, l'année suivante, mentionne qu'il y a à bord « tous les

Hochelaga, vers 1535.
Archives nationales du Canada, (C10489).

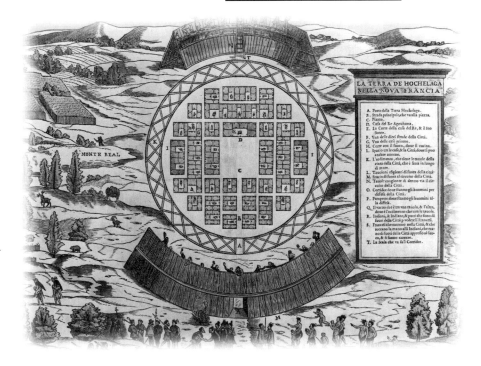

33

gentilshommes » de l'expédition et des soldats. Ils sont si bien armés que le chef Donnacona s'inquiète, lorsqu'ils descendent à terre, de ce que « le capitaine et ses gens portaient tant de bastons de guerre » alors que les Amérindiens n'en avaient aucun. Ces « bastons de guerre » étaient probablement des piques et des hallebardes. C'est que les Français sont sur leurs gardes. Ils ne se rendront à Hochelaga que menés par « le capitaine et les gentilshommes et 25 soldats bien armés »[17]. De plus, lorsqu'ils décident d'hiverner au Canada, cette même

année, pour la première fois, comme ils craignent « quelque trahison » de la part des Amérindiens, ils érigent un petit fort « tout clos de grosses pièces de bois

---

Carte indiquant les voyages de Cartier et Roberval, de 1534 à 1542, exécutée vers 1547 par Nicolas Vallard.
Collection de la Huntingdon Library, San Marino.

---

plantées debout (...) et tout alentour garni d'artillerie ». Ils le renforcent, en sus, « de gros fossés, larges et profonds, avec porte à pont-levis »[18].

Les considérations d'ordre militaires, jusque-là limitées à l'essentiel, revêtiront leur pleine importance lorsque Cartier entreprendra son troisième voyage au Canada, quelques années plus tard, en compagnie du sieur de Roberval. Le but visé, cette fois, n'est pas seulement l'exploration, mais la colonisation. Un projet, rédigé par Cartier à cette époque, mentionne qu'il lui

Roberval et ses soldats en Nouvelle-France, en 1542, selon une carte de Pierre Descelliers, exécutée en 1546.
Archives nationales du Canada, (NMC40461).

faut « 40 hommes de guerre Harquebuziers »[19]. En avril 1541, toutefois, un espion à la solde de l'Espagne, posté à Saint-Malo, observe que les préparatifs laissent supposer une expédition beaucoup plus importante. Le sieur de Roberval, rapporte-t-il, commande 300 « hommes de guerre », le capitaine Jacques Cartier est à la tête de 400 marins et de 20 maîtres pilotes, et il y aura à bord quelque 160 gentilshommes. Sans parler des artisans, ouvriers et autres personnes de métier nécessaires à l'établissement d'une future colonie. Au total, quelque « 800 à 900 personnes »[20]. De plus, ces soldats sont armés, dit-il, d'arquebuses et d'arbalètes et ont aussi des « rondelles », c'est-à-dire des petits boucliers ronds. Il avance des chiffres : 400 arquebuses, 200 arbalètes, 200 « rondelles », et plus de 1 000 piques et hallebardes. Il y aurait aussi plusieurs pièces d'artillerie. Bref, de quoi armer non seulement les

soldats et les gentilshommes, mais même les marins et les futurs colons.

Du côté vestimentaire, ce même espion espagnol note que, pour l'expédition de 1541, Cartier « donne à tous un habillement de livrée blanc et noir »[21]. Qu'elle soit aux couleurs d'un roi, d'une province, d'une famille noble, d'une confrérie ou de qui que ce soit, la livrée est d'origine héraldique. C'est un genre d'uniforme avant la lettre, identifiant les domestiques et tous les « gens » appartenant à une « maison ». Il n'est pas rare, à cette époque, que les soldats et les marins, rattachés à un capitaine par des liens encore empreints de féodalisme, la portent aussi. Dès 1462, Louis XI autorise les marins de la Gironde, à Bordeaux, à revêtir l'habillement « de blanc et de rouge à nostre devise »[22]. En 1533, François 1er ordonne aux fantassins de son armée de porter une manche aux couleurs de la livrée de leur capitaine. Le

blanc et le noir étant, depuis le Moyen Âge, les couleurs de la Bretagne, il est donc tout à fait normal que les marins d'un capitaine malouin les affichent et qu'elles soient étendues aux hommes d'armes qui l'accompagnent. Cette livrée des soldats et marins de Cartier serait, selon toute évidence, le premier « uniforme » à avoir fait son apparition au Canada.

Armes, livrées, contingentement, voilà autant d'informations qui signalent l'importance de la préparation de cette expédition et l'attention prioritaire qu'on y a accordée aux affaires militaires. De quelle manière devait être réparti tout l'arsenal décrit ? Vraisemblablement, les arquebuses et les arbalètes, armes plus spécialisées et plus coûteuses, étaient destinées en priorité aux soldats. Dans le contexte d'un voyage comme celui-ci, piques et hallebardes pouvaient surtout être utiles aux marins et aux futurs colons, bref, à tous les

hommes en état de défendre le navire en cas d'attaque par des galions battant pavillon ennemi ou même par des pirates. Elles convenaient aussi, à terre, pour la défense d'un fort, mais étaient de peu d'utilité contre les Amérindiens. Quant aux rondaches, elles étaient sans doute destinées surtout aux soldats «rondachiers», ceux-là qui, armés d'une épée, formaient le gros de l'infanterie de l'époque. Comme les soldats possédaient ordinairement leurs propres armes et équipement défensif en plus de ce que l'expédition emportait, c'est donc avec des hommes armés jusqu'aux dents que Cartier entreprit ce troisième voyage.

Arquebusier, entre 1570 et 1580.
Reconstitution d'Eugène Titieux.
Anne S.K. Brown Military Collection, Brown University, Providence.

Tambour, entre 1570 et 1580.
Reconstitution d'Eugène Titieux.
Anne S.K. Brown Collection, Brown University, Providence.

Une cohabitation difficile

Enfin, en mai 1541, on met les voiles. Jacques Cartier part le premier. Il y a probablement, sur ses cinq navires, une compagnie de soldats. Arrivé à ce qui est maintenant Québec, et qu'il nomme Charlesbourg-Royal, il fait construire deux forts, l'un au pied du cap Rouge et l'autre, sans doute plus petit, au sommet, car l'endroit commande toute la région. On se met à l'œuvre rapidement. Tandis que les uns s'installent et commencent à cultiver la terre, les autres partent explorer. Ils découvrent bientôt ce qu'ils croient être de l'or, de l'argent et des diamants – l'eldorado français! Malheureusement, les relations se gâtent avec les Amérindiens iroquoiens. De

cordiales qu'elles étaient au début, elles se font ouvertement hostiles durant l'hivernement de 1541-1542. Ceux-ci se vanteront même à des pêcheurs espagnols d'avoir tué quelque 35 Français. La situation est suffisamment sérieuse pour que Cartier abandonne Charlesbourg-Royal. En juin 1542, il retourne en France avec ce qu'il lui reste de monde. Et avec ses trésors...

Parti à son tour, en 1542, Roberval vogue vers le Canada avec trois navires. Y ont pris place 200 personnes dont quelques gentilshommes. Mais voilà qu'en arrivant à Terre-Neuve, à l'emplacement de la ville actuelle de St. John's, il croise Cartier toutes voiles vers la France! Il a beau lui faire valoir que les Français possèdent maintenant des forces suffisantes pour pouvoir affronter les Amérindiens, et lui ordonner de retourner au Canada, la soif de l'or et de la gloire ont gain de cause sur le sens du devoir. À la faveur de la nuit, Cartier se sauve pour rentrer à Saint-Malo où l'attend une grosse déception : ses trésors ne sont que des cailloux ! De plus, sans doute parce qu'il a désobéi à Roberval, plus jamais le roi de France ne lui confiera le commandement d'une expédition.

D'autres expéditions infructueuses

Après les expéditions de Cartier et de Roberval, de 1541 à 1543, le reste du XVIe siècle voit diverses tentatives françaises et britanniques pour trouver le passage du nord-ouest ou un autre

Malgré l'abandon de Cartier, Roberval continue sa route et arrive à son tour à la hauteur de Québec. Les fortifications érigées l'année précédente semblent avoir été rasées, car il lui faut tout reconstruire à neuf. Un fort « d'une grande force, situé sur une montagne », et comportant « une grosse tour » et des corps de logis, se dresse bientôt au sommet du cap Rouge. Un autre est édifié au pied de la dite montagne, « dont une partie formoit une tour à deux étages, avec deux bons corps de logis »[23]. Le nouvel établissement est baptisé France-Roy. Les Amérindiens ne semblent pas trop hostiles à ce nouveau contingent, mais ils se tiennent à l'écart. Durant l'hiver de 1542-1543, le scorbut frappe : le quart des Français succombe à l'épidémie. Sa colonie décimée, n'ayant pas trouvé d'or, Roberval abandonne lui aussi et les survivants sont de retour en France au début de septembre 1543.

eldorado : toutes se soldent par des échecs.

Les explorations les plus importantes seront celles que conduira le Britannique Martin Frobisher, entre 1576 et 1578. Comme Cartier, Frobisher recherche, mais beaucoup plus au nord, le

fameux passage vers l'Asie, et de l'or. Sa deuxième expédition, en 1577, comprend une centaine d'hommes, incluant une trentaine de soldats et 11 gentilshommes. Au cours de ce voyage, les relations entre Anglais et Inuit se

Marin anglais de l'époque des explorations arctiques de Martin Frobisher et de John Davis.
Tiré de l'ouvrage sur les costumes de César Vecellio. Dover Books, New York.

dégradèrent rapidement. Les premiers voulurent prendre des autochtones en otage et une bataille s'ensuivit. Les soldats européens se servirent alors de leurs arquebuses et de leurs arcs. Quelques-uns, et Frobisher lui-même, furent blessés par les flèches des Inuit. L'endroit où se déroula cet engagement, le premier à se produire dans le Grand Nord, fut baptisé « The Bloody Point ».

D'un point de vue militaire, les blessures subies par les Britanniques, lors de ce combat, dénotent qu'ils ne portaient pas d'armures ou de vêtements protecteurs, ou que ceux-ci étaient insuffisants. Par ailleurs, les soldats anglais de cette époque disposaient à peu près des mêmes armes que leurs confrères français, exception faite du grand arc qu'ils étaient les seuls à utiliser. Eux aussi portaient souvent la livrée, mais les soldats et les marins des expéditions de Frobisher n'en avaient peut-être pas.

Croyant avoir découvert de l'or dans l'île Kodlunarn, Frobisher revient l'année suivante à la tête d'une flotte de 15 navires transportant quelque 400 hommes. C'est, à l'époque, la plus importante expédition jamais entreprise dans l'Arctique.

Gentilhomme anglais de l'époque de Martin Frobisher.
Tiré de l'ouvrage sur les costumes de César Vecellio. Dover Books, New York.

Sur ce nombre, il devait y avoir, toutes proportions gardées, 200 marins et une centaine de soldats, puisque, sur la centaine d'hommes censés hiverner cette année-là dans l'île de Baffin, on dénombrait 40 marins et 30 soldats. Le reste se composait des officiers réguliers, de gentilshommes et, bien sûr, de mineurs, puisque, durant l'été, plus de 1 300 tonnes de minerai « d'or » étaient extraites du sol. Devant un tel trésor, Frobisher, comme Cartier, décide de s'en retourner plutôt que d'hiverner sur place. Analysé à son retour en Angleterre, le minerai se révèle être... du gneiss.

D'autres expéditions succédèrent à celles de Frobisher, quoique beaucoup plus modestes et apparemment non armées, comme celles qu'entreprit, entre 1585 et 1587, John Davis, découvreur du détroit qui porte aujourd'hui son nom. Davis et ses marins se heurtèrent eux aussi aux Inuit et ne purent aller plus loin que Frobisher. Quelques années auparavant, en 1583, Sir John Gilbert avait eu tout juste le temps de prendre officiellement possession de Terre-Neuve, une fois de plus, au nom du souverain britannique, avant de disparaître dans une tempête.

L'or des mers septentrionales

De récentes découvertes confirment que la côte du Labrador connut aussi son heure de gloire durant la seconde moitié du XVIe siècle, alors que des baleiniers du pays basque espagnol y venaient, saison après saison.

Ces intrépides marins étaient les seuls Européens à posséder la technique et l'audace voulues pour chasser ces énormes cétacés. L'huile qu'ils en tiraient, utilisée principalement pour l'éclairage, rapportait des sommes importantes. Chaque printemps, environ 2 000 d'entre eux arrivaient à bord d'une vingtaine de galions et s'établissaient pour la saison sur la côte du Labrador, plus particulièrement à un endroit nommé « Butus », face au détroit de Belle-Isle qui faisait alors partie de la « Provincia de Terranova ». C'est aujourd'hui Red Bay. Compte tenu que la flotte espagnole aux Antilles, chargée de

Officier espagnol, entre 1570 et 1580. Anonyme. Aquarelle.
Anne S.K. Brown Military Collection, Brown University, Providence.

Arquebusier, entre 1580 et 1590. Reconstitution d'Eugène Titieux.
Anne S.K. Brown Military Collection, Brown University, Providence.

ramener l'or et l'argent des peuples conquis, se composait de 70 à 80 navires, la présence d'une vingtaine de galions au Labrador semble surprenante. Elle démontre bien l'importance de la « Terranova ». L'huile de baleine, c'était en quelque sorte l'or des mers septentrionales.

Les établissements des Basques espagnols au Labrador n'avaient rien de permanent. Il s'agissait de stations temporaires, faites pour durer la saison. À l'occasion, quelques baleiniers se voyaient forcés d'y passer l'hiver. Parfois, un galion faisait naufrage. Ce fut le cas, par exemple, du *San Juan*, qui coula en 1565 et fut retrouvé dans les eaux de Red Bay au cours des années 1970. Des relevés archéologiques sous-marins minutieux y furent effectués, car ce type de navire joua un rôle considérable dans l'histoire mondiale.

Des conflits éclataient parfois entre les équipages des bateaux de pêche montés par les « Basques du Sud », comme on appelait les gens du pays basque espagnol, et ceux des « Basques du Nord », qui étaient français. En 1554, ceux-ci prennent quatre navires à leurs cousins espagnols, au large de Terre-Neuve. La riposte ne tarde pas à venir. La même année, le *Sancti Spiritu* se transforme de baleinier en navire corsaire et se tient à l'affût des bateaux battant pavillon

Reconstitution d'un galion espagnol du XVIᵉ siècle. C'est ce type de navires que montaient les Basques au Labrador.
Museo Naval, Madrid.

français. Une partie de la flotte de pêche française sera détruite à Terre-Neuve, au cours d'une attaque espagnole. La France et l'Espagne sont alors en guerre et d'autres escarmouches se produisent. Le 21 avril 1557, une ordonnance du roi Philippe II d'Espagne oblige tous les navires allant à Terre-Neuve, morutiers, baleiniers ou autres, à s'armer d'au moins quatre canons et huit pierriers. Plusieurs le sont déjà. Dès 1550, le galion *Madalena*, jaugeant 130 tonneaux, possède six canons et huit pierriers. La même année, le *San Nicolas*, 250 tonneaux, est armé de six canons et de 12 pierriers. Le *Santa Ana*, grand navire de 650 tonneaux, a 10 canons et 20 pierriers, tandis que le *San Juan*, environ 300 tonneaux, coulé en 1565, était équipé de huit canons et de 10 pierriers.

40

Costume de marin basque espagnol de la seconde moitié du XVIᵉ siècle, trouvé au cours des fouilles archéologiques à Red Bay.

Publié avec la permission de l'Institut de conservation du Canada, Memorial University, Terre-Neuve.

En général, les galions des Basques espagnols étaient des navires assez grands, jaugeant de 200 à 650 tonneaux, environ, et comportant un équipage de 50 à 120 hommes. Les documents de l'époque ne signalent aucunement la présence de soldats, ni à bord des navires ni à terre. Cependant, officiers et marins pouvaient prendre les armes, au besoin, et se transformer en un genre d'infanterie de la marine. Chaque galion était muni de pièces d'artillerie en fer, ce qui laisse supposer la présence de marins-canonniers. Pour voir à l'entraînement de ces hommes et au bon entretien des canons, l'état-major de chaque navire comprenait un officier-canonnier.

Néanmoins, un document relatif à une entente de prêt, datant de 1571, pour la construction du *San Cristobal*, galion de 500 tonneaux, mentionne que les armateurs devaient mettre à bord 24 arquebuses, autant d'arbalètes et de boucliers, 26 casques, 20 cuirasses avec leur dos, et 144 petites et grandes piques[24], le tout destiné à armer la centaine d'hommes qui y monteront.

41

Navire du milieu du XVIᵉ siècle, gravé sur une planche du galion San Juan, coulé dans les eaux de Red Bay, au Labrador, en 1565.
Service canadien des parcs.

En cas de bataille, l'équipage de ce navire se répartissait donc comme suit : près de la moitié utilisait les arquebuses et les arbalètes, un quart ou un cinquième portait armure et pique, tandis que le reste servait dans l'artillerie ou exécutait les manœuvres. À cet armement s'ajoutaient les armes personnelles des membres de l'équipage et des officiers, épées, dagues, haches. Un tel arsenal ne représentait pas une précaution inutile. Ce navire courait, comme tous ceux de l'époque, de grands risques d'être attaqué en mer. Et quand les hommes descendaient à terre, ils se heurtaient à l'hostilité des Inuit provoquée vers 1550 par l'enlèvement de la femme d'un chef. Geste irréfléchi qui rendit la côte du Labrador, déjà peu accueillante, avec

ses rochers dénudés et ses conifères rabougris, encore plus inhospitalière pour des générations de marins basques.

Par ailleurs, il semble que la défaite aux mains des Anglais de « l'invincible Armada », orgueil de la marine espagnole, ait joué un grand rôle dans le déclin des pêcheries à Terre-Neuve, car les Basques y perdirent un nombre considérable de navires, et aussi de marins, mobilisés par ordre de Philippe II. Les dures pertes infligées à la flotte espagnole se traduisirent par une baisse importante de la sécurité en

mer et par l'apparition en force de pirates, surtout anglais, au tournant du XVIIᵉ siècle. Le plus célèbre de ceux-ci fut sans doute Peter Easton. Sa base était à Terre-Neuve. Prise par la flotte basque espagnole, elle fut reprise par Easton et ses hommes à la suite d'un combat épique. Vers la même époque, le quasi-monopole des Basques espagnols sur la chasse à la baleine s'effondra au profit des Hollandais et des Anglais. Cette activité n'étant plus aussi profitable, « la provincia de Terranova » fut oubliée...

L'échec européen

Du côté de la France, une dernière tentative de colonisation eut lieu, juste avant la fin du siècle, cette fois à l'île de Sable, au large

de la Nouvelle-Écosse, en 1598. Nommé vice-roi de la Nouvelle-France, le marquis de La Roche-Mesgouez ne se risqua pas à venir en personne sur ce banc de sable à fleur d'eau, battu par des vents que rien n'arrêtait. Il envoya une quarantaine de colons, recrutés dans les prisons et escortés par une dizaine de soldats, y fonder l'établissement. Seuls 11 survivants furent rescapés en 1603, les autres ayant péri au cours d'une mutinerie. De plus, après un hiver désastreux, l'« Habitation » édifiée à Tadoussac en 1600 par Pierre Chauvin de Tonnetuit fut abandonnée.

Au Mexique et au Pérou, face à des civilisations amérindiennes beaucoup plus avancées qu'au nord, les Conquistadores ont pu avoir gain de cause principalement parce qu'ils pouvaient affronter leurs armées en terrain ouvert. Mais au Canada, où les opposants ont pour grande tactique de se rendre insaisissables et bénéficient du couvert, pour le moment incontournable, que leur fournissent la nature du territoire et les affres du climat, les vagues successives d'arrivants européens se voient réduites, l'une après l'autre, à une guerre défensive. Comment se lancer militairement à l'assaut de l'intérieur d'un pays inconnu, quand déjà on tremble pour sa vie dans le fortin côtier ou le galion duquel on n'ose débarquer ? Cette insécurité chronique explique pour une bonne part la faillite des établissements européens au Canada, au XVIᵉ siècle. Même l'activité semi-permanente des Basques espagnols tire à sa fin. Depuis l'ère des Vikings, la rencontre des Européens avec les Amérindiens s'est souvent faite dans la violence et, malgré leur grande supériorité technologique, les Blancs ne semblent pas capables de faire des gains durables. Quand Cartier abandonne Charlesbourg-Royal, en 1542, il allègue ne pouvoir « avec sa petite bande, résister aux Sauvages qui rodoient journellement et l'incommodois fort »[25]. Aveu très clair de l'efficacité tactique de la guérilla amérindienne. Dans l'Arctique, les Inuit tiennent également les Blancs en échec. Les chroniqueurs anglais ne cessent de se plaindre de la vaillance au combat de ces « Savages » et de leur adresse dans le maniement des armes.

Officier, entre 1580 et 1590. Reconstitution d'Eugène Titieux.
Anne S.K. Brown Military Collection, Brown University, Providence.

Enfin, un nouvel élément, qui commence à se manifester pendant la première moitié de ce siècle, intervient avec plus de force durant la seconde : les diverses nations européennes, sans délaisser leurs champs de guerre traditionnels, ont commencé à se battre entre elles outre-mer, essaimant ainsi leurs conflits armés aux quatre coins du monde.

Un siècle s'est écoulé depuis que Jean Cabot a pris possession de Terre-Neuve. Il ne reste rien de la présence française, anglaise ou basque, en Amérique du Nord... Une page est tournée.

*Flotte de galions du pays basque
espagnol, ancrée au Labrador, vers
1560. Richard Schlecht. Huile.*
National Geographic Society,
Washington.

44

Chapitre 3

LES PREMIERS SOLDATS DE LA NOUVELLE-FRANCE

Quand débute le XVIIe siècle, les nations du nord-ouest de l'Europe se sont rendues à l'évidence : découvrir, comme l'Espagne, des pays dans lesquels se trouvent des montagnes d'or et des rivières de diamants relève désormais de l'utopie. Mais l'exploitation de ressources naturelles plus conventionnelles peut néanmoins rapporter des profits appréciables. Au premier rang viennent les fourrures. Conscients de ce nouvel intérêt pour les pelleteries, les Iroquois tenteront résolument d'exercer le contrôle sur ce commerce, et, pour l'obtenir, viendront en guerre avec les tribus alliées des Français. Parallèlement, interviennent divers conflits entre les nations européennes qui se disputent le nord de l'Amérique. C'est dans ce climat fort difficile que commence l'établissement de petites colonies en Nouvelle-France.

La recherche d'un équipement et d'un armement toujours plus efficaces entraînera, durant cette période mouvementée, de nombreuses améliorations sur le plan technique. Ainsi, toutes les nations maritimes de l'Europe établissent alors une distinction de plus en plus nette entre navires de guerre et navires marchands. Une invention, due aux Anglais, accélère le processus : celle de l'affût de canon naval, genre de chariot à roulettes qui permet de recharger les canons facilement et augmente considérablement le nombre de coups qu'ils peuvent tirer pendant une bataille. Les galions « armés en guerre » du siècle précédent disparaissent donc pour laisser la place à des vaisseaux spécialement conçus pour le combat, capables de mieux résister aux boulets, équipés d'un grand nombre de canons, et pouvant naviguer plus rapidement. L'appellation « vaisseaux de ligne » est donnée aux navires portant plus de 50 canons. Ils sont secondés par les frégates, plus

Arquebusier français, au Canada, entre 1610 et 1620. Reconstitution de Michel Pétard.
Ministère de la Défense nationale du Canada.

petites et plus rapides, mais qui ont moins d'artillerie à bord.

Cette révolution de l'art naval se fait sentir également dans la marine marchande. La capacité de fret des navires de commerce se trouve augmentée. Ils peuvent aussi effectuer plus facilement des voyages à très long cours. Se rendre en Chine est encore une aventure, mais ce n'est plus un exploit. Les Hollandais, grâce à leur politique économique des plus énergiques, supportée par une grande flotte marchande, dominent le commerce avec l'Orient à la place des Portugais.

Sur terre, l'art de la guerre est aussi en pleine évolution. La période d'un siècle qui s'ouvre avec le début des guerres de religion, vers 1550, pour se terminer avec la fin de la Guerre de Trente Ans, en 1648, est témoin de très rapides progrès techniques et tactiques. À l'époque de Cartier, les armes blanches, principalement les épées et les piques, dominent sur les champs de bataille. Un siècle plus tard, ce sont les armes à feu portatives, tels l'arquebuse et le mousquet, qui l'emportent. L'artillerie enregistre également des gains appréciables. On rationalise les calibres, les canons s'allègent et le déplacement des pièces lourdes requiert moins d'hommes et de chevaux. Le mortier, très utile durant les guerres de siège pour lancer des bombes explosives par-dessus murs et fortifications, se taille une place dans le parc d'artillerie, bien que son emploi soit particulièrement dangereux.

De l'arquebuse au mousquet

C'est durant le dernier tiers du XVIe siècle que le mousquet commencera à se substituer à l'arquebuse. Son implantation sera cependant lente à se faire. L'arquebuse était une arme relativement légère, mais d'une efficacité meurtrière limitée en raison de son faible calibre. Le mousquet conférait à l'arme à feu toute la force de pénétration possible, mais son gros calibre en faisait une arme trop lourde. Vers 1590, un mousquet pèse quelque 7,5 kg et tire une balle d'environ 21,7 mm de diamètre. Pour mettre en joue, il faut soutenir le canon, où se loge surtout le poids, au moyen d'une sorte de fourche d'appui, la fourquine. Ce qui, évidemment, représente un inconvénient majeur.

Les Hollandais allégeront un peu ce canon miniature. Vers 1600, ils utilisent un mousquet à fourquine pesant de 6 à 6,5 kg, tirant une balle

46

d'environ 18,5 mm. Cette arme va continuer à s'améliorer, profitant des progrès réalisés dans les techniques de fabrication des canons. L'armée du roi Gustave-Adolfe 1er de Suède, considérée comme la plus novatrice du premier tiers du

Vaisseau de guerre français entre 1630 et 1640.

Archives nationales du Canada, (C109028).

formation de peloton, de compagnie ou de bataillon. Protégé par les piquiers contre les charges de cavalerie, il tire des « salves » à la cadence d'à peu près deux coups à la minute. Cela semble bien peu comparé à l'archer qui peut décocher de

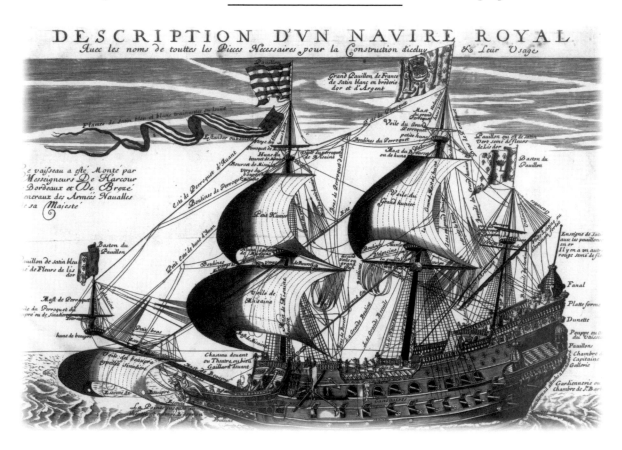

XVIIe siècle, sera la première à adopter ces nouvelles armes. En effet, en 1632, un chroniqueur rapporte avoir vu une compagnie de soldats suédois « ayant parmi eux des mousquetaires armés avec le nouveau et très léger mousquet sans fourquine »[26]. Pour obtenir ce résultat, c'est surtout à la crosse de bois et au canon qu'on a apporté des modifications. La réduction

de poids n'est obtenue, toutefois, qu'au prix d'une diminution du calibre de la balle, qui n'est plus que de 16 mm. Enfin, vers 1650, les améliorations apportées au mousquet permettent d'obtenir une arme ne pesant plus que 4,5 à 5 kg environ, et n'ayant plus besoin de fourquine.

Le mousquetaire évolue sur le champ de bataille en

nombreuses flèches dans le même laps de temps. Mais exceller à l'arc est l'œuvre d'une vie d'entraînement, alors que le mousquetaire peut acquérir les rudiments de son métier en une semaine d'exercices. Quant à la précision du tir, elle ne revêt pas une importance primordiale durant les batailles rangées des XVIIe et XVIIIe siècles.

Soldats français, au début du XVIIe siècle. Alfred de Marbot. Gravure.

Anne S.K. Brown Military Collection, Brown University, Providence.

Les soldats des compagnies commerciales

Les quelques soldats français qui débarquent au Canada, à partir de 1604, sont pour la plupart des vétérans des conflits qui ne cessent de déchirer l'Europe. Ils ont été recrutés et embauchés par les compagnies commerciales qui ont obtenu des monopoles en Nouvelle-France, c'est-à-dire le droit exclusif d'exploiter certaines ressources de ce territoire et d'en faire le commerce. En échange de ce privilège, ces compagnies ont contracté certains engagements envers le roi : coloniser le pays, faire évangéliser les autochtones, gouverner et défendre les intérêts de Sa Majesté. Ces activités exigent une certaine protection armée qu'elles s'engagent également à fournir. Comme ces compagnies doivent une obéissance et une loyauté absolues au souverain, les militaires qu'elles payent sont, en un sens tout au moins, des soldats au même titre que leurs confrères à la solde du trésor royal : les uns comme les autres doivent combattre les ennemis du royaume, peu importe qui ils sont et où ils se trouvent.

Si on dénombre peu de soldats durant les premières décennies du Régime français au Canada, la raison en est fort simple : ils coûtent cher. Souvent au bord de la banqueroute, les compagnies commerciales en engagent le

Sauf chez les piquiers, dont le nombre va en diminuant, la transition de l'arquebuse au mousquet entraînera progressivement l'abandon des casques et cuirasses, qui, lourds à porter, offrent une protection de moins en moins efficace contre des projectiles de plus en plus meurtriers. L'agilité que requiert le maniement du mousquet provoquera également des transformations dans l'habillement.

48

moins possible. Une autre explication plausible, c'est que les membres de ces expéditions clairement identifiés comme soldats dans les documents sont rarissimes. Manifestement, les militaires ne font pas que leur métier, ils en ont aussi

Bataille contre les Iroquois au lac Champlain, près de l'actuelle ville de Ticonderoga (N.Y.), le 30 juillet 1609. Au centre de l'action, Samuel de Champlain, portant casque et cuirasse, abat deux des chefs ennemis. Les Iroquois, représentés nus, portaient l'armure au cours de cet engagement.
Bibliothèque nationale du Canada, (NL6643).

un second et l'un cache fréquemment l'autre. À l'inverse, il est souvent fait mention de gens, simplement désignés comme le « compagnon » de quelqu'un, de Champlain, par exemple, qui sont intervenus lors d'une bataille. Cette polyvalence des rôles était une nécessité dans la colonie naissante. Elle n'empêchait pas les activités militaires d'occuper une place importante parmi les autres occupations des soldats et des « compagnons ».

Au temps des compagnies, le rang et le pouvoir en Nouvelle-France s'exercent d'une façon tout à fait militaire. Le gouverneur de la colonie est aussi commandant suprême. En l'absence d'un conseil, qui pourrait s'opposer à lui, il

Officier français, vers 1635. Theodore Mass. Gravure.
Anne S.K. Brown Collection, Brown University, Providence.

jouit d'une autorité absolue. Ce mode de gouvernement autocratique garde essentiellement cette forme durant tout le Régime français.

Premières colonies permanentes

Le sieur de Monts, lieutenant général et vice-amiral de la colonie, obtint le monopole des ressources naturelles de la Nouvelle-France durant plusieurs années. Il fut à l'origine des premiers établissements territoire, les Micmacs et les Abénaquis, mais furent confrontées à des disputes entre les nations européennes qui voulaient s'approprier ce bout de pays. Quant à celles situées dans la vallée du Saint-Laurent, elles furent perpétuellement entraînées dans des conflits avec les autochtones.

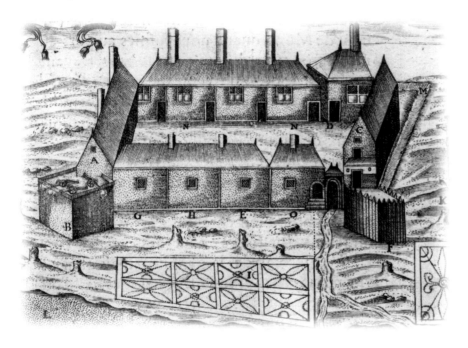

Mousquetaire anglais, vers 1630. C'est à cela que devaient ressembler les soldats anglais qui occupèrent Port-Royal et Québec entre 1629 et 1632. Richard Caton-Woodville. Aquarelle.

Anne S.K. Brown Military Collection, Brown University, Providence.

Abitasion du port royal (sic) construite en 1605.

Bibliothèque nationale du Canada, (NL8760).

français permanents, tant en Acadie, où il fit élever les forts de Sainte-Croix et de Port-Royal, que dans la vallée du Saint-Laurent, par l'érection du premier fort de Québec. Les colonies acadiennes développèrent des relations de bon voisinage avec les tribus amérindiennes qui occupaient déjà le

Les établissements acadiens connurent une histoire des plus mouvementées, ponctuée d'abandons, de prises et de reprises. En 1604, le sieur de Monts, dont le monopole ne couvre alors que l'Acadie, envoie une première expédition qui met le cap sur Sainte-Croix et y édifie un fort. Une épidémie de scorbut ayant emporté 35 des 80 résidents, les survivants déménagent à Port-Royal où ils construisent une nouvelle Habitation. En 1613, les

Anglais de la Virginie rasent tous les postes français d'Acadie. Port-Royal renaîtra de ses cendres en 1620 et une nouvelle Habitation apparaîtra à Miscou, plus au nord, à l'entrée de la baie des Chaleurs. Mais à compter de 1621, les colonies britanniques sont en plein essor, tant et si bien qu'en 1629 le drapeau britannique flotte à nouveau sur le fort de Port-Royal. Le traité de 1632 rendra l'Acadie à la France... pour un certain temps

seulement, car les Britanniques revendiquent toujours ces terres.

Peu après cette première mission en Acadie, le sieur de Monts prolongera son monopole jusqu'à la vallée du Saint-Laurent et enverra une autre expédition, cette fois dirigée par Champlain, à destination de Québec. Le 3 juillet 1608, celui-ci commence la construction de l'Habitation de Québec, dans ce qui deviendra la basse-ville, pour assurer la protection de la colonie naissante. Ce sera le timide début du premier établissement permanent de la Nouvelle-France. En 1620, un nouveau fort devra être érigé pour remplacer l'Habitation de 1608, devenue vétuste, et, en 1624, « une muraille carrée avec deux petites tourelles aux coins » y est ajoutée « pour la sûreté du lieu »[27]. Deux ans plus tard, le fort Saint-Louis sera bâti sur les hauteurs du cap Diamant, et deviendra éventuellement, sous le nom de château Saint-Louis, la résidence du gouverneur général. Toutefois, l'alliance de Champlain avec les Hurons et les Algonquins provoque l'hostilité des Iroquois et engendre chez

ce peuple la volonté d'y faire échec. De 1609 jusqu'au pacte de paix conclu en 1622, Champlain, accompagné de quelques-uns de ses hommes, partira plusieurs fois en campagne contre eux.

En 1627, le monopole de la Nouvelle-France revient à la Compagnie des Cent-Associés. Elle envoie si peu de

ABITATION. DE QVEBECQ

de retour à Québec avec trois navires, reprend possession du fort Saint-Louis, et, en 1634, l'un des gentilshommes de l'équipage, le sieur de La Violette, part fonder Trois-Rivières et y fait ériger un fort.

La garnison de la colonie est certes encore très modeste quand le nouveau

soldats qu'en 1629, lorsque les navires des frères Kirke, corsaires mandatés par le roi d'Angleterre, Charles 1er, jettent l'ancre devant Québec, il n'y a qu'une poignée d'hommes pour les accueillir. La France perd sa colonie qui ne lui sera rendue qu'en 1632, par le traité d'Aix-la-Chapelle, en même temps que l'Acadie. L'année suivante, Champlain,

Abitation de Quebecq (sic). Les murs sont percés de meurtrières, les fortifications garnies d'artillerie et entourées d'un fossé avec pont-levis.
Bibliothèque nationale du Canada, (NL8759).

gouverneur, Charles Huault de Montmagny, fait son arrivée à Québec, en 1636, vraisemblablement avec des renforts. C'est un officier de

51

Fragment de garde d'épée, trouvé au cours des fouilles effectuées sur le site de la mission jésuite de Sainte-Marie-au-pays-des-Hurons (1639-1649), l'un des plus anciens vestiges reliés aux armes blanches en Nouvelle-France.

Sainte-Marie-au-pays-des-Hurons, Parc historique de la Huronie, Ontario.

marine, chevalier de l'Ordre de Malte, qui a acquis son expérience en combattant les corsaires turcs et arabes. Une tournée rapide de la petite colonie le convainc de l'urgence d'en réorganiser la défense militaire. À Québec, il charge l'ingénieur Jean Bourdon d'améliorer le fort Saint-Louis, où il résidera en tant que gouverneur, en remplaçant la palissade de bois par des murs en pierre et en maçonnerie et en érigeant

un corps de garde. On bâtit une redoute dans la basse-ville et on y ajoute des « canons qui battent la rivière, renforçant la plate-forme qui les porte ». Au fort de Trois-Rivières aussi on ajoute « une plate-forme garnie de canons ». La colonie est maintenant animée d'un esprit plus militaire que celui qui a prévalu sous Champlain :

« Nous avons ici deux braves Chevaliers, l'un pour Gouverneur, c'est Monsieur de Montmagny; l'autre pour son Lieutenant, c'est Monsieur de l'Isle. Nous y avons aussi de très honnestes Gentilshommes, nombre de soldats de façon [d'expérience] et de résolution; c'est un plaisir de leur voir faire les exercices de la guerre, dans la douceur de

la paix, de n'entendre le bruit des mousquetades et des canons, que par réjouissance... La Diane [premier signal du tambour de la journée] nous réveille tous les matins, nous voyons poser les sentinelles. Le corps de garde est toujour bien muny; chaque escouade a ses jours de faction; en un mot, nostre forteresse de Kébec est gardée dans la paix comme une place d'importance dans l'ardeur de la guerre[28]. »

Peu de soldats pour faire la guerre aux Iroquois

La paix de 1622, léguée par Champlain, s'effrite peu à peu au fil des années trente, alors que les Iroquois obtiennent des Hollandais, établis à Fort Orange (aujourd'hui Albany, dans l'État de New York), des armes à feu en échange de leurs peaux de castors. Les Français, pour leur part, refusent ce genre de troc, ou le font de façon très limitée avec des Hurons convertis au christianisme. Désireux de se

52

venger des défaites qu'ils ont subies aux mains des Français, et désormais armés pour le faire, les Iroquois se montrent de plus en plus hostiles. Le conflit larvé éclate finalement en 1641, quand le gouverneur Montmagny, accompagné de toute sa suite, part en chaloupe à la rencontre de leurs chefs près de Trois-Rivières, afin de parlementer avec eux. Dans le plus pur style européen, il fait monter dans un canot un guidon – le porte-étendard de la compagnie – et un héraut – le messager protocolaire. « Le canot, et le guidon, et le héraut » sont reçus avec mépris par les Iroquois, qui huent les émissaires, tirent des flèches sur leurs embarcations, arborent le

Guerriers iroquois se préparant à attaquer, au milieu du XVIIᵉ siècle. Reconstitution de Francis Back.

Tiré du livre *Pour le Christ et le Roi*, coédition Libre Expression et Art Global, Montréal.

scalp d'un Algonquin allié aux Français. Outré de « toutes ces insolences »[29], Montmagny répond par des décharges de pierriers et de mousquets. C'est le début d'un quart de siècle d'hostilités...

La situation en est à ce point quand, en mai 1642, un groupe de colons, sous la direction d'un ancien officier, Paul Chomedey de Maisonneuve, se rend à l'île de Montréal pour y fonder un établissement. Il faut pour cela une bonne dose de témérité, car l'endroit, situé à proximité du territoire des Iroquois, est particulièrement exposé à leurs attaques. Les nouveaux arrivants construisent un fort et, l'année suivante, y installent l'artillerie. Si les habitants de Québec connaissent une relative sécurité, il n'en va pas de même pour ceux des établissements de Trois-Rivières et de Montréal, d'où l'on ne sort jamais « sans avoir son fusil, épée et son pistolet »[30]. En fait, le danger est tel que chaque habitant doit se constituer son propre

défenseur. Il n'est pas étonnant dès lors que l'on préfère demander au roi des colons qui soient « tous gens de cœur pour la guerre », sachant manier « la truelle d'une main et l'épée de l'autre »[31].

La défense de la colonie s'organise néanmoins. Au mois d'août 1642, le gouverneur Montmagny,

En décembre 1636, la colonie du Massachusetts décréta la formation de régiments de milice, ce qui fut exécuté l'année suivante. Contrairement aux miliciens de la Nouvelle-France, ceux de la Nouvelle-Angleterre imitaient, aussi fidèlement que possible, l'organisation tactique européenne. Reconstitution de Don Troiani. Garde nationale des États-Unis, Washington.

ayant reçu de France un contingent d'une quarantaine de soldats, ordonne la construction d'un fort à l'embouchure de la rivière Richelieu, là où se trouve aujourd'hui la ville de Sorel, afin de bloquer la route traditionnelle des invasions iroquoises. De plus, la reine de France, Anne d'Autriche, qui s'intéresse aussi aux affaires canadiennes, quoique surtout du point de vue de la protection des missions, débourse 100 000 livres pour

lever et équiper une compagnie de 60 soldats. Ce qui fut fait durant l'hiver de 1643-1644. « Laquelle compagnie fut distribuée dans les différents quartiers de ce pays », rapporte une chronique de l'époque[32].

Ces soldats arrivèrent à Québec en juin 1644. Le 7 septembre, ayant parcouru 1 300 kilomètres à pied et en canot, 22 d'entre eux parvinrent « aux Hurons », c'est-à-dire à la mission de Sainte-Marie, sur les rives du

lac Huron, où ils logèrent chez les Jésuites et partagèrent leur table. En septembre 1645, ils revinrent à Ville-Marie, escortant un convoi de quelque 60 canots « chargés de quantité de castors »[33]. Cette expédition fut remarquable à plusieurs points de vue. D'abord, c'était la première fois qu'une garnison française, ou même européenne, était envoyée défendre un poste aussi loin dans l'ouest. Ensuite, les soldats montèrent la garde non pas dans un fort solidement construit, pourvu de canons, mais dans une mission protégée d'une simple palissade à la mode amérindienne. Enfin, l'impact économique du convoi de pelleteries, rendu à bon port grâce à la vigilance de leur escorte, fut considérable.

Ces « soldats de la reine » étaient cependant en nombre insuffisant pour garantir la sécurité des Français et de leurs alliés. Passé 1645, leur détachement semble se fondre dans la garnison régulière, car il n'en est plus fait mention. À cette époque, la colonie compte peut-être une soixantaine de soldats, répartis entre Montréal, Trois-Rivières et Québec.

Petit canon retrouvé dans l'île Christian (Ontario) en 1913, sans doute celui qu'apportèrent les soldats français à la mission de Sainte-Marie, en 1648, et qu'ils enterrèrent l'année suivante, peu avant l'évacuation de la Huronie. Il semble qu'on ait récupéré la culasse d'un vieux canon en laiton, et qu'on lui ait ajouté une longueur cerclée de fer pour en faire un pierrier d'un mètre de long. Daté de 1630 et marqué des initiales « LCG », probablement celles de l'habile forgeron qui l'a fabriqué.

Sainte-Marie-au-pays-des-Hurons, Parc historique de la Huronie, Ontario.

Maintenant bien pourvus en mousquets et d'autant plus agressifs, les Iroquois s'en prennent, en 1642, au fort Richelieu qui vient d'être mis en travers de leur route. Leur habileté à se servir de leurs nouvelles armes surprendra les Français. De plus, malgré l'exposition du lieu, on manque tellement de soldats qu'il faut réduire la garnison de ce fort, stratégiquement vital, à une dizaine d'hommes. La guérilla est constante. Tout soldat qui s'aventure en dehors des fortifications, serait-ce pour chasser, court vers une mort quasi certaine. Finalement abandonné vers la fin de l'année 1646, le fort Richelieu est brûlé par les Iroquois en février 1647.

La destruction de la Huronie

Les nations indigènes sont alors ravagées depuis un certain temps déjà par des épidémies apocalyptiques qui n'épargnent aucune des tribus en contact avec les Blancs. Les Iroquois, comme les Hurons, sont durement touchés. Mis à part ce fléau, cependant, ils jouissent d'avantages indéniables sur les Hurons. Alors que, majoritairement, ils ont refusé les missionnaires, les Hurons, dont une partie s'est faite chrétienne sous l'influence des jésuites et l'autre est restée fidèle à ses croyances traditionnelles, sont divisés entre eux. Ensuite, ils sont tout près des Hollandais du fort Orange, avec qui ils font affaires, tandis que les Hurons doivent parcourir des centaines de kilomètres pour échanger leurs fourrures contre les objets de traite des Français. Enfin et surtout, d'un point de vue de stricte logistique militaire, depuis 1640 environ, ils obtiennent des armes à feu des Hollandais, et les Hurons n'en ont pas. Forts de tous ces avantages, les Iroquois sentent le moment venu de mettre à exécution un vaste projet : détruire les Hurons, alliés des Français.

Peut-être parce qu'on sent la menace dans l'air, en août 1648, un détachement formé de huit soldats de la garnison de Trois-Rivières et de quatre de celle de Montréal escorte un grand convoi de canots allant au pays des Hurons. Ces 12 soldats apportent avec

L'enseigne marchant en garde (sic), vers 1650.
Musée David M. Stewart, Montréal.

eux une petite pièce d'artillerie, destinée à la défense de la mission de Sainte-Marie.

Au printemps de 1649, plus de 1 000 guerriers iroquois, armés jusqu'aux dents et équipés d'armes à feu, envahissent la Huronie. C'est l'assaut final après des années de harcèlement. Plusieurs villages hurons, dont les missions de Saint-Louis et de Saint-Ignace, succombent aux attaques. Les pertes du côté des assiégés

sont énormes : seulement trois des 400 habitants de Teanaostaiaé échappent à la mort, alors que les Iroquois n'y perdent que 10 guerriers. D'autres Hurons quittent leurs villages, sans espoir de retour, et se dispersent. Finalement, la plus importante mission, celle de Sainte-Marie, est abandonnée, ce qui présage la fin de la Huronie. Ses habitants, Français comme Hurons, se réfugient dans l'île aux Chrétiens – en Amérindien, Gahoendoe – où, en mai 1649, les quelques soldats de la garnison, avec l'aide des hommes valides, transportent le canon arrivé l'année précédente. Tous se mettent à la construction d'un fortin bastionné, qui sera nommé Sainte-Marie II. Mais, durant l'hiver de 1649-1650, la famine frappe durement la petite colonie de rescapés, emportant des centaines de Hurons. Finalement, le 10 juin 1650, après avoir enterré dans l'île non seulement leurs morts, mais le canon, les quelque 300 survivants Hurons, et les rares Français qui demeurent, prennent le chemin de Québec, où ils arrivent le 28 juillet. C'est la fin de la Huronie, mais non pas des Hurons, car, le 15 octobre de la même année, note le supérieur des Jésuites à Québec, « partirent les Hurons pour la guerre »[34].

Guérilla iroquoise au cœur de la colonie française

La chute de la Huronie permet désormais aux Iroquois de concentrer leurs activités guerrières contre les établissements français de la vallée du Saint-Laurent. En effet, toutes les missions et tous les postes à l'ouest de Montréal ont été abandonnés, tandis qu'au sud-est le fort Richelieu est en cendres : les principales voies d'accès vers Montréal – le Richelieu et le Saint-Laurent en amont –, sont donc plus ou moins sous leur contrôle. L'intensité de leurs incursions augmente et une guérilla à peu près permanente s'installe. Contrairement aux colons de la Nouvelle-Angleterre ou de la Nouvelle-Hollande, c'est au cœur même de leurs établissements que les habitants de la Nouvelle-France doivent maintenant affronter la guerre.

Pour pallier la situation, il n'y a guère que les minuscules garnisons et le « camp volant », composé de soldats réguliers et de volontaires. En 1651, on décide de renforcer celui-ci en portant ses effectifs à 70 hommes. Puis on le supprime l'année suivante pour raison d'économie. Il renaît en 1653 pour prêter main-forte à la garnison de Trois-Rivières, aux prises avec de violentes attaques iroquoises, avant de disparaître définitivement. À partir de 1652, la garnison permanente aurait dû se composer de 15 soldats à Québec, 10 à Trois-Rivières et 10 à Montréal, avec « 14 soldats supplémentaires aux Trois-Rivières »[35]. Mais, en fait, elle ne compte que 35 soldats. Néanmoins, une paix est conclue au cours de l'automne 1653, même si elle sera de courte durée.

L'établissement de la mission française de Sainte-Marie de Gannentaha, en plein cœur de l'Iroquoisie, durant le mois de juillet 1656, peut surprendre à première vue. Mais cela répondait à un vœu exprimé trois ans plus tôt par les Iroquois de la nation des Onontagués. Un groupe de soldats commandés par Zacharie Dupuy accompagne les cinq missionnaires jésuites. Ceux-ci fondent la mission sur les bords du lac Gannentaha, aujourd'hui Onondaga, dans l'État de New York, au sud-est de la ville de Syracuse. Il semble que la troupe ait compté une vingtaine d'hommes, qui

auraient été recrutés en France par Dupuy lui-même[36]. L'établissement de la mission de Sainte-Marie n'a pas l'heur de plaire à tout le monde. Les Agniers, en particulier, n'approuvent pas cette ouverture envers les Français et font quelques raids en vue de rompre la paix. À l'automne de l'année 1657, les escarmouches redoublent un peu partout. La situation des Français de la mission devient intenable. Ils savent que, tôt ou tard, inévitablement, les Onontagués devront se rallier aux autres nations de la Confédération iroquoise. Rester équivaut pour eux à une condamnation à la torture et à la mort. C'est donc secrètement, à la faveur de la nuit, qu'ils évacuent le camp, le 20 mars 1658.

Reprise de la guerre iroquoise

Dès lors, la guerre reprend de plus belle et les Iroquois ont l'avantage du point de vue stratégique. À l'ouest, ils ont défait leurs ennemis, les Ériés, et n'ont plus rien à craindre. Les Hurons sont pratiquement anéantis et les autres alliés amérindiens des Français ne sont pas de taille à leur résister. Ils ont aussi

Le corporal portant son mousquet (sic), vers 1650.

Musée David M. Stewart, Montréal.

l'avantage du nombre, car ils ne peuvent pas ignorer que la garnison française ne compte guère qu'une cinquantaine d'hommes. Bien fournis en armes par les Hollandais, ils connaissent une décennie de victoires.

L'inquiétude, pour ne pas dire la panique, transpire des pages des chroniqueurs français. Les Iroquois sont partout. Ils frappent, disparaissent aussitôt, téméraires, toujours insaisissables. Le sort de leurs

victimes a de quoi faire frémir les âmes françaises, même bien trempées. Une mort rapide est une grâce, comparée à la lente agonie de ceux qui ont été scalpés ou, pis encore, qui seront suppliciés à petit feu, dans une orgie de tortures. Cette peur qui s'empare des Français est une victoire iroquoise de plus et cette façon de tenir l'ennemi sur les dents serait qualifiée aujourd'hui de « guerre psychologique ».

Les Français rétorquent du mieux qu'ils peuvent à ces raids. En 1658, le gouverneur Voyer d'Argenson, à la tête d'une troupe d'une centaine d'hommes, se lance à la poursuite des Iroquois. Il a l'intention de les affronter dans une « bataille rangée » qu'il est confiant de remporter. De nombreux habitants sont venus grossir les rangs des rares soldats

---

Le combat du Long-Sault, en mai 1660. Bombled. Gravure.
Tiré de *La Nouvelle-France*, Hachette, 1904.

dont il dispose, et leur prêter main-forte. Mais l'ennemi semble se volatiliser dans la nature... Autre motif d'inquiétude, aucun renfort n'arrive de France, malgré les appels à l'aide. En désespoir de cause, le gouverneur se rabat sur des mesures défensives en encourageant les habitants, portés à se disperser, à se regrouper dans des villages fermés et fortifiés. C'est ainsi que s'érigent les villages de Saint-Pierre, à l'île d'Orléans, près de Québec, de Sainte-Marie, au Cap-de-la-Madeleine, non loin de Trois-Rivières. Même les moulins à vent sont fortifiés. Une mentalité d'état de siège gagne peu à peu du terrain chez les colons.

La bataille du Long-Sault

C'est dans cette atmosphère que s'inscrit l'aventure d'Adam Dollard, sieur des Ormeaux, et de ses 16 compagnons, qu'une vague d'historiographes canadiens a consacrés « sauveurs de la Nouvelle-France » et pratiquement canonisés, qu'une seconde a ravalé au rang de simples profiteurs en quête d'un chargement de fourrures ! Le débat s'est heureusement calmé. Vue dans une perspective militaire, l'expédition entreprise par le sieur des Ormeaux, jeune commandant de la garnison de Montréal, n'excluait pas, loin de là, la possibilité de

profits à réaliser si lui et ses compagnons faisaient main basse sur les pelleteries. À cette époque, il était considéré comme normal et tout à fait légitime que les vainqueurs prélèvent un butin, et, depuis les militaires jusqu'au roi, personne ne s'en privait. On était encore loin de la solde régulièrement payée des armées d'aujourd'hui et c'était là un genre de boni, d'ailleurs réglementé par l'usage des parts proportionnelles aux rangs militaires.

Au printemps de 1660, Dollard et ses hommes quittent Montréal et empruntent la rivière des Outaouais, en direction nord-ouest. Il semble qu'ils veuillent protéger le convoi de fourrures des Outaouais, qui descend du nord-ouest. Arrivés à un fort abandonné, au Long-Sault, construit par les Algonquins l'automne précédent, ils sont rejoints par un parti de guerre formé de 40 Hurons et de quatre Algonquins. Survient alors, à l'improviste, un autre parti de guerre, non plus allié, cette fois, mais ennemi, et bien plus puissant, puisque

constitué d'environ 200 guerriers iroquois. Ceux-ci sont fort surpris de trouver les Français sur leur route, et les Français ne le sont pas moins de les rencontrer. À cette saison, les Iroquois sont ordinairement dispersés sur l'Outaouais, pour chasser, et c'est sans doute à de telles petites bandes que Dollard voulait tendre un piège. Exceptionnellement, ils se trouvent rassemblés, en mai de cette année-là, pour aller rejoindre un autre corps, d'environ 400 guerriers, dans les îles situées à l'embouchure du Richelieu, aujourd'hui appelées îles de Sorel. Les Iroquois, des Onontagués, attaquent immédiatement, mais sont repoussés. Quelques-uns d'entre eux atteignent le Richelieu et le remontent en canot afin de demander du renfort aux Agniers et aux Onnéiouts. Ceux-ci arrivent avec des Hurons « iroquoisés », qui vont réussir à persuader une trentaine de leurs frères, dans le camp de Dollard, de les rejoindre. Les Iroquois, renforcés par les Hurons transfuges, s'approchent du fortin. Les défenseurs – ce qu'il en reste – tirent une salve et en abattent plusieurs. L'assaut général est donné, mais n'a pas plus de succès. Voyant cela, les Iroquois recourent aux méthodes qu'ils utilisent pour faire le siège de villages

Capitaine entrant en garde (sic), vers 1650.
Musée David M. Stewart, Montréal.

amérindiens : ils tentent de renverser la palissade. Pour les repousser, les Français leur lancent d'abord, en guise de grenades improvisées, deux canons de pistolets remplis de poudre, puis un baril de poudre. Et c'est la catastrophe. Le baril heurte un obstacle, retombe à l'intérieur du fortin et explose, fauchant une bonne partie de la petite garnison. Les Iroquois n'ont plus qu'à investir le fort. Il n'y reste, de vivants, que cinq Français et quatre Hurons.

À la suite de cette bataille, les Iroquois décidèrent de rebrousser chemin et de rentrer chez eux. Leur retraite incita les chroniqueurs de l'époque à interpréter cette bataille du Long-Sault comme une victoire française due à l'héroïsme des défenseurs, qui infligèrent des pertes importantes à l'ennemi. Tout au contraire, ce fut, bien évidemment, une défaite française, puisque le fort fut pris et toute la garnison perdue. Quant aux pertes iroquoises, un rapport hollandais indique que les Iroquois mentionnèrent avoir eu 14 guerriers tués et 19 autres blessés en attaquant un «fort défendu par 17 Français et 100 sauvages »[37]. On est loin de l'hécatombe!

Soldat au service de la Compagnie des Cent-Associés, au Canada, vers 1650. Reconstitution de Michel Pétard.
Ministère de la Défense nationale du Canada.

Et ce n'est pas, non plus, la déroute quand, conformément aux coutumes amérindiennes, les guerriers, après avoir fait quelques prisonniers, décident simplement de retourner dans leurs villages. Un autre événement contribua un peu plus tard à alimenter la légende selon laquelle Dollard et ses hommes auraient sauvé la colonie au prix de leur vie. Durant l'automne, quelque 600 guerriers se mirent de nouveau en route vers la colonie française, mais rebroussèrent chemin à la suite d'un accident qu'ils

attribuèrent au mauvais sort. Annuler une expédition de grande envergure pour de telles raisons est aussi naturel pour les Amérindiens qu'impensable dans la logique militaire européenne.

Des renforts insuffisants

En 1661, après l'accalmie de l'hiver, les raids reprennent de plus belle et font une centaine de victimes chez les Français. Les appels à l'aide trouvent quelque oreille à Paris et la Compagnie des Cent-Associés consent à envoyer au Canada une centaine de soldats. Ils arrivent en même temps que le nouveau gouverneur, Pierre Du Bois d'Avaugour, militaire d'expérience, ancien colonel de cavalerie et maréchal de camp ayant servi sous le maréchal Turenne. Le soulagement que ces quelques soldats apportent n'est guère ressenti dans la colonie, face aux centaines d'Iroquois qui sont à l'affût dans les bois. En 1662, les raids continuent de faire impunément d'autres victimes, dont Lambert Closse, major de Montréal.

Le fifre pour rejouir les soldaz
(sic), vers 1650.
Musée David M. Stewart, Montréal.

*Lieutenant sortam de garde (sic),
vers 1650.*
Musée David. M. Stewart, Montréal.

*Le tambourg necessaire a larmee
(sic), vers 1650.*
Musée David M. Stewart, Montréal.

On décide alors en haut lieu, au cours de cette année, de lever une autre centaine de soldats pour le Canada. Ils arrivent en octobre, répartis en deux compagnies, à bord de L'*Aigle d'or* et de La *Flûte royale*. Ces navires sont chargés, en outre, «des marchandises et munitions que l'on envoye pour les magasins»[38]. Tout cela est encore bien insuffisant, face aux besoins de la colonie, mais un nouvel élément s'est ajouté au dossier : c'est sous la direction d'un nouveau conseiller d'État et intendant des finances, Jean-Baptiste Colbert, que ces soldats ont été levés et équipés. Cet homme d'envergure est également en charge de la Marine royale, dont ces deux navires ont été détachés. Il ne s'agit pas encore cependant de l'envoi d'une véritable troupe royale, mais plutôt d'une forme de subvention accordée par le roi à la Compagnie des Cent-Associés. Cette aide constitue, surtout, la première manifestation d'un nouvel intérêt royal pour les colonies en général, et le Canada en particulier.

D'autre part, c'est le 27 janvier 1663, en attendant les

61

Soldat français, vers 1662.
Reconstitution d'Eugène Titieux.
Anne S.K. Brown Military Collection,
Brown University, Providence.

renforts promis, qui
n'arrivent pas, que se forme à
Montréal le premier corps de
volontaires : la milice de la
Sainte-Famille de Jésus-Marie-
Joseph[39]. Son but est de venir
en aide à la garnison qui ne
compte alors qu'une
douzaine d'hommes,
notamment pour monter la
garde. Quelque 139 hommes
s'y enrôlent. Ils forment
20 escouades de sept
hommes chacune, incluant
un caporal élu par ses
camarades. De ces 20
caporaux, quatre seulement
ont une expérience militaire.
Ce corps sera dissous à
l'arrivée des renforts, en
1665, et remplacé par une
milice permanente.

Des colonies fragiles

En 1660, malgré tous leurs
efforts pour s'implanter en
Amérique du Nord, les
Français ne peuvent guère se
réjouir des résultats obtenus.
Les *Relations des Jésuites*,
publiées en France,
dépeignent le Canada comme
un endroit peu accueillant.
La description du martyre des
missionnaires n'a rien pour
inciter la venue de nouveaux
colons ! Pour protéger une
colonie aussi exposée, il
faudrait beaucoup de soldats.
Or, la garnison est
squelettique. L'Acadie offre
peu d'attraits, avec son
territoire trop convoité qui,
finalement, glisse entre les
doigts de la France et passe
aux Anglais de Boston.

Il reste, néanmoins, qu'à
travers tous ces avatars une
Nouvelle-France a pris racine
en Amérique du Nord. Elle
vivote tant bien que mal, et
sur un pied de guerre à peu
près permanent, car personne
n'y est à l'abri des Iroquois.

Elle n'est pas la seule,
cependant, à s'enraciner sur
ce continent, pendant la
première moitié du XVIIe
siècle. Vers 1660, la Nouvelle-
Hollande compte environ
10 000 habitants et les
colonies anglaises quelque
90 000.

La Nouvelle-France, elle,
ne rassemble en tout et
pour tout que 3 500 âmes...
Il faudra une solution
énergique pour qu'elle puisse
prospérer et s'étendre sur de
vastes territoires. Celle
qu'adoptera la France sera
essentiellement d'ordre
militaire.

Chapitre 4

LES SOLDATS DU ROI

Quand meurt le cardinal Mazarin, en mars 1661, le jeune roi Louis XIV décide de gouverner par lui-même et prend les rênes du pouvoir. Jetant un regard critique « sur toutes les parties de l'État », il conclut que « le désordre régnait partout » dans son royaume [40]. Ou bien la France est absente des terres nouvellement découvertes, ou bien son drapeau flotte sur de petits postes sans défense, à la merci des indigènes. Un vent de réformes, auquel l'armée n'échappe pas, s'abat immédiatement sur toutes les institutions françaises. C'est une véritable révolution que le souverain de 22 ans accomplit ainsi, « sans peine et sans bruit ».

Dès 1663, les grandes réformes étant bien amorcées dans la métropole, le roi et ses ministres s'attaquent au problème colonial. La première mesure qui s'impose est de briser le monopole des compagnies de commerce et de leur substituer l'autorité royale. Pour les remplacer on met sur pied les Compagnies des Indes occidentales et orientales. À la différence de celles qui les ont précédées, celles-ci sont des créations royales où le trésor de l'État se joint au capital privé, où la marine royale escorte la marine marchande, et où le roi exerce un droit de regard accru sur la gestion des colonies.

Cette importante mesure administrative ne change cependant rien au fait que les colonies restent toujours aussi faibles. Le roi en prend conscience et décide alors de donner une puissante impulsion au monde colonial français en jetant dans le jeu son armée.

L'envoi de troupes royales

Pour la première fois de l'histoire militaire française, on va donc détacher des troupes de l'armée royale pour servir outre-mer. En 1664, 200 soldats se rendent aux Antilles. Ils accompagnent le marquis Prouville de Tracy, nommé lieutenant général de toute l'Amérique française, qui fait route vers la Guyane et la Martinique. Ces soldats, les premiers du contingent destiné aux colonies, appartiennent à quatre compagnies d'infanterie tirées des régiments de Lignières, de Chambellé, de Poitou et d'Orléans. L'année suivante, en 1665, quatre autres compagnies quitteront la France, cette fois à destination de Madagascar et des îles de l'océan Indien.

Dans cette nouvelle politique coloniale, le Canada se voit attribuer « la part du lion ». Durant l'été 1665, un régiment entier – 1 000 hommes répartis en 20 compagnies – débarque à Québec : le régiment de Carignan-Salières, devenu quasi légendaire dans l'histoire de notre pays.

Ce corps militaire tenait son nom du colonel Thomas-François de Savoie, prince de Carignan, qui, en 1644, le leva au Piémont, dans le nord de l'Italie. Au cours de la décennie suivante, on fit du recrutement en France, et ce caractère piémontais fut noyé graduellement. La paix des Pyrénées de 1659, signée entre l'Espagne et la France, entraîna dans l'armée la réduction du nombre de régiments. Au lieu d'être dissous, celui de Carignan fut fusionné avec un autre. Le 31 mai de cette année-là, le prince de Carignan fut avisé, fort civilement, qu'en son absence le commandement avait été donné « à une personne d'expérience et de capacité ... le sieur de Salières ... colonel d'un régiment d'infanterie qui est à présent incorporé dans le vôtre »[41]. Le régiment de Salières avait été levé en 1630.

Le régiment de Carignan-Salières au Canada

Quelques années passèrent et le régiment de Carignan-Salières se trouvait réduit à huit compagnies, soit 400 hommes, au moment où il fut choisi pour servir au Canada. Comme le roi désirait envoyer un millier d'hommes, on y incorpora 12 compagnies tirées d'ailleurs : quatre provinrent du régiment de Lallier, quatre autres de Chambellé, trois de Poitou et une de Broglio. L'intégration de ces 600 hommes fut probablement à l'origine d'un récit du XVIIIe siècle selon lequel le régiment de Carignan-Salières aurait pris part à la campagne menée en Hongrie contre les Turcs, en 1664, de concert avec des troupes autrichiennes et allemandes. « Dans la guerre contre les Turcs ... il aurait fait des prodiges de valeur »[42], pouvait-on y lire. Comme le nom de Carignan-Salières ne figure pas parmi ceux des cinq régiments d'infanterie du contingent français envoyé en Hongrie, il faut croire que plusieurs des soldats qui lui furent intégrés provenaient de l'un ou l'autre de ces régiments, et étaient par conséquent des vétérans de cette rude campagne.

Drapeau d'ordonnance présumé du régiment de Carignan-Salières en 1665.
Anne S.K. Brown Military Collection, Brown University, Providence.

Le régiment de Carignan fut l'un des premiers de l'armée française à revêtir l'uniforme. Les soldats furent dotés d'une tenue brun et gris, et ceux qui partirent pour le Canada emportèrent comme armes des mousquets, des fusils à baïonnettes – une autre nouveauté de l'époque – et tous portaient l'épée. Les piques furent laissées en France, étant inutiles contre les Iroquois.

En avril et mai 1665, les 20 compagnies furent passées en revue à La Rochelle, déclarées complètes «et même quelques-unes ont plus d'hommes qu'elles ne doivent»[43], puis elles furent embarquées à bord de vaisseaux pour traverser au Canada. L'état-major du régiment se composait du colonel Salières, du lieutenant-colonel Du Port, du major La Freydière, de l'aide-major Féraud, du maréchal des logis La Combe-Pocatière, de l'aumônier d'Égriseilles et du chirurgien-major Du Tartre. Chacune des 20 compagnies était constituée, du côté des officiers, d'un capitaine, d'un lieutenant et d'un enseigne; du côté des troupes, de deux sergents, trois caporaux, cinq

Offensives contre les Iroquois

anspessades et de 40 soldats, dont au moins un servait de tambour. Les quatre premières compagnies arrivèrent à Québec à compter du 19 juin 1665, suivies du colonel et de huit autres compagnies au cours du mois d'août, et les huit dernières se présentèrent en septembre. Entre temps, le marquis de Tracy avait quitté la Martinique avec ses soldats. Sa flotte parvint à Québec le 30 juin. Le Canada avait déjà un gouverneur en titre, monsieur de Courcelles, mais le marquis de Tracy, qui avait autorité sur toutes les colonies de l'Amérique du Nord, lui était supérieur en grade.

Sachant que le pays ne comptait alors que 3 200 personnes de souche française, dont 500 environ habitaient Québec et sa région, on peut facilement deviner l'émoi que suscita dans la petite colonie l'annonce de la venue d'une troupe aussi considérable. Et le branle-bas que provoqua l'arrivée de 1 200 soldats et de 80 officiers, ne serait-ce que pour loger tout ce monde ! Les troupes ne furent pas longues à se déployer.

Officier et soldats du régiment de Carignan-Salières, entre 1665 et 1668. Reconstitution de Francis Back.
Service canadiens des parcs.

Dès la fin août, huit compagnies furent envoyées construire des forts le long du Richelieu. C'est ainsi que naquirent les forts Sorel, Chambly, Saint-Jean, Sainte-Thérèse et Sainte-Anne. Les quatre compagnies venues des Antilles furent attachées au régiment de Carignan-Salières, mais n'y furent pas incorporées, gardant la filiation avec leurs régiments respectifs.

La présence d'un tel corps de troupes au Canada ne pouvait que changer radicalement la situation, jusqu'alors fort précaire, de la colonie. Enfin, on peut pourvoir les villes de garnisons ! Enfin, on peut construire les forts qu'il faut pour contrôler le Richelieu, route traditionnelle des Iroquois ! L'enthousiasme est tel que de nombreux volontaires canadiens se mobilisent pour appuyer le régiment de Carignan-Salières. En quelques semaines, la petite colonie française, que la nécessité avait obligée depuis un quart de siècle à se replier dans une attitude défensive, modifie sa mentalité d'assiégée au profit

de l'esprit d'offensive. On envisage une nouvelle tactique : attaquer l'Iroquois chez lui !

L'idée ne manque pas d'audace. Les nouveaux arrivés ne sont pas familiers avec le pays, ni avec les distances, les tactiques amérindiennes et le climat. Tout ceci rend l'entreprise périlleuse, mais les commandants ne veulent pas perdre l'initiative de l'action. Dès janvier 1666, quelque 300 soldats, auxquels se sont joints 200 volontaires canadiens, partent à pied de Québec, sous le commandement du gouverneur Courcelles, et, marchant péniblement dans la neige, entreprennent de se rendre au pays des Iroquois. Campagne étonnante, étant donné qu'à cette époque ni les Européens ni les Amérindiens ne se battent habituellement en hiver. Au fort Sainte-Thérèse, un groupe de volontaires montréalais vient grossir les rangs de cette troupe et l'expédition se remet en marche, connaissant à peine sa position exacte. Et le 17 février, les Hollandais du village de Schenectady ont la surprise de voir surgir du bois un grand nombre de soldats français, certains chaussés de raquettes, plusieurs tirant des « traînes sauvages » (toboggans) sur lesquelles sont empilées de maigres provisions... N'étant pas en guerre, ils veulent bien les tolérer le temps qu'ils refassent leurs forces. Mais les événements se précipitent. À peine les Français se sont-ils arrêtés qu'éclate une escarmouche avec les Agniers, jusqu'alors introuvables. Puis survient une délégation qui demande à Courcelles le pourquoi de cette incursion si près des postes du roi d'Angleterre ! Courcelles va de surprise en surprise : il se trouve chez les Hollandais alors qu'il se croyait chez les Iroquois, il apprend que la Nouvelle-Hollande est devenue la colonie de New York et qu'Orange se nomme maintenant Albany... C'est qu'en effet le territoire hollandais est passé aux mains des Anglais l'année précédente, nouvelle qui n'était pas encore parvenue à Québec avant son départ. Les villages agniers ne sont plus désormais qu'à trois jours de marche de Schenectady, mais les Français sont épuisés et près de la famine. Ils obtiennent des Hollandais du pain et des pois, et, la rage au cœur, prennent le chemin du retour...

Les pertes furent difficiles à évaluer de part et d'autre. Les Agniers prétendirent avoir tué une douzaine de soldats français, en avoir capturé deux et en avoir trouvé cinq autres morts de faim et de froid, tout en déclarant n'avoir eu que trois guerriers tués et cinq blessés. Ils ajoutèrent n'avoir pu causer de sérieux dommages à l'expédition française, qui était très mobile. Ceci concorde avec les rapports français. On croit d'abord avoir perdu une soixantaine d'hommes, mais on se ravise, car on signale par la suite « que la plupart des soldats qu'on croyait perdus reviennent tous les jours »[44].

En définitive, cette première sortie du régiment de Carignan-Salières fut un fiasco par rapport aux objectifs qu'elle poursuivait, à savoir la destruction des villages iroquois. D'autre part, on y a accompli quelque chose de quasiment impensable : mener une expédition guerrière en plein hiver canadien, déplaçant plus d'un demi-millier d'hommes sur des centaines de kilomètres, en pays vierge et en terrain accidenté, ceci dans un des environnements les plus hostiles qui soient.

Les Français tirèrent de nombreuses leçons de cette expédition hivernale d'envergure, la première à avoir jamais été tentée en Nouvelle-France. Ils y apprirent, notamment, l'importance cruciale d'avoir des guides fiables, car, pour ajouter aux difficultés de la chose, les 30 Algonquins qui devaient mener la troupe en

Iroquoisie ne furent d'aucune utilité durant près de trois semaines, s'étant enivrés. Ils comprirent aussi la nécessité d'avoir une logistique solide ainsi qu'un équipement et un habillement permettant de survivre dans des conditions aussi difficiles. Toute cette expérience leur servira plus tard.

Durant le printemps et l'été 1666, les rapports entre Français et Iroquois alternent entre escarmouches et tentatives de pourparlers de paix. En juillet, le capitaine Sorel, à la tête de 200 soldats et volontaires accompagnés d'environ 80 Amérindiens alliés, parvient à se rendre à proximité d'un village iroquois. Ceux-ci envoient une ambassade de paix et libèrent quelques captifs français, avec lesquels Sorel rentre à Québec. Cette expédition apprend à ses chefs qu'on peut pénétrer facilement le pays iroquois. Fatigué des longs palabres ponctués d'incidents sanglants, le marquis de Tracy se prononce alors en faveur d'une expédition majeure. Celle-ci a lieu en septembre 1666. À la tête d'une petite armée composée de 700 soldats, de 400 volontaires canadiens – dont un bataillon de Montréalais, les plus expérimentés dans la

guerre amérindienne – et d'une centaine d'alliés hurons et algonquins, Tracy, Courcelles et Salières marchent, tambour battant, jusqu'au cœur du territoire des Iroquois. Ceux-ci se cachent dans la forêt et n'opposent aucune résistance, laissant les Français brûler quatre de leurs villages et leurs récoltes de maïs. Ces fiers guerriers, invincibles à la guérilla mais impuissants quand on les attaque chez eux, se rendent alors compte que leurs voisins et amis, les Anglais et les Hollandais, ne les appuient pas militairement. D'autres considérations assombrissent encore leurs perspectives d'avenir. Leurs forêts se dégarnissent tandis que les Outaouais, dont le territoire, au nord, abonde en animaux à fourrure, sont en train de s'emparer du marché. Enfin, la famine engendrée par la destruction de leurs récoltes a fait périr des centaines d'Agniers. Toutes ces raisons incitent les Iroquois à refaire leurs forces en attendant des jours meilleurs. Leurs chefs se décident alors à conclure la paix et amorcent des pourparlers avec les Français. On déplore peu d'incidents par la suite, et celle-ci est signée en juillet 1667, après de longues et tortueuses négociations.

La paix

Le succès de la mission du régiment de Carignan-Salières assure à la Nouvelle-France une ère de paix et de prospérité. Ses colons peuvent maintenant s'établir et travailler sans craindre constamment pour leur vie. Les forts qui se dressent tout le long du Richelieu sont destinés non seulement à gêner tout mouvement venant du sud, mais à servir de bases pour porter la guerre jusqu'au cœur de l'Iroquoisie. C'est donc dire que l'initiative de l'offensive a changé de camp. Devant les explorateurs et les commerçants français s'ouvre toute grande la route vers l'Ouest, aux territoires riches en fourrures. Enfin, aux nations que les Iroquois ont anéanties se substituent les Outaouais, les Ojibwés et les Algonquins, à titre de partenaires commerciaux et d'alliés militaires.

Drapeau « colonel » du régiment de Carignan-Salières.
Anne S.K. Brown Military Collection,
Brown University, Providence.

Drapeau blanc, drapeau de combat

On associe aujourd'hui le drapeau blanc à la capitulation : un camp de combattants signale à l'autre qu'il se rend en hissant un bout d'étoffe blanche. Mais il n'en fut pas toujours ainsi. À l'époque de la Nouvelle-France, montrer un drapeau blanc signifiait, au contraire, que l'on voulait engager le combat.

Pour comprendre les raisons de ce changement radical, il faut remonter aux origines du drapeau français. Au Moyen Âge, les rois de France arboraient une bannière bleue marquée de trois fleurs de lys. Durant la Renaissance s'ajoutèrent des drapeaux bleus ou rouges traversés d'une croix blanche au centre. À la fin du XVIe siècle, le bleu l'emporta sur le rouge et son usage se généralisa.

Puis survinrent les guerres de religion, au début du XVIIe siècle, et un drapeau blanc, sans ornements, évoquant la pureté, devint le symbole du pouvoir royal. À partir de ce moment, le drapeau colonel des régiments fut entièrement blanc, tant la croix que les quartiers, ce qui signifiait que ce corps appartenait à l'Armée royale. Les vaisseaux de la Marine royale se mirent à arborer des flammes et des pavillons blancs, dépourvus de fleurs de lys ou autres motifs.

En 1632, les habitants de la ville de Québec furent tout joyeux quand ils virent les pavillons blancs hissés aux mâts des navires français qui venaient reprendre possession de la colonie. Il faut en déduire que ce pavillon était probablement arboré au Canada depuis les années 1620, sinon avant, car les habitants n'auraient pu autrement le reconnaître comme étant celui de la France.

Il existait néanmoins divers autres pavillons, tant dans la marine de guerre que marchande, car l'usage primait sur les règlements. En 1661, Louis XIV décida de remédier à tout cela en décrétant

que le pavillon de la Marine royale serait désormais le blanc et qu'il devait aussi flotter, s'il ne le faisait déjà, sur les forts côtiers et dans les colonies.

Les documents d'archives et les illustrations démontrent qu'il le faisait, et ce à travers toute la Nouvelle-France. On retrouve en effet le pavillon blanc uni en Acadie, à Plaisance, à Louisbourg, à Québec et dans de nombreux fortins. Pour les colons et les militaires français de cette époque, les drapeaux et pavillons «sont toujours blancs, parce que le blanc signifie la couleur de la France». Leur attachement à ce symbole ressort clairement dans la fière réponse que firent un corsaire canadien et ses hommes aux Anglais qui les invitaient à changer de camp: «Nous lui répondîmes sans hésiter que nous étions nés sous le pavillon blanc et que nous voulions y mourir.»

À la marine marchande, l'ordre royal de 1661 assignait «l'ancien pavillon de la nation française», bleu avec croix blanche, auquel fut ajouté, au centre, un écu bleu orné de trois fleurs de lys. Cependant, les marchands préféraient les pavillons blancs. Les grandes compagnies commerciales, telle la Compagnie des Indes, et certains ports, dont Saint-Malo, obtinrent par permission spéciale que leurs navires l'arborent.

Jusqu'à l'adoption du drapeau national tricolore, en 1790, le pavillon blanc uni fut donc de tous les combats sans que cela eût rien à voir avec la capitulation. Tant sur mer que sur terre, il était, bien au contraire, pour les Français, le signal d'une lutte acharnée. D'où vient donc l'association du drapeau blanc à la capitulation? C'est que, pour les ennemis de la France, l'arborer signifiait souvent qu'ils avaient été forcés de se rendre. Après l'adoption du drapeau tricolore, ce symbole persista, chez tous les belligérants, en tant que synonyme de capitulation ou de cessez-le-feu.

Pavillons français, vers 1690.
Service canadien des parcs.

On ne saurait passer sous silence le drapeau fleurdelysé blanc dont parlent tant de livres d'histoire pour évoquer l'Ancien Régime et qui se trouve si souvent illustré dans les encyclopédies. Mais ce beau pavillon, semblable au pavillon royal de France, avec en plus les armoiries royales au centre, ne devait être arboré qu'en présence du roi (tout comme, aujourd'hui, celui du gouverneur général du Canada). Il n'a officiellement flotté que très rarement en France même, et pas du tout au Canada. À l'occasion, on pouvait donner aux alliés amérindiens des drapeaux blancs décorés des armoiries royales, comme le fit La Vérendrye chez les Mandanes, en décembre 1738. Mais ce n'était que des variations de l'original. Le seul drapeau à avoir flotté sur les forts de la Nouvelle-France fut le grand pavillon blanc uni de France.

La colonisation militaire

Le roi réservait cependant une autre mission pour ses troupes au Canada. Prévue avant leur départ pour la colonie, elle avait été tenue secrète jusqu'à la fin des hostilités. La Nouvelle-France est peu peuplée. Pour corriger la situation, le roi désire que l'on incite les soldats des 24 compagnies « à demeurer dans le pays » en leur procurant les moyens « de s'y établir »[45]. Ainsi, les officiers se voient offrir des seigneuries. Offre alléchante puisque posséder ses propres terres, c'est-à-dire devenir seigneur, est presque impossible en France. Quelque 30 officiers se prévaudront de ce privilège en 1667 et 1668. Les titres de la plupart des nouvelles seigneuries seront officiellement concédés à leurs propriétaires cinq ans plus tard. Plusieurs porteront le nom de leur titulaire. Ainsi, les villes actuelles de Berthier, Chambly, Contrecœur, Boisbriand, Saint-Ours et Sorel commémorent leurs premiers seigneurs, auparavant capitaines du régiment de Carignan-Salières ; Lavaltrie, Soulanges et Varennes rappellent le souvenir d'anciens lieutenants, tandis que les enseignes Brucy et Verchères ont enrichi de leurs noms la toponymie québécoise.

Pour les simples soldats il y a également de nombreux avantages à rester. Posséder sa propre terre et s'y établir avec une aide substantielle sous forme de bétail et de vivres, au lieu de s'en retourner et possiblement travailler comme serf, quoi de plus tentant ? Aussi, 404 d'entre eux et 12 sergents se laisseront-ils gagner. En France, le sentiment de confiance engendré par l'action vigoureuse des troupes du roi favorise sans aucun doute l'émigration vers le Canada, car, à la même époque, plus de 2 000 Français se décident à partir. Avec tous ces apports, le chiffre de la population double, de 1665 à 1672, et passe à 7 000 personnes.

Ces mesures n'entraînent pas la dissolution complète du régiment de Carignan-Salières. Les deux compagnies colonelles rentrent en France avec le colonel Salières, en juin 1668, et le régiment y fait un nouveau recrutement[46].

Une garnison « royale »

Au Canada, on garde sur pied quatre compagnies de 75 hommes chacune, officiers compris. Deux de ces compagnies sont affectées à Montréal et deux à Chambly. De ces dernières, 30 hommes seront détachés à Saint-Jean et 20 autres au fort Sainte-Anne. Ces quatre compagnies montent la garde jusqu'en 1670, alors qu'elles sont renforcées par cinq compagnies de 50 hommes chacune, envoyées de France et commandées par des officiers du régiment de Carignan-Salières. Il semble que ces troupes maintiennent la filiation avec le régiment par un genre de statut de compagnies détachées outre-mer. L'intendant Talon note que le capitaine Laubia « de Carignan-Salières » commande l'une des « compagnies... renvoyées en Canada en 1670 »[47]. Cependant, en 1671, on licencie toutes ces troupes, enjoignant les officiers à ne pas revenir en France et encourageant « fortement tous les soldats à travailler au défrichement et à la culture des terres »[48].

Le licenciement des compagnies, décision favorable au peuplement, ne laisse cependant sur place qu'une très mince garnison : à Québec, deux sergents et 25 soldats ; dans chacune des villes de Trois-Rivières et de Montréal, 10 soldats seulement. Avec les 20 gardes du gouverneur général et les 10 soldats du fort Frontenac, que le sieur de La Salle a l'obligation d'entretenir « à ses dépens »[49], à partir de 1675, on obtient un total de 77 hommes. Cette pénurie de soldats de métier laisse les forts sur le Richelieu pratiquement sans défense. Aussi, durant cette période, assiste-t-on à une lente détérioration des relations franco-iroquoises.

Les Iroquois, observant l'affaiblissement de la défense militaire canadienne, songent en effet à reprendre la guerre. Pour se venger des humiliations qu'ils ont subies, ils cherchent, depuis que la paix est conclue, à neutraliser les nouveaux alliés amérindiens des Français et à s'emparer de leur commerce de fourrures. Dans la colonie, d'autre part, on a de bonnes raisons de craindre que les 2 500 guerriers des Cinq Nations, bien pourvus en fusils britanniques, ne détruisent les tribus de l'Ouest avec qui les rapports sont bons, comme ils l'ont fait des Hurons, ainsi que les postes de traite et les missions jésuites récemment établies à Michillimakinac et dans les Illinois. La situation s'aggrave durant les années 1670 mais, grâce en bonne partie à l'habile diplomatie de Louis de Buade, comte de Frontenac, le danger est contenu. À peine celui-ci est-il remplacé au poste de gouverneur général, en 1682, par Joseph-Antoine Lefebvre de La Barre, que les Illinois, les Miamis et les Outaouais, attaqués, se voient forcés de demander la protection française. Pour défendre ce vaste territoire et venir en aide à ses alliés, de La Barre, dont le projet de conférence générale a essuyé le refus dédaigneux des Iroquois, ne dispose que d'une poignée de

soldats. Mais il peut aussi compter sur environ 1 000 miliciens car, au cours de la décennie qui vient de se terminer, la colonie s'est dotée de cette importante ressource, appelée à jouer un rôle décisif dans la défense du pays : une milice.

La fondation de la milice canadienne

Avant 1669, à moins de situations d'urgence, le colon français au Canada n'était pas obligé de servir à l'occasion en tant que soldat. Il n'existait pas, non plus, d'organisation militaire permanente visant à regrouper les hommes. Une lettre de Louis XIV va changer tout cela. Le 3 avril 1669, en effet, le roi ordonne à Courcelles, alors gouverneur, de «diviser» ses sujets au Canada par compagnies «ayant égard à leur proximité, qu'après les avoir ainsi divisés, vous établissiez des capitaines, lieutenants et enseignes pour les commander... vous donniez les ordres qu'ils s'assemblent une fois chaque mois pour faire l'exercice du maniement des armes». On doit prendre soin, ajoute-t-il, qu'ils soient «toujours bien armés, et qu'ils aient toujours la poudre, plomb et mèches nécessaires pour pouvoir se servir de leurs armes dans les occasions »[50].

Ces quelques lignes signent l'acte de naissance de la milice canadienne. Elles sont l'équivalent d'un programme général

Soldat du régiment de Carignan-Salières, entre 1665 et 1668. Reconstitution de Francis Back.
Service canadien des parcs.

d'organisation et de mobilisation dont la réalisation va demander plusieurs années d'efforts. C'est surtout au comte de Frontenac, qui succédera à Courcelles en 1672, qu'incombera la tâche de mettre en place cette considérable organisation à travers le pays. Pour ce faire, il s'inspira certainement de la

milice garde-côte telle qu'elle existait en France à l'époque, car la milice canadienne offre beaucoup de parenté avec elle.

Il lui semble tout naturel, par exemple, d'utiliser la paroisse comme point de ralliement. Chacune possédera donc sa propre compagnie de milice, et les plus populeuses en auront même plusieurs. La composition de ces compagnies est exactement calquée sur celle des troupes régulières : à la tête, un capitaine, assisté d'un lieutenant et d'un enseigne, ensuite quelques sergents et caporaux, puis de simples soldats. En tout, une cinquantaine d'hommes.

Chaque paroisse se trouve rattachée à l'un des trois districts gouvernementaux de la colonie : Québec, Trois-Rivières ou Montréal. Dans chacun d'eux se trouve un état-major de milice comportant un colonel, un lieutenant-colonel et un major. Le gouverneur du district détient le commandement supérieur, tandis que le gouverneur général du pays est en même temps le commandant suprême de toute la milice. L'intendant peut, cependant, requérir les miliciens pour des causes civiles.

Tous les hommes en état de porter les armes, âgés de 16 à 60 ans, doivent faire partie de la compagnie de milice de leur paroisse et participer à ses activités, ce qui représente entre le cinquième et le quart de la population totale de la colonie. Il y a environ 3 500 miliciens en 1710 ; on en compte 11 687 en 1750, et ils sont divisés en 165 compagnies commandées par 724 officiers et 498 sergents. Seuls les religieux et les seigneurs sont exemptés de ce service, encore que ces derniers soient presque tous officiers dans les troupes régulières ou dans la milice.

Franc-tireur et voyageur endurci

Le colon français de la seconde moitié du XVIIe siècle était un homme qui, par son mode de vie même, avait développé de multiples habiletés. L'ensemble de la population de la Nouvelle-France était alors groupé le long des rives du Saint-Laurent, où plusieurs possédaient des terres. Il n'était pas rare de voir le cultivateur de l'été se métamorphoser en chasseur l'automne venu, puis s'adonner à quelque petit métier, peut-être à la trappe ou à la traite, durant l'hiver, ce qui l'obligeait à parcourir de grandes distances en raquettes, pour ensuite retourner à ses champs au printemps. Sans parler des excursions de pêche qui lui fournissaient maintes occasions de s'entraîner au canotage ! Un observateur donne des Canadiens de cette époque la description suivante : ils sont « bien faits, agiles, vigoureux, jouissant d'une parfaite santé, capables de soutenir toutes sortes de fatigues... et belliqueux ... nés dans un pays de bon air, nourris de bonne nourriture et abondante... ils ont la liberté de s'exercer dès l'enfance à la pêche, à la chasse et dans les voyages en canot où il y a beaucoup d'exercices »[51]. Un autre ajoute que le « Canadien est très brave » et qu'il est plus habile à tirer du fusil « que tout autre au monde »[52].

Voilà qui annonce un type d'hommes possédant une aptitude exceptionnelle pour la guerre de raids ! On décèle pourtant chez les Canadiens une certaine réticence à participer aux activités militaires. Frontenac note que, comparés aux soldats de métier, les miliciens ne veulent guère quitter leurs foyers et ne peuvent être très utiles pour les expéditions. Mais ceci concerne la période paisible des années 1670. Vingt-cinq ans plus tard, on constatera chez eux un changement d'attitude considérable, engendré par la guerre intermittente menée contre les Iroquois depuis le début des années 1680. Aux côtés de leurs alliés amérindiens, les robustes Canadiens sont alors de tous les raids, et ces excursions militaires sont si pénibles qu'il « n'y a pas 300 hommes dans les troupes régulières capables de les suivre »[53].

Soldat de la garde du marquis de Tracy, entre 1665 et 1667. Reconstitution de Michel Pétard.
Ministère de la Défense nationale du Canada.

La garde du gouverneur général

La milice canadienne compte présentement dans ses rangs des régiments affectés à la garde du gouverneur général. La création de ces unités, composées de miliciens volontaires, s'effectua au cours des années 1860 et 1870. L'institution régulière de cette garde, au Canada, remonte cependant au règne de Louis XIV.

Dès le Moyen Âge, la coutume voulait que les grands personnages soient escortés par quelques hommes en armes, qui assuraient leur sécurité. Au Canada, le protocole fut, de toute évidence, plus simple que dans la métropole, du moins jusqu'à l'arrivée du premier corps de garde véritable, en 1665. Il s'agissait d'une troupe de 17 « hommes de guerre » commandés par un capitaine, un lieutenant et une cornette (sous-lieutenant qui porte l'étendard de la compagnie). Ces soldats formaient l'escorte du marquis Prouville de Tracy, lieutenant général de l'Amérique française. Ils portaient, selon un vœu du roi, une casaque semblable à celle des mousquetaires de sa propre garde. Quand le marquis se déplaçait dans les rues, c'était tout un cortège qui l'accompagnait : quatre pages et une partie de sa garde le précédaient, tandis qu'auprès de lui se tenaient plusieurs officiers, à la tête desquels se trouvait son capitaine des gardes, qui était aussi son aide de camp. Quand le marquis de Tracy repartit en France, en 1667, avec cette troupe, on ne considéra pas le gouverneur Courcelles comme aussi digne et il n'eut pas droit à sa propre compagnie de garde.

La nomination de Louis de Buade, comte de Frontenac, en 1672, correspondit à l'établissement permanent de gardes affectés à la personne du gouverneur général. L'énergique comte de Frontenac se servit toutefois de la sienne comme police personnelle pour faire arrêter plusieurs personnes, dont le gouverneur de Montréal, Nicolas Perrot, geste qui fut jugé excessif et mena au rappel de son auteur, en 1682. À la suite de ces abus, il fut spécifié que la seule fonction de ce corps était d'assurer la sécurité du gouverneur général.

De 1672 jusqu'à la fin du Régime français, la garde fut officiellement «une compagnie de 20 hommes de guerre à cheval dits carabins», comprenant un capitaine, un lieutenant et une cornette. Dans la réalité, il en alla souvent autrement. D'abord, ces hommes se déplaçaient à pied. En outre, comme leur solde était comprise dans les appointements du gouverneur général, cette compagnie était sujette à devenir fictive, selon la fortune de ce dernier. Ainsi, à partir de la fin du XVIIe siècle, elle se limitait habituellement à deux ou trois personnes. Les jours de fêtes et lors des cérémonies, on trouvait assez de gens pour compléter le nombre. Le marquis de Vaudreuil n'avait que deux hommes dans sa suite, au début du XVIIIe siècle, tandis que le marquis de La Jonquière, homme fortuné, débarquait en grande pompe à Québec, le 4 août 1749, précédé de toute sa compagnie.

Il existe peu d'information sur l'aspect vestimentaire et l'armement de la garde. Cependant, il appert que les hommes du comte de Frontenac portaient des casaques, en 1673, et ceux du marquis de Vaudreuil (1703-1725) de même, mais la description de ces vêtements est inconnue. Pour leur part, les gardes du marquis de La Jonquière, à leur arrivée à Québec, en 1749, se montrèrent «en habits verts, le fusil sur l'épaule». Il s'agissait manifestement de la livrée du marquis, ce qui semble indiquer qu'à partir de 1672 les gardes portaient les couleurs et armoiries personnelles de leur maître, comme c'était l'usage dans la métropole.

L'Acadie

Dans sa nouvelle politique coloniale, Louis XIV n'oublie pas l'Acadie. Elle aussi recevra ses «soldats du Roy», mais il faudra d'abord attendre qu'elle soit rétrocédée à la France par le traité de Bréda, en 1667, car les miliciens du Massachusetts l'occupent depuis 1654. La prise de possession effective n'a lieu que trois ans plus tard, en août 1670, quand le sieur de Grandfontaine, débarquant en Acadie en qualité de gouverneur, exige et obtient des Anglais la restitution de la colonie, conformément au traité. Il est escorté d'une compagnie de 50 soldats dont il est le capitaine. Celle-ci se trouve être la sixième du contingent de soldats de Carignan-Salières renvoyés en Nouvelle-France, et le sieur de Grandfontaine est lui-même un vétéran des campagnes de 1665 et 1666 contre les Iroquois. C'est la première fois que des troupes royales sont envoyées en Acadie.

Tout comme les cinq compagnies affectées au Canada, celle de Grandfontaine est licenciée en 1671 et ses membres peuvent choisir de s'établir au pays. La perspective semble leur plaire car plusieurs font déjà de la pêche et «presque tous les soldats se disposent à s'habituer et même à se marier, s'il leur vient des filles de France»[54].

Ils auront peu de temps pour le faire. En 1672, Louis XIV déclare la guerre à la Hollande. Deux ans plus tard, un corsaire battant pavillon de ce pays mouille dans les eaux acadiennes. Aucun navire français n'assure la défense des côtes et celle des forts est faible également. Les Français résistent de leur mieux, mais ne peuvent empêcher que Pentagoët et Jemsec ne soient pris et pillés. Le capitaine Chambly, qui est alors gouverneur, et ses officiers sont fait prisonniers et emmenés à Boston. Libérés peu après, sans doute en raison de la neutralité des Anglais dans le conflit franco-hollandais, ils retournent en Acadie, mais la colonie, n'ayant pas de troupes régulières ni encore de milice, est pratiquement sans défense, situation qui persistera tout au long des années 1680.

Habits envoyés par Louis XIV au roi Charles XI de Suède, vers 1687. Louis XIV imposa l'uniforme à ses troupes parce que, selon lui, il produisait un effet impressionnant, surtout lors des rassemblements, et était source de fierté et d'émulation pour les militaires.
Musée royal de l'armée suédoise.

Plaisance, Terre-Neuve

Au milieu du XVIIe siècle, on ressent de plus en plus fortement, tant du côté anglais que français, le besoin d'avoir une base navale permanente à proximité des grands bancs de Terre-Neuve, afin que les morutiers puissent faire escale pour approvisionner leurs navires et trouver protection contre les navires ennemis. En 1651, Olivier Cromwell, alors « Seigneur-Protecteur » de la Grande-Bretagne, nomme un gouverneur à St. John's, établissement situé dans la partie est de l'île.

Le havre de Plaisance, au sud-est de Terre-Neuve, déjà fréquenté par les pêcheurs français, sembla tout indiqué à la France de Louis XIV pour y établir sa propre base. Une première colonie y fut fondée en 1660 et fut pourvue d'une petite garnison en 1662. Mais bientôt les soldats se mutinèrent, assassinèrent le gouverneur, Du Perron, et pillèrent le fort avant de s'entre-tuer. Les huit survivants tentèrent d'atteindre les établissements anglais, de sorte que, l'année suivante, lorsque les navires amenèrent de France une vingtaine de colons et de soldats, ils trouvèrent la colonie dévastée et le fort abandonné. D'autres soldats arriveront en 1667, mais la garnison semble quasi inexistante par la suite. C'est dans cet état que vivotera la base jusqu'à l'arrivée des troupes de la Marine, en 1687.

Une ère de progrès

La période marquée par l'envoi du régiment de Carignan-Salières apporta à la colonie française une paix que l'on désespérait de voir jamais se réaliser et donna un essor extraordinaire à la colonisation. Elle a été l'une des plus déterminantes de l'histoire de la Nouvelle-France. Le licenciement des troupes, s'il affaiblit la défense du pays, donna lieu à une autre initiative royale qui se révéla tout aussi profitable, la fondation d'une milice canadienne. Sur ces acquis solides, qui permirent une première percée vers l'ouest et vers le sud, commença à prendre forme un rêve à la mesure de l'Amérique : la création d'un grand empire français. Cependant, le contrôle de l'accès au continent par le Saint-Laurent, particulièrement en Acadie et à Terre-Neuve, demeura faible. De plus, un autre ennemi pointait à l'horizon : les colonies britanniques, déjà populeuses et de plus en plus agressives.

LES COSTUMES

Soldat au service de la Compagnie des Cent-Associés, au Canada, vers 1650.

Soldat de la garde du marquis de
Tracy, entre 1665 et 1667.

Soldat appartenant au régiment de
Gibbon, à Terre-Neuve, en 1697-
1698.

Soldat en tenue de campagne
d'hiver, entre 1690 et 1700.

Sergent des Compagnies franches de
la Marine de l'Acadie et de
Plaisance, entre 1701 et 1713.

Sergent des Compagnies franches de
la Marine du Canada, entre 1700 et
1716.

Artilleur d'un détachement du
« Board of Ordnance », entre 1700
et 1716.

Soldat des compagnies franches britanniques à Terre-Neuve et en Nouvelle-Écosse, entre 1700 et 1717.

Soldat du régiment suisse de Karrer, vers 1725.

Tambour des Compagnies franches de la Marine de la Nouvelle-France, entre 1716 et 1730.

Officier des Compagnies franches de la Marine en Nouvelle-France, vers 1735.

Soldat des Compagnies franches de la Marine en Nouvelle-France, vers 1740.

Tambour du régiment suisse de Karrer, vers 1745.

Canonnier d'une compagnie de canonniers-bombardiers en Nouvelle-France, entre 1743 et 1750.

Officier des Compagnies franches de la Marine, vers 1750. La coupe des vêtements évolue avec la mode, que les militaires canadiens suivent de près.

Bourgeois à l'allure prospère, appartenant à l'une des deux compagnies de milice, dites « de réserve », mobilisées à Montréal et à Québec en 1752.

Soldat des Compagnies franches de la Marine en Nouvelle-France, entre 1750 et 1755.

Chapitre 5

LES COMPAGNIES FRANCHES DE LA MARINE DU CANADA

En 1674, au cours de la guerre que Louis XIV livre à la Hollande, une flotte commandée par l'amiral Ruyter arrive en vue de la Martinique, qui est pratiquement sans défense. L'attaque est repoussée, par miracle, mais l'alerte a été chaude ! À Versailles, on se rend compte que l'on est passé à deux doigts de perdre la plus importante des îles françaises des Caraïbes, faute d'y avoir entretenu une garnison convenable. Le ministère de la Marine, auquel incombe, depuis sa création en 1669, non seulement la responsabilité de la flotte de guerre du pays, mais celle des colonies d'Amérique, lève en toute hâte 470 hommes et huit officiers. Ils arrivent à la Martinique avant la fin de l'année. Durant les années 1670, on comblera la même lacune dans toutes les îles françaises ainsi qu'à la Guyane. C'est le début de l'armée coloniale française.

En Nouvelle-France, les milices, qu'on vient de mettre sur pied, ne peuvent suffire à assurer la sécurité de la colonie, en butte aux menaces et aux attaques ennemies tout au long des années 1670 et 1680. Afin de pallier la situation et pour favoriser l'expansion française en Amérique, Louis XIV opte pour l'établissement de fortes garnisons entretenues par le trésor royal. Au Canada, leurs effectifs seront recrutés progressivement à même la population de gentilshommes du pays. C'est la naissance des Forces armées canadiennes.

La société de la Nouvelle-France sera profondément transformée par cette nouvelle expression de la volonté royale. En effet, tandis que les soldats démobilisés deviendront la principale source d'approvisionnement en nouveaux colons, une bonne partie de l'élite coloniale se composera désormais d'officiers militaires et ceux-ci acquerront de ce fait une influence considérable dans tous les aspects de la vie du pays. Mais c'est surtout par l'épée que ces militaires vont se distinguer, en mettant au point une tactique de combat originale et terriblement efficace.

Cet important volet de l'histoire militaire et sociale du Canada débute vers la fin de l'année 1683. En juin de cette année-là, de La Barre, incapable de freiner la nouvelle montée de l'hostilité iroquoise, expédie d'urgence en France une lettre dans laquelle il demande des troupes et des

Officier des Compagnies franches de la Marine du Canada en grande tenue, vers 1690. Bien qu'on ne prescrive pas d'uniforme spécifique aux officiers, plusieurs portent les mêmes couleurs que leurs soldats, à cette époque, gris-blanc et bleu. L'épée et l'esponton, ou demi-pique, constituent les armes réglementaires. Reconstitution de Michel Pétard.

Ministère de la Défense nationale du Canada.

armes pour contrer une situation militaire quasi désespérée. Ce n'est qu'au mois d'août que le marquis de Seignelay, ministre de la Marine, prendra connaissance de l'appel à l'aide du gouverneur général de la Nouvelle-France. À cette date, le convoi de navires à destination du Canada est déjà en route, mais on recrute immédiatement 150 soldats à Rochefort et on les embarque aussitôt sur la frégate La *Tempête*. Au début de novembre, le navire jette l'ancre à Québec et trois « Compagnies franches de la Marine » – ainsi qu'on appelle ces troupes appelées à servir outre-mer, par opposition à l'armée « de terre », active uniquement en Europe – débarquent en Nouvelle-France.

Des officiers canadiens

L'apport des troupes de la Marine fera grimper jusqu'à 1 500 le nombre d'officiers et de soldats de la colonie au cours des années 1680. Ce nombre se stabilisera autour de 900 pendant la première moitié du XVIIIe siècle. De 1689 à 1749, il y aura 28 compagnies en garnison.

Les compagnies de la Marine établies au Canada se distinguent très tôt par la forte proportion d'officiers qu'on y compte par rapport au nombre de soldats. Dès 1687, on passe, théoriquement, de deux à trois officiers par compagnie. Dans les faits, il y en aura aussi un quatrième, recruté parmi les familles de gentilshommes canadiens : l'enseigne en second ou « petit officier »[55]. Ce sera là une initiative du gouverneur Denonville, qui a noté les excellentes dispositions guerrières des jeunes hommes issus de la nouvelle élite canadienne. Un geste qui aura, au fil des années, des répercussions considérables sur la vie militaire et sociale de la colonie.

Une autre pratique, qui débute probablement au cours des années 1680, favorise l'intégration de militaires coloniaux dans l'armée régulière : la coutume, chez les familles d'officiers établies au pays, de fournir l'armée en cadets afin que leurs jeunes fils s'acheminent vers la carrière des armes et obtiennent à leur tour leur brevet

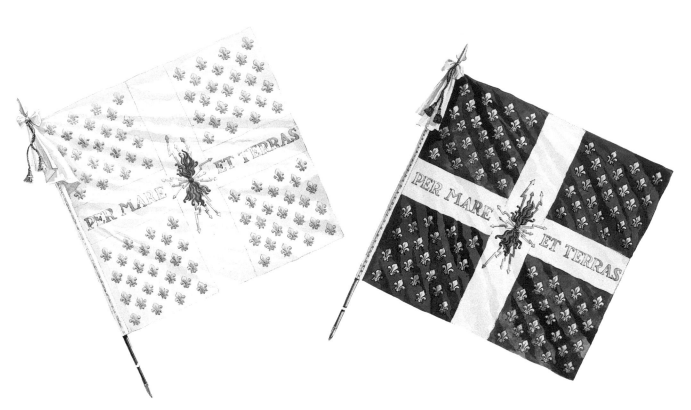

d'officier. Au début du XVIIIe siècle, on trouve dans les troupes «une belle jeunesse de qualité... fils d'officiers... ayant la paye de soldat»[56], dont on encourage la promotion. Un quart de siècle plus tard, cependant, on constate qu'il y a dans les compagnies trop de cadets qui ne sont «que des enfants»[57] et qui prennent la place de véritables soldats. Le roi ordonne de corriger la situation en restreignant leur nombre, puis, en 1731, émet une ordonnance royale établissant officiellement le rang de cadet dans les troupes du Canada, à raison d'un par compagnie. En signe distinctif, ils portent à l'épaule, sur leur uniforme, un cordon bleu et blanc, d'où le nom de «cadets à l'aiguillette» qu'on leur

Drapeau «colonel» blanc et drapeau «d'ordonnance» bleu et rouge des Compagnies franches de la Marine, au XVIIIe siècle. Reconstitution de Michel Pétard. Ministère de la Défense nationale du Canada.

donne. Mais les 28 places disponibles au sein des Compagnies franches de la Marine ne suffisent pas à loger tous ces fils d'officiers et l'on voit apparaître, officieusement, des «cadets-soldats», genre de cadets en second, qui seront finalement réglementés à un par compagnie, en 1750.

Les cadets sont comptés au nombre des soldats lors des revues, et ils doivent servir avec eux pour apprendre le maniement des armes. Par

ailleurs, ils bénéficient de la protection des officiers (souvent des membres de leur famille), et on leur donne, à l'occasion, la possibilité d'exercer le commandement. Étant proches à la fois des officiers et des soldats, ces jeunes gens s'avèrent d'une grande utilité pour connaître l'esprit des troupes.

D'ores et déjà, une sorte d'élite militaire canadienne est en train de se former, si l'on considère qu'en 1683 tous les officiers étaient français; que, dès 1690, environ le quart d'entre eux sont nés au Canada; puis, la moitié dans les années 1720, et enfin les trois quarts au début des années 1750. De plus, les officiers nés en France s'établissent habituellement dans la

Louis de Buade, comte de Frontenac (1622-1698). On ne connaît pas de portrait de ce célèbre gouverneur général.

Tiré de l'ouvrage *Half a Century of Conflict*, George N. Morang & Company, Toronto.

colonie et viennent renforcer ce groupe social.

La naissance n'est toutefois qu'un critère imparfait pour juger de la « canadianisation » du corps des officiers. Faut-il en effet considérer comme des étrangers les officiers français qui viennent au Canada, prennent souche, fondent leur famille et adoptent les coutumes du pays où, après avoir passé leur vie, ils seront finalement ensevelis ? Cela semble illogique puisque ce sont en grande partie leurs fils, nés dans la colonie, qui nourrissent les statistiques des « Français » par rapport aux « Canadiens ». Enfin, la « canadianisation » des officiers français se fera d'une autre manière encore car, dès la fin du XVIIe siècle, il devient évident qu'ils assimilent très bien, à mesure que leurs années de service passent, l'art de la guerre telle que menée au Canada. En réalité, on peut avancer que le corps des officiers est presque entièrement canadien dans son essence, sinon par naissance, dans les années 1720.

Les campagnes au Canada

L'arrivée des troupes de la Marine, en réponse à la demande d'aide de De La Barre, provoque un changement immédiat de tactique. En 1684, c'est une véritable petite armée qui part en expédition contre les Tsonnontouans, l'une des cinq nations iroquoises, et se rend au fort Frontenac pour les affronter. Mais ce gouverneur n'est pas aussi hardi que ses prédécesseurs et il consent à accorder la paix sans livrer bataille, ce qui n'impressionne guère les Iroquois.

Aussi, en 1687, le nouveau gouverneur général, le marquis de Denonville, devra-t-il entreprendre une seconde expédition contre ces mêmes Iroquois. Il est à la tête d'une armée de 800 soldats, de 1 100 miliciens et de 400 alliés amérindiens. Dans un ultime effort pour sauver leurs bourgs, les Tsonnontouans engagent la bataille. D'abord effrayés par l'effet de surprise et les cris affreux des autochtones, les Français se rallient et les Compagnies franches chargent, ce qui fait fuir l'ennemi. Dans leur course, les Amérindiens abandonnent fusils et couvertures. À nouveau, les villages et les récoltes sont incendiés. Des détachements des Compagnies franches se rendront ensuite jusqu'à Michillimakinac, à la jonction des lacs Michigan et Supérieur, où leur action

empêchera les Iroquois et les Anglais de s'emparer du commerce des fourrures de l'Ouest.

Le problème de la défense stratégique du Canada

Les Iroquois ne sont pas les seuls ennemis auxquels auront à faire face les officiers français nouvellement arrivés au cours de cette décennie de 1680-1690, alors que se multiplient les signes avant-coureurs d'un conflit entre la France et l'Angleterre : comment repousser une éventuelle invasion britannique, quand la colonie est aussi étendue et que l'on dispose d'aussi peu d'hommes ? Telle est la question cruciale à laquelle ils devront trouver réponse.

Du côté défensif, de solides fortifications demeurent, certes, la mesure fondamentale à prendre. Or, quand elles existent dans la colonie, elles sont dans un état déplorable. On décide donc de remettre en état le fort Frontenac et d'entourer Montréal d'une palissade, ces deux endroits étant les plus exposés aux attaques des Iroquois, alliés des Anglais. Quant à la ville de Québec, qui a l'avantage d'être une forteresse naturelle, elle est

dépourvue d'enceinte et possède seulement quelques batteries et un mauvais fort, le château Saint-Louis, qui sert aussi de résidence au gouverneur général. Bien qu'on ne croie guère, à Versailles, que Québec puisse être attaquée par le Saint-Laurent, on se ravisera, en 1690, et on pourvoira la ville d'une enceinte comportant 16 redoutes reliées par une palissade. Ce sera le premier des nombreux ouvrages défensifs à être élevés sur ce site.

Jacques Testard de Montigny, officier des Compagnies franches de la Marine, vers 1715. Il participa à plusieurs campagnes dont celles de Schenectady, de Pemaquid et de Terre-Neuve. Il fut ensuite commandant de plusieurs forts dans l'Ouest.

Château Ramezay, Montréal.

La tactique européenne : impraticable au Canada

Si l'officier français chargé de vérifier l'état des fortifications en Nouvelle-France peut s'inspirer des usages prescrits dans les ouvrages militaires et tenir compte des avis que lui font parvenir ses pairs de la métropole, il en va tout autrement pour le stratège qui réfléchit aux problèmes que pose, dans les vastes étendues sauvages de l'Amérique du Nord, la défense du territoire. Car, aux complications causées par la dimension géographique, s'ajoute le problème d'un hiver rigoureux qui n'a son pareil en Europe occidentale que dans certaines parties de la Scandinavie et de la Russie.

De plus, les traités sur l'art de la guerre dont il pourrait s'inspirer sont rédigés pour des armées qui font campagne en France, en Allemagne ou en Italie, selon la tactique européenne de combat qui exige des masses compactes d'unités de mousquetaires, appuyés de piquiers pour le combat à pied. De nos jours encore, l'image de lignes d'infanterie qui s'avancent en terrain découvert vers celles de l'ennemi dans le rutilement des uniformes aux couleurs voyantes et l'éclat des armes qui brillent au soleil nous semble suicidaire. Pourquoi ne se cachent-ils pas ? Parce que l'efficacité limitée des armes à feu commandait de telles tactiques. Ce n'est qu'à une centaine de mètres que le feu commençait à être redoutable, s'il était utilisé par salves, car les armes étaient encore trop imprécises pour atteindre efficacement des cibles choisies. Ce qu'il fallait, c'était tout simplement une masse qui tirait sur une autre masse.

Soldat en tenue de campagne d'hiver, entre 1690 et 1700. Reconstitution de Francis Back.
Service canadien des parcs.

Au Canada, rien de cet art militaire n'est applicable. Il n'y a pas de routes, donc pas d'artillerie de campagne ni de cavalerie à envoyer au-devant des envahisseurs pour freiner leur avance. Et si, par malheur, les soldats anglais et les milices de la Nouvelle-Angleterre parvenaient jusqu'à la Nouvelle-France, les troupes qu'on leur opposerait ne pourraient probablement pas les contenir. Pour toutes ces raisons, et bien que l'ennemi potentiel, cette fois, pratique l'art de la guerre à l'européenne, l'officier français des années 1680 constate rapidement que l'essentiel de ses connaissances et de son expérience de la guerre ne lui sera d'aucune utilité dans la colonie.

Guerriers amérindiens, première moitié du XVIIIe siècle. Malgré un ajout important d'armes et de pièces de vêtements européens, les premières nations conservent un aspect résolument amérindien en assimilant ces objets à leurs tatouages et à leurs peintures corporelles. Le personnage central est un chef. Reconstitution de David Rickman.
Ministère de la Défense nationale du Canada.

Des tacticiens canadiens

Il ne reste, en définitive, d'autre solution que de concevoir une nouvelle façon de faire la guerre, étroitement adaptée au pays. Et ce sont des Canadiens, ayant longuement observé les habitudes de combat des Amérindiens, ayant acquis par l'expérience une connaissance approfondie de l'environnement géographique, qui vont mettre au point cette tactique. Parmi ceux-ci, Charles Le Moyne et Joseph-François Hertel de La Fresnière exerceront une influence déterminante.

Alors qu'ils étaient jeunes soldats dans les garnisons, l'un de Montréal et l'autre de Trois-Rivières, Le Moyne et Hertel de La Fresnière prirent part à de nombreuses escarmouches mettant aux prises Français et Iroquois. Capturés et adoptés par ces derniers, tous deux mirent à profit leur temps de captivité pour apprendre la langue et étudier les mœurs iroquoises.

Sa liberté retrouvée, Charles Le Moyne se tourna vers le commerce et y réussit. Il agit aussi comme interprète auprès des gouverneurs, sans pour autant délaisser les activités militaires. C'est lui qui commandait les volontaires montréalais, en 1666, au moment des expéditions du régiment de Carignan-Salières. Il fut le père de nombreux fils, auxquels il transmit ses observations sur l'art de la guerre tel qu'il devait se pratiquer ici. Plusieurs d'entre eux moururent d'ailleurs l'épée à la main. Ils se nommaient Le Moyne de Longueuil, de Sainte-Hélène, de Maricourt, de Châteaugay, d'Iberville... les grands noms de l'histoire militaire canadienne.

Joseph-François Hertel de La Fresnière, pour sa part, naquit à Trois-Rivières, en 1642, dans les armes, pour ainsi dire, puisque son père, arrivé de France en 1626, faisait partie de la garnison. Le jeune Hertel devint donc soldat à son tour, avant de se lancer, comme Charles Le Moyne, dans le commerce. Lui aussi fut interprète et servit comme milicien durant les campagnes du régiment de Carignan-Salières. Lui aussi engendra de nombreux fils qui suivirent ses traces à la guerre. Parmi eux, Hertel de La Fresnière fils, de Moncours, de Rouville... une dynastie d'officiers de grande valeur.

Melchior de Jordy de Cabanac, officier des Compagnies franches de la Marine. François de Beaucourt. Huile datant de 1720 environ.
Archives nationales du Canada, (C10540)

Le premier corps expéditionnaire

Nous sommes habitués, au XXe siècle, à voir nos soldats partir vers des terres lointaines. Mais quel fut le premier corps canadien à servir hors de l'Amérique du Nord ?

Il est possible que cet honneur revienne à une compagnie de volontaires canadiens qui participa à la prise de l'île de Nevis, dans les Antilles britanniques, en 1706. D'Iberville mentionne ce groupe de « Canadiens ayant fait corps » qui débarque sur l'île avant lui « pour me faciliter le débarquement », dit-il. Tout comme les troupes de la Marine et les volontaires antillais, les Canadiens donnent « des marques essentielles » de bravoure, de discipline et de fermeté durant les combats. Après la reddition de l'île, d'Iberville fait monter à cheval la compagnie de Canadiens et une compagnie de grenadiers, pour l'escorter lors de sa reconnaissance de l'île.

Cette « compagnie des volontaires canadiens » compte 40 hommes sous le commandement de « M. de Mousseau » et semble agir tantôt comme troupe de choc, tantôt comme un genre de garde personnelle auprès de d'Iberville. Tout comme un corps expéditionnaire, elle existe seulement pour le temps de la campagne, et est probablement dissoute à la suite de la mort de d'Iberville à La Havane.

Une doctrine de guerre originale

Impressionné par son expérience des affaires indigènes, le gouverneur général de La Barre nomma Hertel de La Fresnière commandant des nations amérindiennes alliées. C'est alors que commencèrent véritablement ses exploits militaires qui reposaient avant tout sur sa conception révolutionnaire de l'art de la guerre.

Tout comme Charles Le Moyne, Hertel croit que la seule façon de se battre efficacement en Amérique du Nord est d'assimiler les tactiques de guerre des autochtones et de les allier à la discipline européenne. Le soldat canadien servant au sein d'un corps en mission de raid doit, selon lui, assumer une indépendance et une part de responsabilité individuelle beaucoup plus grandes que son frère d'armes européen qui marche au combat machinalement, en rang et au son du tambour. Au Canada, il faut, au contraire, se déplacer rapidement, par petits groupes, approcher l'ennemi sans se faire voir, à la manière d'éclaireurs, le surprendre, puis disparaître aussitôt. C'est l'attaque surprise classique des Amérindiens, doublée d'une coordination parfaite et d'une discipline raisonnée. Une réflexion rapide et calculée de la part du combattant remplace la réaction « automatique » européenne, que l'on pense trop souvent être la seule forme de discipline militaire. Le commandant, pour sa part, sera appelé à diriger non une armée homogène, mais une force offrant des divergences considérables aux niveaux disciplinaire et culturel, puisqu'elle comprendra à la fois des officiers de métier, des soldats français et des miliciens canadiens, en plus d'Amérindiens alliés. Son habileté à concilier les qualités de chacun et à les diriger dans le sens souhaité devient alors un point de première importance. Enfin, le mouvement de retraite devra être rapide et bien planifié, afin que les forces ennemies ne puissent rattraper la troupe, mais tout au plus la suivre à la trace. Différence de taille, car, si l'on est talonné, c'est une course et un harcèlement continuels. Mais si on se replie rapidement, l'ennemi suit de loin, ce qui laisse éventuellement le temps de lui tendre un guet-apens

meurtrier qui le découragera peut-être de continuer. Tels sont, dans leurs grandes lignes, les principes directeurs qui vont permettre aux Canadiens de remporter victoire sur victoire et d'arracher ainsi aux autres nations européennes qui se battent pour l'hégémonie de l'Amérique d'immenses portions du territoire que toutes convoitent.

L'organisation d'une expédition

Hertel de La Fresnière conçoit qu'une troupe mixte, composée d'hommes familiers avec le climat et rompus aux longs voyages exténuants à travers bois et rivières, peut porter des coups très loin chez l'ennemi. Le « parti de guerre » idéal se compose selon lui d'officiers canadiens connaissant parfaitement le pays et les mœurs des autochtones, de quelques soldats d'élite des troupes régulières, bien endurcis, de coureurs des bois, de « voyageurs canadiens », ainsi qu'on appelle les canotiers et transporteurs, et

d'Amérindiens alliés. Enfin, l'officier qui est à la tête de cette troupe devra assouplir sa façon de commander, tout en lui conservant la forme militaire. Les Amérindiens sont des alliés, non des subordonnés, il ne faut pas l'oublier. Ils peuvent changer d'idée en tout temps. Il s'agit donc de savoir user de diplomatie afin d'obtenir d'eux respect et enthousiasme.

La logistique occupe une place très importante dans une expédition de ce genre, où l'on ne peut compter que sur ce qu'on apporte pour

survivre. La rapidité étant primordiale, la règle du strict minimum s'impose. Idéalement, on part avec des canots chargés de vivres, d'outils, d'armes et de munitions, et on fait des caches le long de la route en

Jean-Baptiste Hertel de Rouville (1668-1722), un des fils du tacticien François Hertel de La Fresnière. Il participa à de nombreuses expéditions entre 1687 et 1709. Anonyme. Huile datant de 1710 environ.
Musée McCord d'histoire canadienne, Montréal.

91

prévision du retour. Le régime, peu alléchant, mais nourrissant, se compose surtout de maïs et de pois secs, de viande séchée, de biscuits durs. On améliore cet ordinaire, à l'occasion, avec quelque gibier ou poisson, mais toute chasse cesse quand on arrive à proximité du territoire ennemi. Il n'y a vraiment alors que la fortifiante ration d'eau-de-vie pour donner du cœur au ventre et soutenir le moral du soldat. À l'approche du fort à attaquer, on dissimule les canots et le reste du trajet se fait à pied, à travers bois, chaque homme portant sa charge. Enfin, si tout va bien, on arrive en vue du fortin de l'adversaire sans avoir été détecté.

Quand l'expédition a lieu en hiver, on remplace les canots par des traîneaux et les hommes chaussent des raquettes. Ils doivent être habillés et équipés à la canadienne, et n'apporter qu'un armement léger et utile : fusils, baïonnettes et hachettes pour les officiers, sous-officiers et soldats ; fusils de chasse, hachettes et couteaux pour les volontaires canadiens. Pas question de tricornes ni de hallebardes !

Ces conditions générales valent aussi pour les Amérindiens qui se joignent au raid. Ceux-ci attaquent avec une fougue extraordinaire, sèment la terreur et sont des éclaireurs sans pareils, mais il est impossible de les plier à la discipline européenne parce qu'« ils n'ont parmi eux aucune subordination et que leurs chefs ne sont pas en droit »[58] de commander aux guerriers, mais seulement de leur proposer une forme d'action. Ils constituent une entité indépendante qu'il ne faut pas songer à intégrer. De plus, si l'Amérindien croit percevoir la défaite, il se retire rapidement du combat, facteur dont le tacticien canadien doit également tenir compte.

Cette vision de l'art de la guerre telle qu'elle doit se pratiquer en Amérique du Nord, Le Moyne et Hertel de La Fresnière la partagent et y croient. Elle donne lieu à un premier essai positif en 1686, alors que le chevalier de Troyes, secondé par Pierre Le Moyne d'Iberville et son frère, Sainte-Hélène, à la tête de 30 soldats des Compagnies franches et de 70 miliciens voyageurs canadiens, accomplissent un incroyable périple, qui les mène d'abord jusqu'au fort Moose (Moose Factory, Ontario), pour déloger les Anglais de la baie d'Hudson.

Cet immense territoire, dont les richesses en fourrures semblent inépuisables, a été concédé en 1670 à la Compagnie britannique de la baie d'Hudson par le roi d'Angleterre. Mais la Compagnie du Nord revendique les mêmes droits pour la France ! Les Le Moyne perdent peu de temps en cérémonies et contestations légales. Ils donnent l'assaut et se rendent maîtres du fort après avoir escaladé la palissade de six mètres de hauteur qui l'entoure et enfoncé la porte à coups de bélier. Ils poursuivent leur route en prenant ensuite le fort Charles (« Rupert House », aujourd'hui Fort-Rupert, à l'entrée de la baie James) ainsi qu'un navire qui se trouvait à l'ancre à proximité. Le fort Albany capitule en juillet. les forts Severn et York, à l'ouest, restent aux Anglais... pour le moment. Néanmoins, le drapeau français flotte sur la plupart des établissements de la baie d'Hudson. La preuve en est faite, si besoin est, de la justesse de vues de Le Moyne et de Hertel de La Fresnière. Seule une expédition mixte de soldats français et de miliciens canadiens pouvait enlever autant de places fortes en aussi peu de temps et remporter un succès aussi foudroyant !

Pierre Le Moyne d'Iberville.
Musée du Québec.

Pierre Le Moyne d'Iberville

De tous les fils de la Nouvelle-France, nul n'est plus célèbre que Pierre Le Moyne, sieur d'Iberville, militaire tantôt sur terre, mais surtout sur mer, explorateur, colonisateur et marchand à ses heures. Baptisé à Montréal, le 20 juillet 1661, il appartenait à l'influente famille Le Moyne. On connaît peu de choses sur sa jeunesse, sinon qu'il semble avoir reçu sa formation militaire et navale dans les Gardes de la Marine, probablement vers la fin des années 1670 et au début des années 1680.

Il fit sa première campagne au Canada, avec le chevalier de Troyes, à la baie d'Hudson, en 1686. Le jeune d'Iberville ne manquait certes pas de bravoure. À Moose Factory, il monta à l'assaut du fort l'épée d'une main et le pistolet de l'autre. Encerclé, il abattit quelques Anglais avant d'être secouru. Au fort Albany, avec seulement 13 hommes, il réussit à s'emparer d'un navire. Il rentra à Montréal en 1687, puis passa en France d'où il revint pour capturer trois navires à la baie d'Hudson, en 1689. De retour à Montréal, il prit part à l'expédition qui détruisit Schenectady en février 1690, puis repartit vers la baie d'Hudson durant l'été pour y prendre le petit poste de New Severn.

Durant les années 1690, il multiplia les exploits. En plus de croiser au large des côtes de la Nouvelle-Angleterre, il reprit York Factory, en 1694, s'empara de Pemaquid et de St. John's (Terre-Neuve) deux ans plus tard. Ce fut toutefois en 1697 que survint sa plus belle victoire. D'Iberville était alors à la tête d'une petite escadre qui se dirigeait vers la baie d'Hudson. Ayant perdu les autres navires dans la brume, le *Pélican*, frégate de 44 canons à bord de laquelle il se trouvait, arriva à l'embouchure de la rivière Hayes, le 4 septembre. Le lendemain, la vigie signala trois gros navires à l'horizon. Branle-bas de combat! C'était trois navires de guerre anglais : le vaisseau *Hampshire*, armé de 56 canons, escorté des frégates *Dering*, 36 canons, et *Hudson's Bay*,

32 canons. Pour d'Iberville, un seul espoir : attaquer. Le *Pélican* s'en prit d'abord au *Hampshire*, tira quelques salves, et le grand vaisseau anglais commença à tanguer puis coula à pic ! Le *Hudson's Bay* fut ensuite pris à partie et subit le même sort peu après, tandis que le *Dering* prit la fuite. Mais le *Pélican* avait été endommagé et s'enfonçait à son tour dans les eaux ! L'escadre française arriva, enfin... York Factory fut repris et rebaptisé fort Bourbon. La cour française ayant eu écho de ces exploits, d'Iberville fut décoré de la croix de Saint-Louis en 1699, devenant ainsi le premier militaire natif du Canada à recevoir cet honneur.

La paix revenue, d'Iberville se rendit dans la baie de Biloxi et construisit le fort Maurepas (aujourd'hui Ocean Springs dans l'État du Mississippi) en mars 1699. Ce fut le premier établissement permanent de la Louisiane. Il revint dans cette colonie au cours des années suivantes, affermit les nouveaux établissements et fonda le fort Saint-Louis-de-la-Mobile (aujourd'hui Mobile, Alabama). De nombreux Canadiens participèrent à toutes ses expéditions.

En 1702, la France et l'Angleterre furent de nouveau en guerre, mais d'Iberville, miné par les fièvres, resta en convalescence à La Rochelle jusqu'au début de 1706. Il fit alors voile vers les Antilles, à la tête d'une flotte de 12 navires, et après une escale aux îles françaises, se dirigea vers l'île britannique de Nevis, qui fut prise sans difficulté, en avril 1706, et pillée.

Il mit ensuite le cap sur La Havane pour disposer du butin, mais, une fois dans la capitale cubaine, ses fièvres reprirent et il succomba le 6 juillet 1706, à deux semaines de ses 45 ans. Il fut inhumé le 9 juillet dans l'église San Cristobal. Certains affirment que sa sépulture fut transférée dans la cathédrale San Ignacio de la Havane, en 1741, à la suite de la démolition de l'église San Cristobal, mais rien ne le prouve et le lieu du repos final du premier véritable héros militaire canadien reste incertain.

Prépondérance de la guerre de raid

La tactique de guerre «à la canadienne» sera raffinée, mais ne changera pas, fondamentalement, par la suite. À la fin du XVIIᵉ siècle, les soldats réguliers, habitués à rester dans les forts, se révélèrent incapables, dans l'ensemble, de soutenir aussi bien que les miliciens canadiens et les Amérindiens l'effort physique qu'exigaient ces expéditions. Les guerres contre les Renards, dans l'Ouest, leur donnèrent peu à peu l'occasion de s'y accoutumer, et les plus aguerris d'entre eux serviront éventuellement de cadres auprès des miliciens. Les raids eurent en outre un effet d'entraînement. Il arriva souvent, par exemple, que de petits groupes de huit à dix hommes prirent d'eux-mêmes l'initiative d'aller mener des attaques surprises dans les régions frontalières. C'était presque toujours des Amérindiens alliés qui se tenaient ainsi à l'affût. Leur action ajouta à la pression que l'on devait maintenir contre les colonies américaines. En un peu plus d'une dizaine d'années, la guerre se transporta donc, essentiellement, des habitations de la Nouvelle-France à celles de la Nouvelle-Angleterre. Ce revirement de la situation fut dû, lui aussi, à la tactique développée par les Canadiens.

La part que prirent les Compagnies franches de la Marine dans l'élaboration de cette doctrine de guerre originale fut énorme, et ceci grâce surtout au recrutement d'officiers habitant la colonie. Bénéficiant, du fait de leur appartenance à ces troupes, d'un cadre et d'un statut militaires, ces hommes purent, en effet, méditer sur les problèmes reliés à la guerre dans leur environnement propre, et avancer des solutions pouvant faciliter l'issue heureuse des combats.

Les hautes autorités reconnurent le mérite exceptionnel de Le Moyne et de Hertel. Le premier se vit concéder une seigneurie et jouit pour le reste de ses jours

d'une très grande considération. Toutefois, si les faits d'armes de sa famille comptèrent pour beaucoup dans l'obtention des lettres de noblesse que lui accorda Louis XIV, la richesse qu'il avait accumulée dans ses fonctions de commerçant ne fut certainement pas étrangère, non plus, à l'octroi de cet honneur. En témoignent les difficultés que rencontra Frontenac, en 1689, lorsqu'il entreprit des démarches en vue d'obtenir une reconnaissance équivalente pour Hertel de La Fresnière. Les autorités françaises donnèrent leur accord de principe à son anoblissement, mais se demandèrent si le candidat pourrait tenir son rang, vu son peu de fortune. Dans le but de l'aider, on lui concéda une seigneurie, en 1694, mais ce n'est qu'en 1716 que cet officier exceptionnel, le premier véritable tacticien de notre histoire militaire, reçut enfin la récompense de ses mérites.

L'un des constats les plus tristes que l'on puisse dresser à propos de ces tactiques de guerre absolument novatrices pour l'époque, c'est l'indifférence, pour ne pas dire la condamnation unanime qu'en firent les officiers français de l'armée métropolitaine. Quand ils daignèrent leur prêter attention, ce fut pour souligner le manque de discipline – dans le sens d'« automates » – des soldats et miliciens canadiens et conclure que ce genre de tactique ne pouvait convenir que pour des « sauvages »[59]. Opinion qui allait de soi dans l'esprit de certains métropolitains, car, après tout, les officiers canadiens n'étaient que des roturiers, ou alors de bien fraîche noblesse. Cet aveuglement commença à se résorber au milieu du XVIIIe siècle, quand apparurent les chasseurs dans les armées allemandes et autrichiennes, et, ironie du sort, avec le développement de l'infanterie légère britannique en Amérique, pour contrer, avec un succès relatif, les tactiques des Canadiens.

Le traitement des vaincus

Le traitement abominable auxquels étaient exposés les vaincus et les captifs fut l'un des grands problèmes de la guerre de raid. Les colons français du Canada vécurent eux-mêmes avec cette hantise du poteau de torture tout au long du XVIIe siècle. Tombés aux mains des Iroquois, certains souffrirent durant « deux, et quelquefois trois jours entiers à rôtir »[60] avant d'être enfin libérés par la mort. Les Montréalais, exaspérés, menacèrent finalement les Iroquois du même traitement et firent même brûler quelques-uns de leurs guerriers, en 1691.

Les autorités françaises tentèrent, avec un succès variable, d'humaniser le traitement des captifs que ramenaient leurs expéditions en essayant de les soustraire à leurs alliés amérindiens à qui ils offraient, notamment, de les racheter. Les nombreux récits de captivité laissés par des prisonniers de la Nouvelle-Angleterre contiennent des descriptions insoutenables des supplices subis par certains malheureux, mais signalent également les efforts déployés par les officiers de la Nouvelle-France pour obtenir leur libération.

95

Bourgeois à l'allure prospère, appartenant à l'une des deux compagnies de milice, dites « de réserve », mobilisées à Montréal et à Québec en 1752. Reconstitution de Michel Pétard.
Service canadien des parcs.

Les miliciens canadiens

On ne manquait pas de miliciens volontaires pour participer aux expéditions, et ceux de Montréal se montraient particulièrement enthousiastes. On disait de la milice de cette ville qu'elle était à la fois la meilleure et la plus insubordonnée de toutes. En fait, il régnait un esprit de corps, au sein des différentes compagnies de milice de chaque ville ou paroisse, qui ne demandait qu'à se développer en rivalité. Ainsi, les intrépides Montréalais qualifiaient de « moutons » les miliciens de Québec. Sur quoi ces derniers, qui se considéraient comme plus civilisés, rétorquaient que les Montréalais étaient des « loups » sauvages, tout juste bons à courir les bois en compagnie des Amérindiens. Épithètes qui renseignent indirectement sur le caractère propre à chaque groupe.

Jusqu'à la fin du XVIIe siècle, les miliciens partant en expédition ne recevaient que les vivres et quelques pièces d'équipement. Ils devaient fournir le reste. Ainsi, tous ceux que d'Iberville et Sérigny enrôlèrent, en 1694, pour les suivre à la baie d'Hudson, devaient avoir leur propre fusil, leur corne à poudre et leur habillement, mais avaient droit, éventuellement, à une part des prises et profits. Conditions qui ressemblent fort à celles du recrutement des corsaires ! Ce fut sans doute sur la base d'ententes semblables que d'Iberville engagea les Canadiens qui l'accompagnèrent à Terre-Neuve, en Louisiane et aux Antilles.

Les grandes mobilisations, celles qu'on lança pour les campagnes au pays des Iroquois ou vers l'Ouest, n'offraient pas autant de garanties de profits ou de butin. Aussi le gouverneur général Frontenac organisa la logistique, durant les années 1690, de façon que chaque milicien reçoive l'habillement et l'équipement. Ce qui consistait généralement en un capot, un brayet, une paire de mitasses, une couverture, des mocassins, un couteau et deux chemises. Les pièces de vêtement ne constituaient pas un uniforme militaire, mais simplement une tenue vestimentaire civile, à la canadienne. Comme ces hommes n'étaient pas payés, c'était une façon relativement économique de soutenir efficacement la milice.

Les mobilisations se faisaient par ordre du gouverneur général, qui fixait lui-même le nombre de miliciens souhaitable pour chaque occasion. On lançait alors un appel afin que des volontaires, provenant des diverses compagnies, se joignent à l'expédition. Les colons qui restaient, dans chaque paroisse, cultivaient bénévolement les terres de ceux qui étaient partis.

Le « voyageur » canadien

Un autre type de milicien spécialisé se développa au pays : le « voyageur ». En effet, ce n'était pas tous les miliciens qui montaient à l'assaut. D'autres étaient mobilisés pour conduire les canots chargés du matériel

nécessaire aux grandes expéditions. Cette tâche, dans les conditions qui prévalaient, était ardue et personne d'autre que le « voyageur » canadien, ce colon ou fils de colon rompu dès l'enfance aux fatigues du canotage et de la vie des bois, ne pouvait l'accomplir. Il transportait ainsi des armes, des petits canons, de la poudre, des outils, les bagages de chacun et des vivres en quantité suffisante pour nourrir des centaines d'hommes durant de nombreux mois. Quand on sait que tout cela devait être porté à dos d'homme à chacun des nombreux portages qui ponctuaient la route, on comprend que ces expéditions requéraient d'eux chaque fois presque un miracle de logistique et un exploit humain.

Ce type de service que seuls les Canadiens étaient à même de rendre fut essentiel non seulement à la vie militaire, mais à l'expansion de la Nouvelle-France. Sans ces voyageurs que nulle rivière à remonter, nulle étendue à traverser ne rebutaient, aucun des voyages de découverte qui allaient inscrire l'emprise de

la France sur une vaste portion du territoire nord-américain n'aurait pu être effectué. Parmi ces grandes explorations figurent celles qu'accomplirent pendant 15 ans Pierre Gaultier de La Vérendrye, obscur officier canadien sans ressources malgré ses brillants états de service, et ses fils, qui, les premiers, atteignirent les montagnes Rocheuses.

« Canadien en raquette allant en guerre sur la nege (sic - neige) », vers la fin du XVIIe siècle. C'est la seule illustration connue de l'époque d'un milicien canadien.
Archives nationales du Canada, (C113193).

Les armes des miliciens

On ne donnait pas de fusils aux miliciens, car, en principe, chacun possédait le sien. Cependant, les gouverneurs ne cessèrent de se plaindre que les habitants en manquaient. Dès 1684, on est obligé de leur en prêter. Quelque 60 ans plus tard, en 1747, on en est encore au même point : environ le tiers des miliciens n'ont pas de fusils, signalent dans un rapport le gouverneur général et l'intendant. Curieux, tout de même, quand on songe que les Canadiens ont la réputation d'être d'excellents tireurs... L'homme de science scandinave Pehr Kalm, qui visite le Canada en 1749, ne consigne-t-il pas dans ses notes « que tous les gens nés au Canada sont les meilleurs tireurs qui peuvent exister et ratent rarement leur coup » ? Il n'y a « aucun d'entre eux qui ne soit capable de tirer remarquablement, ni qui ne possède un fusil »[61], remarque-t-il.

Cette apparente contradiction peut s'expliquer de deux façons. D'une part, les miliciens des villes sont certainement moins susceptibles que ceux des campagnes d'être ainsi armés. À Québec, par exemple, au XVIIIᵉ siècle, le gibier est devenu rare aux alentours de la ville et un miliciable sur quatre ou cinq n'a pas d'arme à feu tout simplement parce qu'il n'en a pas besoin. D'autre part, il se joue certainement un petit jeu de cachette entre les Canadiens et les autorités. Un fusil coûte cher. Afin d'en obtenir un neuf sans avoir à débourser quoi que ce soit, on peut cacher le vieux ou alors se présenter pour le service avec un fusil « si mauvais » que les autorités sont bien obligées d'en remettre un nouveau au porteur, en bon état. Celles-ci font preuve, d'ailleurs, d'une certaine connivence à ce sujet. Elles savent que beaucoup n'en ont pas parce qu'ils l'ont échangé contre des fourrures, coutume contre laquelle elles s'élèvent. Cependant, mises à part les traditionnelles récriminations des fonctionnaires comptables, les gouverneurs généraux ne sont pas malheureux d'armer à neuf cette excellente milice.

L'arme à feu que préfèrent utiliser les miliciens canadiens est un fusil de chasse sans baïonnette, solide et léger, provenant de la manufacture de Tulle, au centre de la France, au calibre de 28 balles à la livre, soit 14 mm. Calibre un peu faible pour aller à la guerre, mais cet inconvénient est compensé par le tir précis des Canadiens, qui connaissent bien cette arme. Le milicien porte en outre une hachette et souvent plusieurs couteaux : l'un fixé à la taille, l'autre à la jarretière de sa mitasse, et le troisième suspendu au cou par une lanière.

Les miliciens au combat

Les miliciens canadiens aiment les embuscades. Alors que leurs semblables, en Nouvelle-Angleterre, s'exercent aux manœuvres compliquées des batailles rangées à l'européenne, eux n'en tiennent aucun compte. Un milicien américain, prisonnier à Québec, avoue n'avoir jamais vu de milices « si ignorantes des usages militaires »[62]. On s'y demande, s'indigne-t-il, s'il faut mettre le fusil sur l'épaule droite ou gauche... Manifestement, les Canadiens n'ont jamais reçu d'entraînement de ce genre. Le fait est qu'ils trouvent les batailles à l'européenne inutilement dangereuses. Ils ne se battent bien « que dans le retranchement »[63], dira d'eux le gouverneur général Vaudreuil. À l'attaque, ils surgissent de nulle part, tirent une salve sur leurs opposants et se ruent sur eux, hachette à la main, en poussant des cris de guerre à l'amérindienne, hurlements qui servent de signal pour la charge et « à effrayer l'ennemi qu'on surprend », et sur qui on fonce sans lui laisser le temps de se ressaisir.

lieutenants enfants du pays », servit « à la tête de l'île de Montréal »[65], pour assurer la sécurité de la ville en cas de mouvements de la part de l'ennemi. Les membres de cette milice recevaient une

Miliciens canadiens en tenue d'hiver, vers la fin du XVIIe siècle. Reconstitution de Francis Back. Tiré de l'ouvrage *Pour le Christ et le Roi*, coédition Libre Expression et Art Global, Montréal.

Certes, les miliciens canadiens subissent des revers à l'occasion, mais si peu que, confiants dans leur bravoure, ils se croient quasiment invincibles. Par ailleurs, la guerre de raids telle qu'ils la pratiquent est tellement dure que peu d'hommes parviennent à la mener. Il arrive qu'ils soient à ce point épuisés et affamés, au retour d'un parti de guerre, que certains se laisseraient mourir au pied d'un arbre si les autres ne les forçaient à suivre. « Quand ils arrivent, ils sont méconnaissables et ils ont besoin de beaucoup de temps pour pouvoir se remettre »[64].

Les compagnies spécialisées de la milice

En plus des nombreuses compagnies de milice qui fonctionnaient dans le cadre paroissial, il a existé dans les villes et dans les campagnes diverses unités spéciales. Ainsi, durant l'automne 1687, un corps de 120 volontaires fut formé. Cette compagnie de cadets canadiens, que commandait monsieur de Vaudreuil, secondé par quatre « bons

modeste solde, ce que le ministre de la Marine n'approuva pas. Par conséquent, la compagnie fut dissoute l'année suivante.

À mesure que la colonie se développa, les milices des villes se targuèrent d'être des « milices bourgeoises », ce qui n'avait rien à voir avec les clubs sociaux qu'on trouvait souvent en France sous cette appellation. Ici, rien n'était

changé à leurs obligations, sinon que certains aspects du service urbain pouvaient exiger des miliciens plus spécialisés. À partir de 1723, on vit apparaître aussi dans la ville de Québec un petit corps d'artillerie de milice, le premier du genre à exister au Canada. Il s'agissait de deux « brigades », comprenant une vingtaine de jeunes gens, bourgeois et habitants, qui

étaient entraînés à l'école d'artillerie des troupes régulières. Enfin, en 1752, le gouverneur général Duquesne forma et soumit à l'entraînement une compagnie d'artillerie de milice dans chacune des villes de Montréal et de Québec.

Également mises sur pied en 1752, les compagnies dites « de réserve » étaient un autre type de milice spécialisée qu'on trouvait dans ces deux villes. Elles regroupaient des « commerçants et bons bourgeois » et étaient commandées par des « gentilshommes qui ne servent point »[66]. On assignait à ce genre de corps un service sédentaire : garde des principaux édifices municipaux ou du quartier général, guet, escorte aux cérémonies. Ces milices de « bons bourgeois », partout où elles existent, se dotent généralement d'un uniforme rutilant. Nos élites canadiennes ne firent pas exception à la règle, vêtues qu'elles étaient d'écarlate, avec veste et parements blancs à l'habit.

Le choc de l'attaque sur Lachine

Un événement dramatique mit bientôt les Canadiens à même d'appliquer plus près de chez eux les résultats de leur réflexion sur la tactique militaire qui venait de faire ses preuves au loin avec les exploits de d'Iberville à la baie d'Hudson. À partir de 1689, malgré la sanglante

leçon que leur a infligée deux ans plus tôt Denonville, les Iroquois, encouragés par les Américains de la colonie de New York, harcèlent les établissements français. C'est dans ce contexte qu'a lieu l'attaque de Lachine, petit village en amont de Montréal, au mois d'août de cette même année. Le massacre de ses habitants se fait dans une « horreur inouïe et sans exemple »[67], rapporte Frontenac. Passé dans l'histoire comme « le massacre de Lachine », cet événement devint le catalyseur d'une formidable réaction.

En 1689, la guerre vient de se déclarer en Europe entre plusieurs pays, dont la France et l'Angleterre. L'action des Iroquois peut être interprétée comme étant celle d'une société qui, en définitive, est devenue l'instrument des colonies anglaises avoisinantes, au sud. De retour pour un second mandat, Frontenac réunit son état-major. Sur le plan stratégique, c'est le moment de contre-attaquer. Il faut frapper les véritables ennemis chez eux, tranche-t-il, et le plus vite possible, de façon à les placer sur la défensive.

1690 : année charnière

L'état-major français endosse les vues de Hertel et d'autres Canadiens sur la tactique à adopter : attaquer les colonies anglaises par terre en passant à travers les bois, en hiver, et « à la canadienne ». Frontenac ordonne que l'attaque soit menée simultanément à partir des trois villes de Montréal, Trois-Rivières et Québec, et dans les plus brefs délais. Trois corps expéditionnaires mixtes, composés d'officiers canadiens, de quelques soldats, de miliciens volontaires et d'alliés amérindiens, s'apprêtent donc en vue d'un départ imminent.

Le groupe de Montréal, commandé par Jacques Le Moyne de Sainte-Hélène et Nicolas d'Ailleboust, arrive près du village de Schenectady, au nord d'Albany, en janvier 1690. On attend la nuit pour s'approcher des fortifications. L'une des portes est entrouverte, bloquée par la neige. Il n'y a pas de garde. On entre sans bruit et bientôt chaque maison du village est cernée. À un signal – un cri de guerre – les assaillants défoncent les portes. La surprise est totale et quelques habitants seulement

parviennent à s'échapper. Schenectady est rasé, mais les survivants sont épargnés. Ils ne subiront pas le supplice aux mains des Amérindiens.

Deux mois plus tard, dans la nuit du 27 mars, l'expédition qui a quitté Trois-Rivières, commandée par Hertel de La Fresnière lui-même, attaque le fort et le village de Salmon Falls, près de Portsmouth, au Massachusetts. Deux heures plus tard, il n'en reste rien... Une trentaine de colons ont été tués, une cinquantaine d'autres faits prisonniers. Les miliciens du Massachusetts, accourus, se lancent à la poursuite des attaquants. Ils ne peuvent que les suivre à la trace, de loin. Hertel profite de son avance pour leur tendre un piège. Un pont étroit enjambe la rivière Wooster. Invisibles dans les buissons, le commandant et ses hommes attendent qu'ils s'y engagent. Au signal, ils tirent. Une vingtaine de miliciens tombent, les autres

s'enfuient, terrifiés par les cris de guerre. L'expédition va ensuite rejoindre celle du commandant Portneuf, qui a quitté Québec et se dirige vers Casco, dans l'État actuel du Maine. Cette troisième place est prise et rasée en mai.

Détail qui a son importance, le baron de Saint-Castin, venu d'Acadie avec un groupe d'Abénaquis alliés, se joignit à l'expédition contre Casco. Déjà féru de tactiques amérindiennes, il profita certainement de l'occasion pour échanger avec Hertel de La Fresnière

des vues et des concepts sur l'évolution de la tactique, idées qu'il rapporta en Acadie et mit bientôt à exécution lors de nombreux raids contre les Américains.

Les colonies américaines attaquent la Nouvelle-France

La violence des raids canadiens de l'hiver et du printemps 1690 détermine les colonies de la Nouvelle-Angleterre à en finir une fois pour toutes avec la Nouvelle-France. En mai, on décide de l'envahir et par terre et par

Troupes du Massachusetts, vers 1690. À gauche, un milicien, au centre, un officier avec épée et esponton. L'enseigne porte le drapeau d'une compagnie du régiment de Boston. Le cavalier a revêtu casque et cuirasse. Reconstitution de David Rickman. Ministère de la Défense nationale du Canada.

mer. Une armée de 1 000 miliciens des provinces de New York et du Connecticut, auxquels se joignent de nombreux guerriers iroquois, s'assemble au lac Champlain durant l'été. La maladie, les querelles et les désertions déciment leurs rangs, tant et si bien que ce qui reste de l'armée se retire. Seul un petit contingent de miliciens et d'Iroquois, sous le commandement de Peter Schuyler, parvient jusqu'à Laprairie, au sud de Montréal. Il est repoussé par les troupes et les milices canadiennes.

Entre temps, le Massachusetts, alors chef de file des colonies britanniques, organise son offensive. Cette province populeuse et prospère possède une nombreuse milice, dont l'organisation est calquée sur celle de la milice anglaise. Sir William Phips est désigné pour mener une expédition navale contre Port-Royal, en Acadie. On lève un régiment d'infanterie de sept compagnies, comprenant 446 officiers et soldats, sous le commandement du major Edmund Willy, et cette troupe monte à bord des huit navires de Phips. La prise de Port-Royal s'effectuera sans difficulté. Partis de Boston à la mi-avril, tous y seront revenus dès la fin mai.

Fortes de ce succès, les colonies de la Nouvelle-Angleterre décident d'attaquer Québec. Avec une belle assurance, on lève une flotte et une armée à crédit, car on compte se repayer avec le butin que l'on prendra à l'ennemi. Sir William Phips commande

---

« Profil de la ville de Québec et de ses environs attaqués par les Anglais en l'année 1691 [sic - 1690] ». Il s'agit de l'attaque menée par Sir William Phips, à la tête de troupes venant du Massachusetts.

Archives nationales du Canada, (C20796).

---

cette fois une flotte de 34 navires, ayant à bord sept bataillons de miliciens du Massachusetts, forts de 300 à 400 hommes chacun. Au total, 2 300 hommes. S'ajoutent à cela un détachement d'artillerie, avec six canons de campagne, ainsi qu'un corps d'une soixantaine d'Amérindiens devant servir d'éclaireurs.

Phips devant Québec

La flotte arrive le 16 octobre 1690 devant Québec où l'attendent Frontenac et ses troupes. Assez présomptueux, Phips donne une heure au comte pour se décider à rendre les armes, sinon il attaquera. Le tempérament bouillant de Frontenac donne l'une des phrases les plus célèbres de l'histoire canadienne : « Je n'ai point de réponse à faire à votre général que par la bouche de mes canons »[68]. Ces mots résument parfaitement l'esprit qui

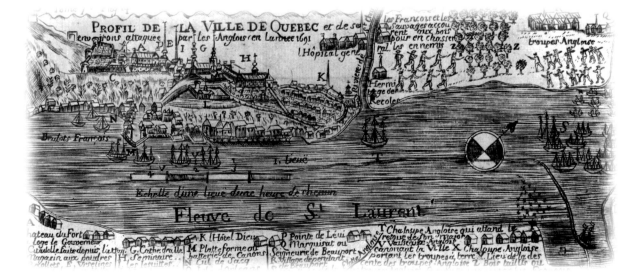

règne chez les officiers et les troupes, tant de la marine que de la milice.

Les bataillons du Massachusetts débarquent à l'est de la ville, marchent en ligne, tambours battant, drapeaux flottant au vent – cela donne un assez bel effet, de l'avis des observateurs des deux camps – et se font rosser par les défenseurs embusqués. Les Américains laissent cinq des six pièces d'artillerie sur le terrain dans leur hâte de rembarquer! On se bombarde de part et d'autre, mais le navire amiral est endommagé et perd son pavillon, qui tombe aux mains des Français. Le 24, la flotte lève l'ancre et retourne à Boston.

Ainsi se termine cette première tentative d'invasion américaine au Canada. Mais à Boston, ce n'est pas fini... Le butin escompté n'étant pas au rendez-vous, la dette du Massachusetts s'élève à quelque 50 000 livres – une somme énorme pour l'époque! Les coffres sont vides. Pour «apaiser la clameur des soldats et marins»[69] qui réclament leur solde, les autorités, craignant un soulèvement armé, font imprimer des billets de crédit à l'intention des militaires,

tout en haussant fortement les impôts. Malheureusement pour les vétérans de cette aventure, les billets se dévaluent rapidement et ne valent bientôt plus que la moitié de leur valeur nominale. Ces douches froides, à la fois militaires et financières, calment les humeurs belliqueuses. Rien d'aussi ambitieux ne sera désormais tenté contre le Canada sans l'appui des forces régulières et navales de la mère-patrie.

L'épuisement des Iroquois

Au cours de l'année 1691, le major Schuyler, à la tête d'une troupe de 300 hommes, comprenant des miliciens de New York et des Iroquois, se dirige vers

Montréal. Le 11 août, il attaque sans succès le fort de Laprairie, mais inflige néanmoins des pertes importantes aux Français. Tandis que Schuyler, confiant de n'avoir plus rien à craindre, se retire, ceux-ci mobilisent quelque 700 soldats et miliciens et une partie de cette troupe rejoint les Anglais. Un combat acharné s'engage, au terme duquel les New-Yorkais et leurs alliés battent en retraite, laissant 83 morts, dont 17 Amérindiens, sur le terrain, contre cinq ou six blessés, seulement, pour les Français.

Par la suite, les Iroquois mèneront encore, pour leur compte, quelques petites offensives, dont celle qui donna l'occasion à Madeleine de Verchères d'exercer sa célèbre action défensive, en 1692. En conséquence, les

EXPEDITION CONTRE LES IROQUOIS en 1696.

Monsieur le Comte de Frontenac Gouverneur de la Nouvelle france voulant obliger les Iroquois a faire la paix avec nos Alliéz, ce grand Capitaine âgé de 74 ans entra dans leur Pays avec une armée de 2000 hommes tant françois que sauvages. lorsque l'Armée passoit des Portages, les sauvages alliéz le portoient dans son Canot en triomphe les Onnontaguez et les Onejouts effrayés abandonerent leurs Villages et leurs recoltes qui furent réduits en cendre. cette execution obligea les 5. Cabanes des Iroquois a demander la paix qui leur fut accordée l'année suivante par Mr. de Callieres successeur de Monsieur de Frontenac.

Le comte de Frontenac, encore vif malgré ses 74 ans, porté à bras d'homme dans un canot au cours de la grande expédition qu'il mène contre les Iroquois en 1696.
Archives nationales du Canada, (C6430)

tactiques que posait l'invasion du Canada. Ils constataient aussi que les Amérindiens alliés des Français avaient de la poudre et des armes en quantité, alors qu'eux avaient peu de fusils et manquaient de poudre.

C'est en 1696 que sera menée la plus grande attaque française contre les Iroquois. Sous la conduite du gouverneur Frontenac, qui, âgé de 74 ans, est porté à travers bois dans un canot à dos d'homme, une troupe comprenant plus de 2 000 combattants se rend alors jusqu'au cœur du pays des Onontagués, porter l'incendie dans leurs villages et détruire leurs récoltes. Le succès de cette intervention, s'ajoutant aux récentes victoires françaises, engendre certaines constatations, plutôt moroses, chez les Iroquois : que les Français, d'une part, ont complètement maîtrisé l'art de mener des expéditions vers des objectifs très éloignés de leurs bases, et que les

Français contre-attaquèrent les Iroquois chez eux. En janvier 1693, une expédition rasa plusieurs villages agniers, au nord d'Albany, destruction qui survint à un moment critique pour leur nation. Les Iroquois commençaient en effet à penser que leurs alliés ne les appuyaient guère dans les

durs moments. Ils voulaient bien monter des raids pour eux, mais ceux-ci à leur tour devaient de nouveau attaquer les Français par mer, car, disaient-ils, « c'est impossible de conquérir le Canada seulement par la terre »[70]. Paroles qui démontrent une parfaite compréhension des problèmes stratégiques et

colonies anglaises, d'autre part, n'ont pas levé le petit doigt pour venir à leur aide, bien qu'étant leurs alliées. Pour ajouter à cela, le traité de Ryswick, en 1697, met fin à la guerre entre la France et l'Angleterre. Découragés et épuisés, les Iroquois négocient une paix définitive, qu'ils signent finalement en 1701, dans le cadre d'une paix générale que de nombreuses nations des Grands Lacs concluent avec les Français.

Le traité de Ryswick ne dure que quelques années. Plusieurs pays s'opposent, en effet, à ce que le petit-fils de Louis XIV accède au trône d'Espagne. Philippe d'Anjou devient quand même Felipe V, de sorte que la Grande-Bretagne, l'Autriche, la Hollande et de nombreux États allemands déclarent la guerre à la France et à l'Espagne. Le conflit s'étend, naturellement, aux colonies.

L'invasion manquée de 1711

Au Canada, on continue d'opter pour la guerre de raids. Les plus importants ont lieu contre Deerfield, en 1704, et contre Haverhill, en 1708, dans le Massachusetts. Ne parvenant pas à se

Tambour des Compagnies franches de la Marine de la Nouvelle-France, entre 1716 et 1730. Reconstitution de Michel Pétard.
Environnement Canada, Service des parcs.

défendre efficacement contre ce genre d'attaques, les colonies américaines, exaspérées, demandent et obtiennent l'aide de la mère-patrie. On décide alors d'envahir le Canada par terre et par mer. D'Angleterre, où se prépare l'expédition navale, l'amiral Hovenden Walker se rend d'abord à Boston, puis, au matin du 30 juillet 1711, lève l'ancre et fait voile vers Québec. La flotte qu'il a rassemblée compte neuf vaisseaux de guerre, deux galiottes à bombes et 60 navires servant au transport des troupes, sur lesquels se trouvent 4 500 marins et 7 500 soldats. En tout, on dispose de huit régiments d'infanterie britanniques et de deux régiments de miliciens de la Nouvelle-Angleterre. Comment le Canada pourra-t-il résister à une telle invasion ? se demande-t-on, avec satisfaction à Boston et avec inquiétude à Québec.

À la guerre, le hasard a parfois une grande part. Dans la nuit du 22 au 23 août, alors que le temps est très mauvais et la visibilité presque nulle, la flotte passe au nord de l'île d'Anticosti. Soudain, l'amiral est alerté par de jeunes officiers, dans un état d'énervement complet : droit devant eux, des récifs ! Trop tard... Les coques de huit navires de transport, chargés de soldats, se brisent sur les récifs de l'Île-aux-Œufs. Vers deux heures du matin, le vent tourne, ce qui permet de sauver le reste de la flotte. C'est à l'aube seulement qu'on réalisera l'ampleur du désastre. Il manque à l'appel 29 officiers et 705 soldats appartenant à quatre des huit régiments des troupes régulières, ainsi que 35 femmes de soldats [71]. Ébranlé tout autant que ses hommes, Walker décide de rebrousser chemin.

Pendant ce temps, le général britannique Nicholson s'est rendu à Albany prendre le commandement d'une armée américaine de 2 300 hommes qui doit envahir le Canada par le sud. Bien que la maladie se soit déclarée parmi ses troupes, il s'apprête à remonter le lac Champlain

quand la nouvelle du désastre de la flotte de Walker lui parvient, le 19 septembre. De rage, Nicholson aurait jeté sa perruque à terre et sauté dessus ! Calmé par ses officiers, il finit par ordonner le retour à Albany où son armée est licenciée en octobre.

Au Canada, on jubile. Après les prières publiques de remerciement, les fêtes battent leur plein. L'atmosphère est à la liesse ! C'est à la suite de l'invasion ratée de 1711 que l'on a donné à l'église sise à la Place royale, dans la basse-ville de Québec, le nom de Notre-Dame-des-Victoires.

Galon de la petite livrée du roi, XVIIIᵉ siècle. Collection Sheldon Kasman, Toronto.
Cliché : Service canadien des parcs.

Une puissance militaire

La garnison est désormais bien établie en Nouvelle-France où les militaires ont pris racine et contrôlent le gouvernement. Les miliciens canadiens jouissent d'une bonne organisation et sont redoutables au combat. Les ennemis de la colonie, qu'ils soient britanniques, américains ou amérindiens, ne peuvent s'opposer à leur tactique de combat révolutionnaire. Les militaires de la Nouvelle-France peuvent maintenant aspirer à consolider leurs positions du golfe Saint-Laurent au golfe du Mexique, des Grands Lacs à la mer de l'Ouest, par la mise en place d'un réseau de forts, et balayer toute opposition à leurs visées grandioses.

L'ORGANISATION DE LA NOUVELLE-FRANCE

LES ÉTATS-MAJORS

L'état-major du gouverneur général

Le caractère essentiellement militaire du gouvernement de la Nouvelle-France apparaît avec évidence dès qu'on dissèque son mode d'organisation. Ainsi, le gouverneur général, qui est aussi le chef militaire suprême de la colonie, dispose d'un état-major constitué de façon à peu près identique à ceux qui existent dans les provinces françaises. Son entourage immédiat se compose du capitaine de sa compagnie de gardes, qui lui sert aussi d'aide de camp, des officiers supérieurs des Compagnies franches de la Marine, et de l'ingénieur du roi. L'intendant fait aussi obligatoirement partie de ce groupe en raison des répercussions que peuvent avoir certaines décisions dans le domaine qui est spécifiquement le sien, celui de la gestion financière de la colonie qui inclut le paiement de la solde des troupes. L'intendant est

Officier des Compagnies franches de la Marine en Nouvelle-France, vers 1735. À compter de 1732, les officiers, au Canada, adoptent officiellement l'uniforme. Reconstitution de Michel Pétard.
Service canadien des parcs.

d'ailleurs le seul « officier de plume » que ces « officiers d'épée » tolèrent dans leur organisation.

Ce groupe d'hommes est, pour l'essentiel, celui qui décide de la conduite de la guerre. Il fixe les objectifs d'attaque et de défense, détermine les tactiques à utiliser, prévoit les ressources nécessaires en hommes, soldats et miliciens, en vivres et en équipement, négocie les grandes alliances avec les Amérindiens.

L'état-major des places de guerre

Les villes dites chefs-lieux, telles Québec, Montréal et Trois-Rivières au Canada, Louisbourg à l'île Royale et la Nouvelle-Orléans en Louisiane, ont un gouverneur particulier, responsable de la direction et de l'administration civile et militaire. Toutefois, à Québec, siège administratif de toute la colonie, le gouverneur général occupe en même temps ce poste.

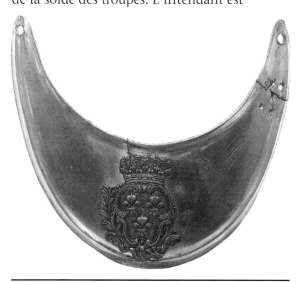

Hausse-col d'officier, vers 1750, trouvé au Québec. Dernier vestige des armures médiévales, ce croissant de cuivre doré est porté par les officiers en devoir. Généralement uni sous Louis XIV, il est parfois orné, au centre, d'un écu d'argent représentant les armoiries royales.
Service canadien des parcs.

Au service de ce gouverneur particulier se trouve un état-major des places de guerre, composé de quelques officiers responsables de l'administration militaire de la ville. La garnison, cependant, reste sous l'autorité de ces propres officiers. Les membres de l'état-major des places de guerre portent des titres assez inusités à cause de l'origine médiévale de

Louis-Philippe de Rigaud, marquis de Vaudreuil (1691-1763). Fils aîné du gouverneur général Vaudreuil, il se distingua comme officier sur les vaisseaux de guerre de la Marine.

Archives nationales du Canada, (C10612).

leurs fonctions : le lieutenant du roi, le major et le capitaine des portes.

Le lieutenant du roi ne se rapporte évidemment pas au roi lui-même ! C'est en fait un lieutenant-gouverneur qui s'occupe surtout de l'administration militaire de la place de guerre et qui supplée au gouverneur en son absence. Le poste de lieutenant du roi ne fut établi à Québec qu'en 1692 ; en 1697, ce fut au tour de Montréal, puis en 1715, de Trois-Rivières.

Le grade de major est le plus ancien au Canada. Dès 1648, Lambert Closse est nommé à ce poste à Montréal, mais on attendra jusqu'en 1669 à Québec et jusqu'en 1692 à Trois-Rivières pour en désigner un. Le major s'occupe des détails de l'administration militaire, en particulier du logement des soldats. Au milieu du XVIIIe siècle, on trouve aussi des aides-majors.

La fonction de capitaine des portes, remontant au Moyen Âge alors que l'on murait les villes, existe toujours dans l'état-major de Montréal au milieu du XVIIIe siècle. Elle consiste à veiller à ce que les portes de la ville soient bien gardées le jour et fermées la nuit.

Ce sont généralement des officiers des troupes de la Marine qui sont promus à ces fonctions, soit pour leur permettre d'obtenir des postes influents dans l'organisation militaire ou encore à titre de récompense pour de loyaux services.

L'état-major des troupes de la Marine

L'état-major des troupes de la Marine comprend toujours un chirurgien, un aumônier, un écrivain, pour tenir les registres, et un tambour-major. Bien que les Compagnies franches de la Marine soient indépendantes les unes des autres, leur nombre grandissant finit cependant par requérir un état-major similaire à celui d'un bataillon, incluant quelques officiers supérieurs. Le 17 mars 1687, le gouverneur général crée le poste de «commandant des troupes en Canada»[72] auquel s'ajoute en 1691 celui de major des troupes. Ces officiers s'occupent de faire les revues, de voir à la discipline et au travail administratif. Après la guerre de Succession d'Espagne, ce petit état-major sera jugé moins nécessaire. Le poste de commandant sera aboli à la fin de 1714, et celui de major en mai 1743. Les gouverneurs et les états-majors des villes assumeront alors ces fonctions.

Archer de la Marine, vers le milieu du XVIIIe siècle. Reconstitution de Francis Back. Forteresse de Louisbourg.

Service canadien des parcs.

La prévôté en Nouvelle-France

La maréchaussée

Il est souvent fait mention de la présence d'une « maréchaussée » et « d'archers » en Nouvelle-France, habituellement en relation avec l'administration de la justice. Cette institution remonte au Moyen Âge, alors qu'un maréchal du roi avait la responsabilité de faire appliquer les lois par l'entremise des « prévôts des maréchaux » et de leurs archers. Ce corps devint connu sous le nom de maréchaussée au XIVe siècle. Au début, les hommes qui le composaient étaient de véritables archers. Leur armement changea au fil des siècles, mais l'appellation leur resta. On les nommait aussi « hoquetons », du nom donné autrefois à la casaque qu'ils portaient. Au XVIIe siècle, on trouvait des troupes de la maréchaussée dans presque toutes les villes et provinces de France. L'institution se répandit outre-mer, en commençant par le Canada.

La maréchaussée fut instituée en Nouvelle-France par un édit de Louis XIV, daté du 9 mai 1677. Il s'agissait d'une petite troupe de six archers commandée par un prévôt qui siégeait à Québec. Ce dernier fut assisté, quelques années plus tard, par un « exempt » (lieutenant), mais on réduisit le nombre d'archers à quatre. La ville de Montréal étant particulièrement tumultueuse, à cause des « désordres de l'eau-de-vie », le marquis de Vaudreuil y établit un lieutenant et trois archers, en 1709. Cette petite maréchaussée canadienne pourchassait les malfaiteurs à pied, en carriole et en canot, mais n'était pas montée, contrairement à celle de France, bien qu'elle louât des chevaux au besoin. Malgré de fréquentes demandes pour que ses effectifs soient augmentés, elle resta une petite troupe de police. Tout au plus fut-elle renforcée à l'occasion par des soldats, mais ceux-ci n'appréciaient pas ce genre d'affectation.

La maréchaussée n'eut pas non plus, au Canada, de véritable uniforme. Ceux qui en faisaient partie portèrent d'abord une bandoulière et une casaque, puis, à partir du début du XVIIIe siècle, seule la bandoulière leur resta comme signe distinctif. Celle-ci semble avoir été en velours bleu, brodée de fleurs de lys et d'ancres. Le prévôt avait droit au «bâton de commandement», qui était, dans son cas, bleu, semé de fleurs de lys or. Les archers étaient armés de fusils et d'épées. Comme les soldats, ils étaient éligibles à la demi-solde donnée aux troupes de la Marine à la retraite.

Disparue avec le départ des autorités françaises, la maréchaussée fut le premier corps policier qui exista au Canada. Par ses attributions, cette humble troupe fut l'ancêtre du corps actuel de la Prévôté militaire, de la Gendarmerie royale et de tous les corps policiers du pays qui continuent de veiller à l'application des lois.

Les archers de la Marine

Les archers de la Marine, créés en France en même temps que la charge de prévôt général de la Marine, ne doivent pas être confondus avec ceux de la maréchaussée. Ces hommes étaient spécifiquement au service des intendants tant en France qu'aux colonies. Ils leur servaient également d'escorte ainsi que de gardes lors des cérémonies officielles. Les intendants étaient, en effet, de grands officiers de l'administration du ministère de la Marine. L'archer ou les archers mis à leur disposition portaient leurs ordres et, au besoin, procédaient aux arrestations. Les commissaires-ordonnateurs, tel celui en poste à Louisbourg, se virent aussi adjoindre un archer de la Marine.

Lorsque le premier intendant de la Nouvelle-France, Jean Talon, arriva en 1665, il était accompagné de deux archers. Ses successeurs eurent droit à un ou deux. Cependant, l'intendant Bigot, en entrant à Québec, en 1748, fit sans difficulté porter leur nombre à trois pour son service personnel, et en fit ajouter un autre pour assister le commissaire de la Marine à Montréal.

Les archers de la Marine portèrent des casaques, au XVIIe siècle, puis des bandoulières de velours bleu ornées des insignes royaux et d'ancres. Vers le milieu du XVIIIe siècle, ils adoptèrent un uniforme rouge et bleu.

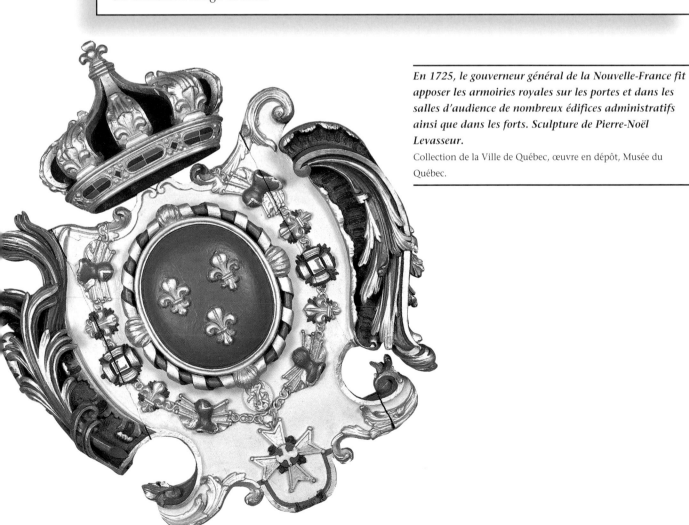

En 1725, le gouverneur général de la Nouvelle-France fit apposer les armoiries royales sur les portes et dans les salles d'audience de nombreux édifices administratifs ainsi que dans les forts. Sculpture de Pierre-Noël Levasseur.

Collection de la Ville de Québec, œuvre en dépôt, Musée du Québec.

L'organisation et l'effectif des troupes en Nouvelle-France

L'organisation des troupes en Nouvelle-France varie selon les colonies et les époques, et selon qu'il s'agit de fantassins ou d'artilleurs. Les tableaux qui suivent indiquent le nombre officiel de militaires que l'effectif doit compter.

En général, tous les postes d'officiers des Compagnies franches de la Marine sont remplis. Il existe en outre un groupe d'officiers « réformés ». Licenciés à la fin des années 1680, quand sept compagnies furent abolies, ils servent « à la suite », c'est-à-dire comme officiers surnuméraires dans d'autres compagnies. Les derniers de ces officiers en surplus prirent leur retraite au cours des années 1720.

La réalité est tout autre pour les soldats, dont le nombre véritable est presque toujours en dessous du chiffre officiel prescrit par les ordres royaux. Il manque habituellement une centaine de soldats, un peu plus ou un peu moins selon l'arrivée des recrues. Exceptionnellement, en 1750, il y a près de 1 700 hommes au lieu des 1 500 requis, mais ce surplus sera de courte durée car ils sont à peine 1 300 cinq ans plus tard.

Compagnies franches de la Marine au Canada

Année	Compagnies	Soldats	Officiers
1683	3	150	6
1684	6	300	12
1685	10	500	20
1686	16	800	32
1687	28	1 400	84
1688	35	1 750	105
1689	28	1 400	84
1699	28	840	84
1722	28	812	112
1749	28	1 400	112
1750	30	1 500	120

Soldat des Compagnies franches de la Marine métropolitaine servant sur les navires de guerre, vers 1750. L'uniforme de ces troupes est quasi identique à celui des compagnies franches coloniales. Reconstitution de Michel Pétard.

Service canadien des parcs.

Quant aux Compagnies franches de la Marine de l'Acadie, les cinq officiers et les 40 soldats qui s'y trouvent en 1691 sont un détachement des compagnies du Canada envoyé par Frontenac pour y tenir garnison. En 1696, on réorganise les troupes de façon qu'elles soient conformes au modèle colonial habituel, chaque compagnie ayant un capitaine, un lieutenant, un enseigne, deux sergents, deux caporaux, deux anspessades et 44 soldats, dont un tambour. Compte tenu de l'isolement de la colonie, la garnison garde un effectif relativement fort, « 184 hommes, bons et mauvais »[73] par rapport à un effectif permis de 200, selon un rapport du gouverneur Brouillan en 1705.

Compagnies franches de la Marine en Acadie

Année	Compagnies	Soldats	Officiers
1685	1	30	1
1687	1	60	1
1688	1	90	2
1691	–	40	5
1696	2	100	6
1702	4	200	12

Il semble que ce n'ait pas été le cas des compagnies de Plaisance où il est fréquent qu'elles soient incomplètes. Par exemple, en 1690, on rapporte que neuf soldats seulement sont en devoir, les autres étant devenus pêcheurs ou travaillant chez les habitants. Heureusement, des recrues arrivent l'année suivante. Les effectifs sont presque remplis par la suite. Ils sont 129 soldats en 1698, 150 en 1703 et 144 en 1708. À cette garnison coloniale s'ajoutent par moments des renforts métropolitains : quatre Compagnies franches de la Marine, provenant de Rochefort et totalisant 200 soldats, sont envoyées à Terre-Neuve en 1709. Dès l'année suivante, cependant, trois repassent en France. En 1711, le transfert vers Plaisance de deux compagnies de l'Acadie, à la suite de la chute de Port-Royal, porte la garnison à 250 soldats.

Compagnies franches de la Marine à Plaisance

Année	Compagnies	Soldats	Officiers
1687	1	25	1
1691	1	40	1
1693	1	60	1
1694	2	100	6
1696	3	150	9

Par ailleurs, à l'île Royale, les données diffèrent également du nombre de recrues réellement en place puisqu'elles sont toujours en nombre insuffisant. Par exemple, en 1719, il manque une cinquantaine de soldats et, deux ans plus tard, près d'une centaine. Par la suite, ils sont en général de 20 à 30 de moins que le maximum permis, mais ce déficit s'élève à quelque 80 en 1731. L'arrivée de renforts le réduit, mais jusqu'à l'année 1744, il manque habituellement de 30 à 40 soldats pour remplir les effectifs.

Compagnies franches de la Marine à l'île Royale

Année	Compagnies	Soldats	Officiers
1713	7	350	21
1722	6	300	18
1723	6	360	24
1730	8	480	32
1741	8	560	32
1749	24	1 200	96

Quant aux compagnies de canonniers-bombardiers, le nombre imposant de pièces d'artillerie qu'on installe dans les fortifications de Louisbourg finit par requérir un corps de spécialistes, au-delà de l'escouade de 16 fantassins-artilleurs qu'entraîne un maître canonnier depuis 1735. C'est ainsi qu'en 1743 l'île Royale reçoit l'autorisation de former la première unité d'artillerie coloniale dans l'histoire de l'armée française : la Compagnie des canonniers-bombardiers. Elle ne compte qu'un capitaine et un lieutenant, deux sergents, deux caporaux, 12 bombardiers, 13 canonniers et un tambour, soit deux officiers et 30 hommes. Elle est augmentée à 50 hommes et trois officiers à partir de 1750.

À Québec, l'école d'artillerie fondée en 1698 instruit un soldat de chaque compagnie franche, par rotation. On la qualifie quelquefois de «compagnie» d'artillerie, mais ce n'est qu'en 1750 qu'une véritable compagnie de canonniers-bombardiers sera formée dans cette ville. Elle comprend quatre officiers et 50 artilleurs. La plupart de ceux-ci restent à Québec, mais des détachements sont envoyés à Montréal et dans les forts.

Ingénieur du roi, portant l'uniforme rouge de son corps, au milieu du XVIIIe siècle. Reconstitution de Michel Pétard.

Service canadien des parcs.

Les effectifs des canonniers-bombardiers sont recrutés parmi les meilleurs soldats des compagnies d'infanterie ayant des aptitudes pour l'artillerie. Ces hommes, qui occupent la fonction de grenadiers lorsqu'ils ne sont pas artilleurs, sont mieux payés et tiennent la droite de la ligne – la place d'honneur – lors des revues. Dans les parades, ils défilent avant l'infanterie. Leur uniforme est bleu et rouge, et ils ont droit au sabre au lieu de l'épée. Il est fort possible que ces soldats portent la moustache, tout comme les grenadiers de l'armée métropolitaine et les artilleurs des Bombardiers de la Marine en France.

Le détachement du régiment de Karrer, contrairement aux troupes françaises, dépasse parfois un peu le nombre de militaires qui lui est prescrit. Par exemple, au lieu de 150 à Louisbourg durant l'automne de 1743, ils sont 165 et il n'en manque que sept à la veille du siège de 1745.

Détachement du régiment suisse de Karrer à Louisbourg

Année	Soldats	Officiers
1722	49	1
1724	98	2
1741-1745	147	3

Détachement du régiment suisse de Karrer à Québec

Année	Soldats	Officier
1747-1749	29	1

LES INGÉNIEURS DU ROI ET LA CONSTRUCTION MILITAIRE ET CIVILE

Bien qu'on note déjà la présence d'ingénieurs, au Canada, au XVIIe siècle, tel Jean Bourdon, qui œuvre à Québec de 1634 à 1668, c'est durant les années 1680 que la fonction sera établie de façon permanente, quand on ajoutera un ingénieur du roi à l'état-major. Ceux qui sont nommés à ce poste détiennent aussi un brevet de capitaine dans les troupes de la Marine. Avec l'arrivée d'un premier ingénieur du roi, Robert de Villeneuve, en 1685, commence l'épopée du génie militaire au pays. Villeneuve sera

Portrait présumé de Gaspard Chaussegros de Léry (1682-1756). Arrivé à Québec en 1716, cet ingénieur militaire exerça une influence considérable sur le patrimoine architectural québécois. Anonyme. Huile.

Musée du Québec.

113

édifices civils et deviennent par le fait même architectes. Par exemple, on doit à Chaussegros de Léry le plan de plusieurs églises, le palais épiscopal et la façade de la cathédrale de Québec, les chantiers navals du Palais et du Cul-de-sac à Québec, et même des moulins à vent! Afin d'assister l'ingénieur, on ajoute deux postes de sous-ingénieurs à Québec en 1712.

Certains officiers pratiquèrent le génie sans avoir le titre correspondant. Tel fut le cas de Josué Berthelot de Beaucours, lieutenant dans les Compagnies franches de la Marine, arrivé au Canada en 1687, dont les connaissances dans le domaine des fortifications furent mises à profit. Il dirigea notamment la construction du fort Chambly, en 1710. Il fut finalement nommé ingénieur du roi à l'île Royale en 1715.

L'importance des travaux défensifs entrepris à Louisbourg justifia la nomination d'ingénieurs à cette place de guerre. L'un d'eux, Jean-François du Verger de Verville, homme de réputation, traça les plans des fortifications et dirigea les premières étapes de la construction à partir de 1721. Son œuvre fut continuée par Étienne Verrier de 1725 à 1745. En 1750, un ingénieur d'expérience, Louis Franquet, envoyé à Louisbourg pour inspecter les fortifications, demeure en Nouvelle-France pour accomplir d'autres revues des fortifications à l'île Saint-Jean et au Canada. Promu colonel en 1751, il est nommé brigadier (l'équivalent d'un brigadier-général actuel) et directeur des fortifications pour la Nouvelle-France trois ans plus tard, car il est l'officier de génie le plus haut gradé en Amérique du Nord. Mais c'est surtout sa tâche d'ingénieur en chef à Louisbourg qui le retient, le Canada et la Louisiane ayant aussi leurs ingénieurs et sous-ingénieurs.

Les ingénieurs du roi aux colonies sont moins touchés que leurs collègues de la métropole par les changements qui se produisent en France, à partir de 1743, dans l'organisation de leur corps. Affectés désormais au ministère de la Marine, leurs devoirs demeurent similaires et ils continuent même à porter l'uniforme écarlate des ingénieurs du roi.

Portrait présumé de Gaspard-Joseph Chaussegros de Léry (1721-1797). Fils de Gaspard Chaussegros de Léry, il suivit les traces de son père en devenant sous-ingénieur, et participa également à de nombreuses campagnes et reconnaissances. Anonyme. Huile.

Musée du Québec.

suivi par Jacques Levasseur de Neré, en 1693, et par Gaspard-Joseph Chaussegros de Léry, qui sera en poste de 1716 jusqu'à sa mort en 1756. Ce dernier est l'auteur d'un traité des fortifications en huit volumes, resté à l'état de manuscrit. C'est lui qui dressa les plans de l'enceinte en pierre des fortifications de Montréal, ainsi que ceux du fort Niagara en 1726 et du fort Saint-Frédéric en 1737. Il dirigea en outre divers travaux de fortifications à Québec. Les ingénieurs du roi sont également appelés à ériger certains

Le génie et la construction navale militaire

Un patrimoine maritime militaire remarquable s'est développé en Nouvelle-France. La construction navale s'y pratique dès le milieu du XVIIe siècle, alors qu'on construit de petits navires à Québec. Les ports de Louisbourg et de Québec sont équipés pour réparer les vaisseaux de guerre et, à partir de 1717, l'Amirauté y donne des cours aux officiers afin qu'ils soient en mesure de régler les questions légales relatives au droit maritime.

Le Canada étant doté de nombreuses essences de bois qui deviennent rares en Europe, ainsi qu'en minerai de fer, divers projets furent soumis visant à ériger un chantier naval royal à Québec. L'idée fut acceptée en 1738, et le chantier fut aménagé l'année suivante pour la construction de navires de guerre. Le ministère de la Marine passa d'abord la commande d'une flûte, navire servant au transport des militaires et de l'armement, d'après des plans dressés par des ingénieurs-constructeurs à Rochefort. L'un d'eux, René-Nicolas Levasseur, fut envoyé à Québec pour superviser les travaux et prendre charge du chantier naval. Une dizaine de navires de guerre furent ainsi construits : le *Canada*, flûte jaugeant 500 tonneaux, pouvant porter 40 canons, 120 hommes d'équipage, mise en chantier le 22 septembre 1739 et

Carénage, au milieu du XVIIIe siècle. Après plusieurs mois en mer, la coque des navires s'incrustait de petits mollusques et de vers, ce qui endommageait le vaisseau et ralentissait sa marche. Il fallait alors procéder au carénage. Aux chantiers navals de Québec et de Louisbourg, on pratiquait cette opération longue et compliquée qui consistait à incliner le navire et à le « chauffer », c'est-à-dire à brûler des fagots contre les bordages de la carène.
Museo Naval, Madrid.

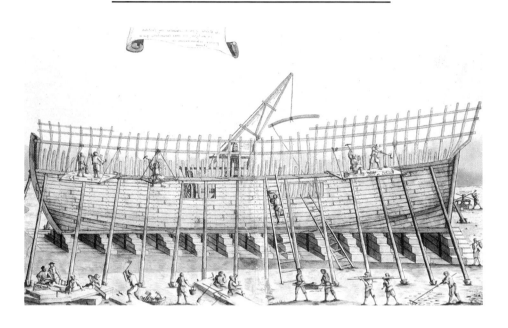

Frégate en construction, vers le milieu du XVIIIᵉ siècle.
Museo Naval, Madrid.

lancée le 4 juin 1742 ; le *Caribou,* flûte jaugeant 700 tonneaux, pouvant porter jusqu'à 45 canons, 150 hommes d'équipage, mise en chantier en 1742 et lancée le 13 mai 1744 ; le *Castor,* frégate de 26 canons, 200 hommes d'équipage, mise en chantier en juillet 1744 et lancée le 16 mai 1745 ; le *Carcajou,* corvette de 12 canons jaugeant de 70 à 80 tonneaux, construite en 1744-45, première corvette de guerre construite au Canada et ancêtre, en quelque sorte, des très nombreuses corvettes de la Marine royale canadienne qui servirent si valeureusement durant les deux grandes guerres de notre siècle ; la *Martre,* frégate de 22 canons, mise en chantier en mai 1745 et lancée le 6 juin 1746 ; le *Saint-Laurent,* vaisseau de 60 canons jaugeant 1 100 tonneaux, mis en chantier en septembre 1746 et lancé le 13 juin 1748 ; l'*Orignal,* vaisseau de 60 canons jaugeant 1 100 tonneaux, mis en chantier en octobre 1748 et qui coula lors de son lancement, le 2 septembre 1750 ; l'*Algonquin,* vaisseau de 72 canons, mis en chantier en octobre 1750 et lancé en juin 1753 ; l'*Abénaquise,* frégate de 30 canons jaugeant 946 tonneaux, mise en chantier durant l'été 1753 et lancée au printemps de 1756.

Vue intérieure des magasins de la Marine, vers le milieu du XVIIIe siècle.

Une autre frégate de 30 canons, la *Québec*, fut mise en chantier en 1756, mais ne fut pas complétée. Diverses complications financières et techniques, mais surtout le manque d'ouvriers spécialisés que l'on ne put obtenir de France en nombre suffisant, eurent raison du chantier naval de Québec durant la guerre de Sept Ans. Les tentatives qu'on fit aux Forges du Saint-Maurice pour fondre les canons destinés aux navires construits à Québec se soldèrent par un échec, car les maîtres-fondeurs n'avaient pas les connaissances requises dans ce domaine. N'importe. Les canons furent expédiés de France et des vaisseaux de ligne, véritables « marchands de boulets » avec leur artillerie bien fournie, sortirent néanmoins du chantier royal, à l'époque de son apogée.

La construction de navires de guerre en Nouvelle-France fut une expérience exceptionnelle dans les colonies françaises autant que britanniques, car elle se faisait alors presque toujours en Europe. Le chantier naval militaire de Québec fut une entreprise remarquable pour son époque.

Les soins du corps et de l'âme

C'est au XVIIIe siècle, en France, qu'apparaît le corps médical militaire. Sous le règne de Louis XIV, on construisit de nombreux hôpitaux militaires, ainsi que le célèbre Hôtel des Invalides pour loger les soldats estropiés. Les médecins et les chirurgiens furent d'abord engagés pour soigner les malades dans les hôpitaux, puis sur les lieux des campagnes. Finalement, l'accroissement du nombre d'hommes sous les armes, et conséquemment du nombre de blessés et de malades, mena à la création d'un service de santé distinct pour les troupes en 1708.

Dans la Marine, les médecins, les chirurgiens et les apothicaires furent d'abord engagés individuellement, mais formèrent ensuite un corps permanent, à partir de 1689, lorsque tous les aspects de leur

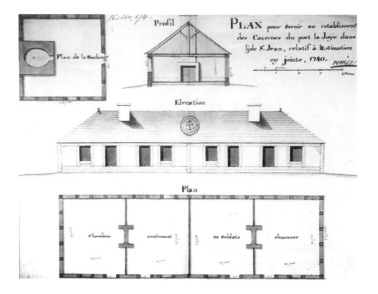

Plan des casernes et de la boulangerie des militaires à Port-la-Joye, dans l'île Saint-Jean (aujourd'hui Charlottetown, Île-du-Prince-Édouard), dressé par l'ingénieur Étienne Verrier, en 1740.
Archives nationales de France.

fonctionnement, à bord et à terre, furent réglementés en détail. La direction des services d'infirmerie dans les hôpitaux de la Marine revenait aux ordres religieux.

En Nouvelle-France, comme dans les autres colonies, les spécialistes de la médecine sont rares. On compte seulement quatre médecins au Canada durant tout le Régime français. Les chirurgiens sont en plus grand nombre, cependant, mais leur formation est rudimentaire. Jusqu'en 1743, leur profession et celle de barbier sont réunies sous une même corporation professionnelle, celle des barbiers-chirurgiens. On demande surtout à ces hommes d'être habiles au maniement de la scie et de la lame. Ils doivent savoir pratiquer des incisions, amputer des membres, faire des trépanations et des saignées, et servir de pharmaciens à l'occasion. Comme à cette époque l'anesthésie est inconnue, le patient doit subir l'opération chirurgicale à froid. Le mieux qu'on puisse faire est de lui donner de l'eau-de-vie et un morceau de cuir pour y mordre au lieu de crier quand la douleur est trop vive. Si certains peuvent subir une amputation en fumant une pipe, d'autres, épouvantés par l'horreur de ce qu'on pratique sur leur corps, doivent être retenus par plusieurs camarades. Comme on ne connaît pas l'effet des microbes et le danger de contagion que représentent des instruments souillés, le patient peut encore succomber par infection. On lutte contre celle-ci par l'application d'alcool ou la cautérisation de la plaie au fer rouge.

Étant peu nombreux, les médecins et les chirurgiens de la Nouvelle-France soignent tant les civils que les militaires et ne font pas partie intégrante des Forces armées comme c'est le cas dans la métropole. Bien que quelques chirurgiens accompagnent le régiment de Carignan-Salières entre 1665 et 1668, c'est peu après l'arrivée des troupes de la Marine, durant les années 1680, que l'on établira une structure permanente. À partir de 1686, au Canada, et du XVIIIe siècle à Louisbourg, un chirurgien-major s'occupe des soins aux soldats moyennant une somme de trois livres par mois et par compagnie, somme déduite de la solde des soldats. Agissant de concert avec le médecin du roi, ce chirurgien-major est en charge de l'administration de la santé pour les militaires et les marins.

Les hôpitaux

Les militaires blessés ou malades sont soignés dans les hôpitaux de la colonie, tous fondés et tenus par des communautés religieuses : à Québec l'Hôtel-Dieu des Sœurs Hospitalières de la Miséricorde de Jésus, à

118

notion des premiers soins à donner aux blessés et aux malades. Celui-ci fait généralement office de barbier, mais sait aussi manier la lancette, petit couteau très coupant pouvant servir pour des chirurgies mineures, comme l'extraction d'une balle. Pour ses services, le frater touche un modeste supplément de solde. Il reste que le sort d'un blessé lors d'un raid n'est pas enviable. On ne l'abandonne pas, mais grands sont les risques qu'il succombe en chemin d'une hémorragie ou d'épuisement.

Les aumôniers

On ne saurait sous-estimer l'importance de la religion dans la vie des hommes au cours de cette période. La présence d'aumôniers au sein des troupes est indispensable, ne serait-ce que

Montréal celui des Sœurs Hospitalières de Saint-Joseph, à Trois-Rivières l'hôpital des Ursulines. À Louisbourg, ce sont les Frères Hospitaliers de Saint-Jean.

Ces établissements reçoivent une subvention du roi, c'est-à-dire du ministère de la Marine, en échange de quoi ils doivent donner gratuitement des soins aux officiers, soldats et marins, en plus de la nourriture et des médicaments. Les religieuses obtiennent, en 1731, le droit de garder les vêtements des soldats morts dans les hôpitaux, dont elles arrivent à tirer parti étant donné leur très grand sens de l'économie. Mais le ministère de la Marine le leur révoque « une fois pour toutes », dix ans plus tard. Compte tenu de la science médicale de l'époque, les soins donnés dans toutes ces institutions sont reconnus comme adéquats.

Les soldats-fraters

La plupart des chirurgiens servent dans les villes. Un ou deux sont attachés à l'hôpital local et payés par le ministère de la Marine. On en rencontre à l'occasion dans les forts importants, tels Chambly, Saint-Frédéric, Niagara et Détroit. Exceptionnellement, il arrive que l'un d'eux accompagne une grosse expédition, mais, règle générale, les soldats postés dans les fortins éloignés ou qui effectuent un raid sur la Nouvelle-Angleterre ne peuvent compter que sur eux-mêmes. Pour suppléer au manque de médecins et de chirurgiens, presque toutes les compagnies ont un frater, c'est-à-dire un soldat ayant quelque

Miliciens canadiens, première moitié du XVIIIᵉ siècle. Ex-voto de Notre-Dame-de-Liesse.
Fabrique de la Rivière Ouelle, Québec.

pour administrer les derniers sacrements. Être malade ou blessé et ne pas recevoir les secours de la religion mettent au désespoir les officiers et les soldats les plus endurcis. Au XVIIᵉ siècle, les besoins religieux des militaires sont assurés surtout par des missionnaires jésuites et des prêtres séculiers. En mars 1692, toutefois, le roi désigne un ordre mineur de Franciscains

Aumônier récollet. Gravure du XVIIIᵉ siècle.

Anne S.K. Brown Military Collection, Brown University, Providence.

aujourd'hui disparu, les Récollets, pour être « l'aumônier de nos troupes »[74] en Nouvelle-France. On les rencontre dans les villes qui ont une garnison ainsi que dans les forts importants, comme Détroit ou Niagara. Il s'agit en quelque sorte du premier corps d'aumôniers militaires au Canada. Cet ordre devint très populaire au pays et, au milieu du XVIIIᵉ siècle, les trois quarts des prêtres récollets de la colonie sont des Canadiens de naissance. Ayant fait vœu de pauvreté, ils subsistent grâce à une modeste subvention royale et aux aumônes. Ils sont logés et nourris sans frais partout où ils font leur office, sont vêtus d'une soutane de bure, portent des sandales de bois en été et « affectent une grande pauvreté, leurs croix sont simplement en bois »[75].

L'aumônier doit réciter la prière quotidienne et dire la messe chaque dimanche matin, ainsi que les jours de fêtes religieuses. Certains soldats et sans doute tous les cadets sont en outre tenus de suivre le catéchisme. Les vêpres ont lieu le dimanche après-midi. C'est également l'aumônier qui entend les confessions et administre les derniers sacrements aux soldats mourants, lorsque le chirurgien requiert ses services.

À une époque où la pratique religieuse est non seulement très importante, mais obligatoire, peu importe le niveau de foi que l'on professe, certaines cérémonies, avant le combat, soutiennent le moral des troupes. S'il s'agit d'une bataille relativement conventionnelle, comme un siège, par exemple, l'aumônier prononce une courte mais vigoureuse exhortation, donne une bénédiction générale, puis se retire à l'infirmerie pour réconforter les blessés ou, malheureusement, administrer les saints sacrements. Les aumôniers des troupes accompagnent certaines expéditions militaires.

LA VIE QUOTIDIENNE EN NOUVELLE-FRANCE

LES SOLDATS

D'où viennent-ils?

Il n'était pas d'usage de recruter des soldats de métier dans les colonies. Les rares tentatives faites en ce sens au Canada se révélèrent une faillite totale. L'habitant n'était tout simplement pas intéressé à revêtir l'uniforme. Les soldats des troupes de la Marine étaient levés en France et ceux qui devaient servir outre-mer étaient incorporés aux compagnies franches coloniales. De 1683 à 1755, quelque 7 800 soldats et recrues furent ainsi envoyés au Canada. Ce chiffre apparemment élevé peut surprendre, mais il porte sur près de trois quarts de siècle. De plus, il s'agit d'une estimation, vu l'absence de documentation précise sur le sujet. Les hommes arrivèrent nombreux et par vagues : plus de 2 000 entre 1683 et 1689, et quelque 1 300 en 1750 et 1751. Entre ces arrivées, toutefois, peu de recrues descendaient des navires. Certaines années, pas un seul homme destiné aux troupes n'aborda en Nouvelle-France.

Le recrutement s'effectuait sensiblement de la même façon pour le service outre-mer que pour les autres corps de l'armée française, exception faite que les officiers et sous-officiers coloniaux ne participaient pas à l'opération qui se déroulait en France. La plupart du temps, ce sont des recruteurs professionnels – officiers et sergents des troupes métropolitaines – qui se chargent de ce travail. La province à proximité des grands ports militaires – notamment ceux de Rochefort, La Rochelle et Brest – ainsi que la ville de Paris constituent leurs champs d'action. En principe, on recherche des jeunes hommes en bonne santé, de constitution robuste, ayant au moins 16 ans, mesurant au minimum 1,65 m[76]. Le contrat de service est de six ans, mais cette durée n'est guère évoquée lors des préliminaires. En réalité, la recrue s'engage pour un temps illimité. Enfin,

Soldat des Compagnies franches de la Marine du Canada, entre 1701 et 1716. Il est à la position « Soufflez dans le bassinet », selon l'exercice du maniement des armes pour les troupes de la Marine en 1704. Reconstitution de Michel Pétard.
Service canadien des parcs.

on souhaite que le futur soldat promis aux colonies connaisse un métier.

Le « sergent-racoleur »

La technique habituelle du parfait « sergent-racoleur » consiste à se poster dans une taverne, revêtu d'un bel uniforme, et à s'y tenir à l'affût de quelque jeune homme en mal d'argent et de changement. Celui-ci a beau se méfier, quelle tentation que de partir à l'aventure au service du roi, de se couvrir d'or et d'argent dans les colonies pour ensuite revenir fortuné dans son village et y raconter ses aventures exotiques ! Après tout, c'est ce

Soldat des Compagnies franches de la Marine en Nouvelle-France, vers 1740. Reconstitution de Michel Pétard.

Service canadien des parcs.

qu'a fait le recruteur, visiblement à l'aise, heureux de vivre, et qui paye si généreusement à boire. Et puis, il y a les filles indigènes, si accommodantes, sans parler des riches créoles qui aiment les beaux soldats! Et au Canada, quelle fortune à faire, rien qu'à échanger des fourrures contre des pacotilles, et sans avoir à craindre les fièvres mortelles des tropiques. Les Iroquois? Ils s'enfuient à la vue des soldats du roi et on n'a plus qu'à brûler leurs cabanes pendant que les Anglais restent dans leurs villes à boire de la bière. D'ailleurs les soldats du roi ne boivent que du bon vin et mangent souvent du pâté. Son congé? On l'obtient facilement, sur demande. Et puis, il y a la prime d'engagement, payable immédiatement. Après plusieurs verres, le jeune homme, passablement enivré, se laisse tenter et signe son contrat (ou appose sa croix), reçoit la prime, puis célèbre l'événement en offrant à boire.

Ce genre de scène, digne du *Candide* de Voltaire, est pourtant la façon classique de recruter les troupes. Les affiches du temps sont éloquentes quand il s'agit de faire miroiter des promesses : « en attendant qu'ils deviennent officiers, leur service est agréable », dit-on des Volontaires de Grassin, en ajoutant qu'ils ont les mêmes maîtres d'armes et maîtres à danser que les officiers-cadets. Si, par malheur, le service ne plaît pas à la recrue, le colonel « se fait un vrai plaisir de lui procurer un emploi ailleurs »! À en croire une autre affiche, rien de plus agréable que la vie dans l'artillerie : « On y danse trois fois la semaine... et le reste du temps est employé aux quilles, aux barres, à faire des armes. Les plaisirs y règnent... »[77] On recrute même pour des régiments fictifs, aux noms prestigieux! Si le jeune homme, un peu naïf, se laisse leurrer par ce boniment, la plupart se doutent bien que tout ceci n'est pas absolument conforme à la réalité. Mais ils se portent volontaires pour l'aventure. Une affiche des troupes de la Marine ne dit-elle pas « qu'on y voit du pays »[78]?

Les futurs soldats du roi ne sont pas tous recrutés dans les auberges. Certains sont des jeunes gens de bonne famille que leurs parents veulent éloigner pour quelque frasque ou écart de conduite. Ils ne sont pas méchants pour autant si on en juge par le témoignage d'un certain sieur Le Beau qui, en 1729, a la surprise de retrouver un ancien compagnon d'école parmi ces exilés qu'on envoie au Canada! Durant les années 1730, quelques repris de justice prendront la même route, mais les autorités de la Nouvelle-France s'objecteront à cette pratique, qui sera abandonnée. Pendant les guerres, il arrive que le recrutement se fasse de force par des racoleurs peu scrupuleux des usages, et le profil de la recrue ne correspond pas toujours aux critères de base. Des rapports de l'époque signalent qu'on trouve dans les contingents des enfants, des vieillards et des estropiés. Certains recruteurs professionnels ne sont pas des militaires, mais des embaucheurs qui travaillent à commission. À partir de 1751, la Marine emploie à cette tâche un certain sieur de Gignoux au lieu du sergent ou de l'officier habituel. Il se peut que ces gens forcent la note à l'occasion. Enfin, dans certains cas, le service militaire apparaît à la recrue comme le seul moyen de subsister. Tel fut celui d'un jeune orphelin, soldat à Louisbourg, qui refusa d'être licencié pour cause de maladie et «se mit à pleurer, disant que s'il était congédié il ne saurait que faire pour gagner sa vie»[79].

En route vers le dépôt des recrues

Le «lendemain de la veille», la nouvelle recrue se réveille au service de la Marine et rejoint ses semblables pour être amenée vers La Rochelle ou Rochefort sous la surveillance d'un officier. Souvent un ou deux archers de la maréchaussée escortent le groupe au cas où certains changeraient d'idée. De La Rochelle, les recrues s'embarquent pour l'île de Ré dont la forteresse sert de lieu de rassemblement pour la plupart des troupes coloniales, ou font voile vers l'île d'Oléron, plus au sud. Avant les années 1730, les recrues ignoraient souvent vers quelle colonie elles seraient dirigées. En 1684, par exemple, les soldats destinés au Canada montaient dans les navires «ne sachant pas l'endroit pour lequel» on les embarquait. Pendant que les nouveaux arrivants attendent le jour du départ, on leur enseigne les notions de base de la vie militaire. Plus d'un songe alors à déserter, mais les chances de s'évader d'un fort logé dans une île au large des côtes sont plutôt minces.

Durant la traversée, il n'est pas rare qu'une épidémie se déclare à bord, emportant plusieurs recrues. Bien que les médecins de la Marine ignorent tout des bactéries et des microbes, ils font le lien entre le manque d'hygiène et la contagion. Pour remplacer les hardes crasseuses que portent souvent les nouveaux venus, «l'usage est de donner aux soldats de recrue avant leur départ»[80] une veste de laine de Mazamet – qui sera remplacée à partir de 1717 par un sarrau de toile gris-blanc garni de 18 boutons de laiton –, une culotte de toile grise, une paire de bas, une paire de souliers, une ou deux chemises, un bonnet de laine, un peigne, une couverture et un hamac. Les épidémies à bord des navires persistèrent, mais ces mesures en réduisirent certainement le risque.

J.C.B. s'en va au Canada

«J.C.B.» sont les initiales d'un simple soldat, auteur des seuls mémoires connus sur la vie d'une recrue des compagnies franches envoyée au Canada. Son témoignage est particulièrement précieux en ce qui a trait à son recrutement et à son initiation à la vie militaire. L'aventure de J.C.B. débute alors que, faisant route vers La Rochelle où il s'en va travailler chez son oncle, il se lie d'amitié avec un officier menant un groupe de recrues coloniales. Apprenant, à son arrivée, que son parent est décédé, il se trouve sans ressources et c'est son nouvel ami qui le dépanne en lui obtenant un poste dans les bureaux de la forteresse de Saint-Martin-de-Ré. Il rencontre là des marins et des militaires qu'il écoute raconter leurs aventures en terres lointaines. Que voilà un genre de vie intéressant, comparé à son morne emploi de commis! Au bout de deux mois, l'envie de voyager le tourmente si fort qu'il s'engage dans les troupes coloniales et obtient la permission d'aller au Canada, car il a appris des marins que le climat y est «le plus sain». Il a 18 ans.

Avec 300 autres recrues, il s'embarque sur le *Chariot royal*, frégate armée en flûte qui met la voile le 17 juin 1751. La traversée est excessivement longue et pénible. Au cours d'une forte tempête, qui dure cinq jours, J.C.B.

Soldat des canonniers-bombardiers, entre 1750 et 1760. Ainsi devait-être « J.C.B. » et ses camarades, lorsqu'ils s'armaient pour le service de garde ou pour les revues. Reconstitution d'Eugène Lelièpvre.

Service canadien des parcs.

éprouve « un grand mal de cœur ». Pour lui, comme pour de nombreuses recrues qui n'avaient jamais connu la mer, l'expérience dut être terrifiante. Enfin, la frégate arrive en vue de Québec et, le matin du 5 novembre, J.C.B. met le pied à terre pour la première fois depuis plus de quatre mois.

Quelques jours passent, puis les recrues sont rassemblées sur la place d'armes, à Québec, où on les dispose sur deux lignes en face des troupes en armes qui en occupent trois. Vers midi, le gouverneur général, accompagné de l'état-major, après avoir fait la revue, procède à l'incorporation des nouveaux venus au sein des Compagnies franches de la Marine et de la compagnie d'artillerie qui, chacune, ont droit à un nombre prédéterminé d'hommes. Le premier choix revient à cette dernière, considérée comme l'élite de la troupe. C'est de celle-là que J.C.B. fera partie. Les compagnies d'infanterie viennent ensuite, à tour de rôle, par ordre d'ancienneté de leurs capitaines, choisir leurs hommes. Le lendemain, J.C.B. reçoit son uniforme et ses armes et est logé dans le corps de garde, au-dessus de la porte Saint-Jean, à Québec.

Le nom de guerre

J.C.B. est alors baptisé de son « nom de guerre », Jolicœur, petit détail qui a permis d'identifier J.C.B. comme étant Joseph-Charles Bonin, dit Jolicœur, canonnier dans la Compagnie des canonniers-bombardiers du Canada[81]. Répandu dans la société de l'époque, l'usage du surnom était fréquent chez les civils des classes populaires et systématique chez les soldats français, aux XVIIe et XVIIIe siècles. Comme il n'était pas rare que ce « nom de guerre » en vienne à supplanter le véritable patronyme de l'individu, on exigea, à compter de 1716, son inscription dans les registres, à côté des nom et prénom du soldat. Ce qui lui donna une reconnaissance officielle.

La variété et souvent la double signification de certains noms de guerre rendent impossible leur classification rigoureuse. On en reconnaît généralement six types principaux, ayant tous trait à une caractéristique personnelle de l'individu. Parfois c'est le nom ou le prénom du soldat, ou encore de sa mère, qui est modifié par l'adjonction du mot « saint », ce qui donne, par exemple, Saint-Jacques pour le soldat Jacques Vadeau. Le surnom peut aussi désigner l'origine : Champagne, Poitevin, Picard se rapportent à des provinces françaises. Ou il a trait au métier : Lacouture, Boulanger, Laflamme (pour un rôtisseur). D'autres évoquent le passé militaire du porteur, comme Carignan. Les surnoms végétaux furent en vogue, comme en sont la preuve les Laframboise, Lafleur, Larose, Latulippe. Enfin, d'autres peuvent faire allusion à des caractéristiques propres à l'individu, souvent physiques – Blondin, Le Borgne, Lajeunesse –, mais surtout morales. Léveillé, Vadeboncœur, Brind'amour témoignent de la joie de vivre et de la galanterie amoureuse de certains de nos ancêtres, dont les qualités guerrières se retrouvent dans Tranchemontagne, Frappe – d'abord, Vaillant. Aujourd'hui, au Québec, beaucoup de ces noms de guerre de soldats démobilisés, restés au Canada pour s'y établir, sont en usage en tant que noms de famille.

Au son du tambour

Maintenant que la musique militaire n'est plus qu'un divertissement, on a complètement oublié qu'autrefois les villes dotées d'une garnison vivaient au son des tambours du matin au soir. Leur battement, rehaussé de la note aiguë des fifres, constituait un des aspects familiers de la vie quotidienne, un peu comme le son des cloches à une autre époque.

Tambour des Compagnies franches de la Marine en Nouvelle-France, vers 1740. Reconstitution de Michel Pétard.

Service canadien des parcs.

Tambour des Compagnies franches de la Marine du Canada, entre 1701 et 1716. Reconstitution de Michel Pétard.

Service canadien des parcs.

Dès la première moitié du XVIIe siècle, les règlements en usage dans les places fortes d'Europe pour le service de la garnison étaient appliqués dans les colonies. Montréal, Québec, Trois-Rivières, Louisbourg, étaient des places de guerre régies par un état-major. Les *Relations des Jésuites* de l'année 1636 font état que Québec est gardée comme l'est une forteresse en France. La « Diane nous réveille tous les matins », écrivent-ils. C'est le premier roulement de tambour de la journée qu'on appelle ainsi, quand, « au point du jour », le tambour en faction au corps de garde monte sur le rempart et joue pendant une quinzaine de minutes. *La Diane* – nom dont l'origine s'est perdue dans la nuit des temps – signifie à la garnison, en particulier, et à la population, en général, qu'il est temps de se lever et de commencer les activités du jour. De même, *La Retraite*, battue au coucher du soleil, prévenait la population que les portes de la ville seraient bientôt fermées pour la nuit et *L'Ordre* résonnait après leur fermeture.

De nombreux autres appels ponctuaient la journée. *L'Assemblée* était un de ceux que l'on entendait fréquemment résonner entre les murs de la ville. Il avertissait les militaires d'avoir à rejoindre leurs corps pour des exercices ou pour une revue à la place d'armes.

La Garde signifiait que l'ennemi était en vue. Moins alarmiste, mais fort utile, était *Le Ban*, annonçant au public la lecture des ordonnances et des règlements et même les ventes à l'encan à la suite d'un décès. Enfin, les tambours accompagnaient les fêtes. Ils résonnèrent durant les réjouissances organisées à Québec le 29 octobre 1690, quand on porta à l'église les drapeaux anglais pris à l'ennemi.

Tous ces roulements ne doivent pas faire oublier que le tambour, instrument officiel des militaires, n'était pas le seul dont ils savaient jouer. Dès 1660, on parle de soldats qui font retentir tambours et flûtes le jour de l'Épiphanie. Tout comme leurs confrères de la métropole, les soldats d'ici jouaient du fifre et sans doute, à l'occasion, du hautbois.

L'horaire du soldat

Il est difficile de reconstituer la journée du soldat en Nouvelle-France. D'une part, il existe peu d'informations précises à ce sujet, et, d'autre part, l'emploi du temps pouvait varier grandement selon que l'on était en hiver ou en été, dans une ville ou dans un fortin, que le soldat logeait chez l'habitant ou à la caserne.

D'une façon générale, dès le point du jour, c'est-à-dire quand le soleil commence à poindre à l'horizon, les tambours battent *La Diane*. Dans n'importe quel fort ou caserne, on se lève, on endosse l'uniforme, on nettoie la chambre et on s'affaire à préparer le déjeuner que l'on consomme par groupes de sept. Il est encore tôt, vers les sept heures, quand le sergent passe pour inspecter et la chambre et les hommes, et pour donner les consignes du jour.

Il y a bientôt des soldats qui s'éparpillent dans toute la ville. Ceux qui doivent monter la garde se dirigent vers les points qui leur sont assignés et on peut les voir arpenter lentement les remparts. D'autres sont postés au corps de garde de chacune des résidences où une surveillance est requise. À Montréal, par exemple, quelques-uns font la sentinelle devant la porte du gouverneur de la ville ; à Québec, d'autres sont en faction devant celle du gouverneur général où il y aura, en plus, un tambour, car le protocole exige que l'on batte la caisse à chacune des entrées et sorties de ce dignitaire, comme pour un maréchal de France. Des sentinelles seront affectées également à la porte de l'intendant, ou du commissaire-ordonnateur, et à celle du trésorier. Pendant ce temps, sur le Champ-de-Mars, des soldats s'alignent pour pratiquer le maniement des armes sous la direction d'un sergent. Ici et là, des escouades gardent les prisonniers, ou surveillent les chantiers et les hôpitaux militaires. Quelques soldats ont, en outre, été requis pour prêter main-forte à la justice. Ils traversent la rue, accompagnant un archer de la maréchaussée qui s'en va arrêter un criminel...

Le tour de garde dure 24 heures consécutives, de midi à midi, et chaque soldat doit le faire un jour complet par semaine, sans compter les fois où un camarade demandera à être remplacé. Durant cette période, le soldat servira en tant que sentinelle pour une durée de quatre à six heures. En été, on le relèvera aux deux heures, et à toutes les heures en hiver, à cause du froid. Mis à part le temps qu'il passe à ce service, le soldat qui est en devoir doit se trouver au corps de garde. Il y couche, il y mange et, comme il doit toujours se tenir prêt, il y dort tout habillé.

En principe, on fait du maniement d'armes trois ou quatre fois par semaine, mais en pratique c'est un exercice que les officiers négligent, probablement parce qu'ils n'y voient guère d'utilité pour le genre de guerre que l'on mène au Canada. Au milieu du XVIIIe siècle, l'insistance des autorités pour qu'on copie les usages de l'armée en France entraîne une amélioration à ce chapitre et à celui des parades.

En dehors des heures de garde et des périodes d'exercices, les hommes disposent de leur temps. La plupart travaillent chez un particulier ou à un projet public, à moins qu'ils n'exercent à leur compte quelque petit métier. Tout ceci leur procure un supplément de revenu qui est certes le bienvenu pour grossir leur maigre solde.

L'heure des repas se situe vers midi pour le dîner et entre 17 h et 19 h pour le souper, bien que cela puisse varier. À 20 h en hiver et 21 h en été, les tambours marchent dans la ville en battant *La Retraite*, qui correspond plus au moins au coucher du soleil. À ce signal, les militaires doivent regagner leurs quartiers, pour les uns, la maison de l'habitant, pour les autres, la caserne. Ainsi prend fin la journée du soldat. Elle peut sembler monotone, mais c'est sans compter les «divertissements»...

La paye du soldat

Le mot soldat dérive de solde. C'est dire toute l'importance que revêt la paye pour ces hommes. Le pécule qu'ils reçoivent est pourtant bien mince et les déductions nombreuses, entre autres, pour le logement et la nourriture. Si l'on prend pour exemple la solde d'un soldat des Compagnies franches de la Marine, de 1680 à 1750, plusieurs constatations s'imposent. En premier lieu, on note que durant toute cette période – 70 ans ! –, la solde reste inchangée : 9 livres par mois totalisant 108 livres au bout de l'année, avant déductions[82]. À titre de comparaison, dans la vie civile, vers 1740, un journalier peut gagner 360 livres par année ; un contremaître, 700 livres ; un forgeron, 1 000 livres aux forges du Saint-Maurice[83]. En deuxième lieu, c'est qu'avant d'acheter quoi que ce soit avec ses 108 livres notre soldat voit sa solde subir des déductions considérables : pour l'habillement, pour l'état-major, pour la ration, pour la caisse des Invalides de la Marine. Au bout du compte, il ne lui reste guère qu'une quinzaine de livres par année.

Que peut-on acheter, vers 1700, avec cet argent ? Un bel habit avec sa veste peut valoir entre 60 et 120 livres ; une robe de chambre, 30 livres ; une paire de pantoufles, deux livres ; une paire de bas de soie, 12 livres ; un beau fusil de chasse, 50 livres ; un livre de contes, 20 livres ; un ensemble de toilette, huit livres. Et il ne s'agit encore ni de meubles, ni d'habitation !

Enfin, le paiement de la solde réelle – ce qui se rend dans la poche du soldat – se fait aux trois mois, durant une revue de la compagnie

Canonnier d'une compagnie de canonniers-bombardiers en Nouvelle-France, entre 1743 et 1750. Reconstitution de Michel Pétard.
Service canadien des parcs.

par l'état-major. Seuls les soldats présents la touchent. Le trésorier garde en réserve la solde des absents – à l'hôpital ou détachés dans les postes – jusqu'à leur retour.

Le travail ajoute au revenu

On a beau être logé, nourri et avoir un certain «plan de pension», il reste que 15 livres par année ne procurent pas grand-chose. Les canonniers-bombardiers reçoivent un supplément de 24 livres, mais ce n'est certainement pas suffisant. Nos soldats vont donc, autant que possible, se trouver un revenu d'appoint. Les moins instruits se font ouvriers et travaillent aux fortifications ou chez des particuliers ; ceux qui connaissent quelque métier le pratiquent, tel ce soldat-tailleur que l'on rencontre à Détroit, au milieu du XVIIIe siècle, tandis que les plus instruits trouvent à se placer chez les marchands pour tenir les livres, comme le fait le canonnier-bombardier Joseph-Charles Bonin. Selon le voyageur scandinave Pehr Kalm, un soldat peut toucher de la sorte jusqu'à une livre et demie par jour au Canada, ce qui augmente considérablement ses revenus. Il lui faut cependant obtenir la permission de son capitaine avant de pouvoir remplir ces tâches. Celui-ci veut bien la lui accorder, dans la mesure du possible, mais il garde pour lui sa solde en dédommagement. Le soldat libéré ne s'en plaint pas, car il gagnera cinq ou six fois plus.

Dans les postes de l'Ouest, on laisse aux soldats la possibilité de faire un peu de traite, de sorte qu'ils peuvent revenir à Montréal avec des fourrures valant une centaine de livres. Ceux qui sont économes se procurent ainsi de petits luxes, mais d'autres excèdent leur crédit au magasin de traite, durant leur séjour dans l'Ouest, et retournent chez eux truffés de dettes.

Les soldats de Plaisance et ceux de l'Acadie s'adonnent aussi à d'autres travaux, plusieurs se faisant pêcheurs à l'occasion. Mais après 1713, quand la colonie de l'île Royale est établie, les conditions de vie se dégradent. Comme il n'y a pas de main-d'œuvre pour construire les fortifications, on y emploie les soldats qui ajoutent ainsi un supplément à leur maigre solde. Cependant, la cherté de l'approvisionnement à Louisbourg, où les capitaines des compagnies contrôlent les cantines et se font aussi prêteurs, les force presque obligatoirement à s'endetter pour survivre. Au cours des années 1730, les officiers obtiennent même que la solde des hommes leur soit d'abord versée afin qu'ils puissent y prélever leurs déductions. Le soldat de l'île Royale se trouve ainsi pris dans un étau économique, car dans un endroit aussi isolé il n'a pas vraiment d'alternative.

La promotion

On sait quel effet bénéfique peuvent avoir sur le moral les galons, les insignes et les médailles décernés officiellement et quel motif de fierté ils peuvent être. Pourtant, l'usage de ces distinctions ne s'est généralisé que récemment. Avant les années 1760, en effet, l'uniforme ne comportait rien qui indiquât les nombreuses années de service ou le mérite au combat du porteur. Quant à l'attribution de médailles, c'est un phénomène qui date essentiellement du XIXe siècle, alors que s'est répandue l'habitude de commémorer de cette manière les campagnes auxquelles le militaire avait participé ou les services qu'il avait rendus. Au XVIIIe siècle, seuls les officiers pouvaient éventuellement se voir décerner la croix de Saint-Louis.

Avant ces innovations, la seule récompense possible pour le soldat qui s'est signalé au combat réside à peu de chose près dans la promotion au grade supérieur, bien qu'elle l'oblige alors à assumer davantage de responsabilités. Être promu est un genre de reconnaissance du mérite de celui qui en est l'objet et atteste de ses longs états de service. La solde en est accrue. Ainsi, le soldat promu anspessade touche 36 livres de plus par année, et celui qui atteint le rang de sergent gagne 162 livres de plus que lorsqu'il était sans grade. Ces montants sont bruts et, certes, les déductions augmentent à mesure que l'on « prend du galon », mais au total cela représente quand même un gain net.

Au rang de sergent, il est difficile cependant de s'absenter pour aller travailler, car les détails du service militaire tiennent continuellement occupé. Comme « la plupart sont mariés » et pères de famille nombreuse, ils ont recours pour subsister au même stratagème que leurs pairs dans l'armée métropolitaine : leurs femmes tiennent cabaret pour « vendre du vin et autres boissons »[84] aux soldats.

Un nouveau système monétaire

Il y avait des livres, des sols et des deniers... Le principe était le même dans l'ancienne et la nouvelle France : 12 deniers faisaient un sol ; 20 sols faisaient une livre. Mais il existait aussi d'autres pièces : l'écu d'argent, dont le petit valait trois livres six sols, et le grand six livres 12 sols ; le louis d'or, dont la valeur fluctua entre 11 et 20 livres jusqu'en 1726, puis fut réglée à 24 livres. Cette dernière pièce était rarement vue en dehors de la France.

Aux colonies, comme on manquait continuellement d'espèces sonnantes, on se servait couramment de pièces d'argent espagnoles. C'est de là que vient, dans le langage populaire québécois, le vieux surnom de « piastre » donné à notre dollar.

La monnaie de papier

Peu après l'arrivée de troupes de la Marine au Canada, l'inévitable se produisit : le navire transportant la paye des troupes n'arriva pas à Québec. Nous sommes en 1685 et quelque 500 soldats au Canada attendent leur solde. L'intendant Demeulles imagine alors une monnaie de papier dont la valeur est basée sur la somme due. Divers montants furent inscrits à la main sur des cartes à jouer, qu'il signa. Cet incident peut sembler anodin, mais, selon l'économiste John Kenneth Galbraith, nous venons d'assister à l'invention du papier-monnaie tel que nous le connaissons aujourd'hui : un morceau de papier rectangulaire sur lequel sont inscrites sa valeur ainsi que la garantie officielle. À Versailles, on fut horrifié par cette mesure, mais quatre ans plus tard, même scénario, même solution... La monnaie de papier, ou monnaie de cartes, devint courante au Canada et à travers le monde.

Le logement chez l'habitant

Si les gens du pays peuvent se sentir dérangés par les réveils tambour battant, que penser du fait qu'ils doivent aussi loger les soldats chez eux ! Pourtant, cette obligation est vue d'un autre œil qu'en France, où le logement des militaires est considéré tout simplement comme un « fléau ». Au Canada, nombreux sont ceux qui les acceptent sans réticence, car la plupart des bénéficiaires de cette hospitalité imposée savent se rendre utiles dans ce pays où il est difficile « d'avoir du monde pour se faire servir »[85]. C'est l'arrivée des troupes de la Marine, durant les années 1680, qui nécessite le recours à ce système. Vers 1685, on spécifie que l'habitant doit fournir au soldat un lit, une paillasse, le couvert, la marmite et une place devant le feu du foyer.

Le logement est rudimentaire et la plupart des soldats dorment sur la paille, mais, si l'on en croit un rapport de 1695, même les « principaux habitants de Montréal ont seulement leurs lits, et très peu se servent de draps »[86]. Non seulement le soldat couche à la maison, mais il y mange, apportant toutefois sa ration comme contribution au repas. La présence d'un jeune homme en uniforme au foyer peut finalement créer des liens de cœur avec l'une des filles de l'habitant, ce qui ne semble pas mal vu de ce dernier. Cette situation favorisa l'établissement de nombreux militaires dans la colonie.

Cependant, tous ne sont pas enthousiastes face à l'obligation de loger des gens de guerre et certains en sont exemptés en retour de services publics. Tel est en 1714 le cas de la famille Biron, à Montréal, qui en est déchargée à condition de donner des soins aux malades, tandis que Louis Trudeau, en 1739, en retour des services qu'il rend dans la lutte contre les incendies, reçoit la même dispense. Les religieux, les officiers de milice, les gentils-hommes, les notaires, les juges et autres fonctionnaires royaux n'ont pas à loger de soldats.

Le casernement

Le logement chez l'habitant est possible dans les villes relativement populeuses, mais là où la population est clairsemée, les casernes deviennent une nécessité. Les premières furent érigées à Louisbourg au début des années 1720. Elles occupèrent un très grand bâtiment

Soldat des Compagnies franches de la Marine en Nouvelle-France, entre 1750 et 1755. Reconstitution d'Eugène Lelièpvre.
Service canadien des parcs.

qui fut construit au bastion du roi. Des aires de logement furent aussi prévues hors des fortifications, dans les grandes batteries, pour ceux qui y montaient la garde. La compagnie détachée à l'île Saint-Jean eut droit à une petite caserne et les troupes de l'île Royale ne connurent à peu près pas le logement chez l'habitant.

À Montréal, l'intendant Michel Bégon propose en 1714 qu'un corps de casernes soit édifié pour soulager la population, vu l'importance des effectifs de la garnison. Mais les bourgeois de la ville refusèrent sous prétexte que la contribution aux frais de chauffage et d'équipement exigée d'eux représenterait une plus grande charge que de loger les soldats. Le projet fut donc abandonné et c'est pourquoi aucune caserne ne fut construite dans cette ville sous le Régime français.

Si les Montréalais s'accommodent du logement des soldats, les Québécois s'en fatiguent et, en 1720, ce sont les bourgeois de la ville eux-mêmes qui offrent de payer l'équipement d'une caserne afin d'être libérés de cette obligation. Les gouverneurs inclinent du côté du casernement, qui favorise une meilleure discipline. Divers projets sont débattus, mais ce n'est qu'en 1748 que les soldats entrent enfin à la caserne Royale. L'année suivante, c'est au tour de la caserne Dauphine d'accueillir les recrues, et on entreprend du côté est de la ville la construction des « nouvelles casernes », qui seront complétées en 1752. C'est alors le bâtiment le plus long en Amérique du Nord (180 mètres). À compter de 1750, les corps de garde des portes Saint-Louis et Saint-Jean reçoivent la Compagnie des canonniers-bombardiers. Quant à la ville de Trois-Rivières, la garnison y est si modeste au XVIIIe siècle qu'une seule maison suffit à loger les soldats.

L'aménagement de la chambre

En principe, chaque chambre doit comporter un foyer pour le chauffage et la cuisson des aliments, une table et deux bancs, et autant de lits que la grandeur de la pièce permet d'en contenir. Ces meubles ne sont pas peints. On peut aussi y trouver une planche à pain, un râtelier pour les fusils, et des chevilles sont enfoncées dans les murs de la pièce pour soutenir l'équipement et les effets des soldats. La chambre doit avoir une fenêtre vitrée, munie de volets de bois. Les planchers, en bois également, sont laissés sans tapis, et les murs sont blanchis.

L'espace réservé à chaque homme est très limité, car on met le plus de lits possible dans une chambre, et le plus de soldats possible par lit : il sont en effet trois à partager la même couche! Cet aménagement part du principe, alors universellement reconnu, que deux soldats dorment tandis que le troisième monte la garde, comme l'explique l'ingénieur Chaussegros de Léry dans son traité des fortifications. Mais, comme toujours, les principes ne correspondent pas nécessairement à la réalité, et le troisième homme est souvent présent en même temps que les deux autres pour dormir. Selon un document de l'époque, «le soldat qui se trouve au milieu est exactement à la torture. Ces hommes pendant l'été sont accablés de chaleur, ne se reposent point, la sueur qui se communique et le mauvais air qui en résulte causent beaucoup de maladies»[87]. Les artilleurs, soldats d'élite, sont plus favorisés que les fantassins et n'ont «qu'un camarade de lit, car l'on couchait deux à deux»[88] chez les canonniers-bombardiers, rapporte l'un d'eux.

Le lit réglementaire est en chêne. Il doit mesurer 1,30 m de large sur 1,86 m et avoir de 32 à 40 cm de haut. On y met, dans l'ordre, un matelas et un chevet (traversin) bourrés de laine et une paillasse dont la paille doit être changée au moins deux fois par année. Ces trois éléments sont en grosse toile bise. S'y ajoutent une paire de draps en toile semi-blanchie et une couverture de laine blanche, brodée au centre d'une fleur de lys, assez grande pour couvrir tout le lit puisqu'elle mesure 2,70 m de long sur 2,27 m de large. Malgré les règlements, il arrive que les lits soient trop courts, que l'on ne lave pas assez fréquemment les draps et que l'on ne change pas les paillasses comme prescrit, d'où il résulte qu'une poussière de paille se dépose partout sur les effets des soldats. À Louisbourg, où on ne change les paillasses qu'une fois l'an, la chambre devient infestée de vermine en été, et la plupart des soldats préfèrent aller dormir sur les remparts, à la belle étoile.

Les autorités peuvent innover au besoin. Ainsi, à Louisbourg, pour répondre au problème d'espace dans les casernes, on décide de fabriquer des lits superposés, moins larges, mais pouvant accommoder quatre soldats, de sorte qu'on augmente la capacité de la chambre, mais certainement au prix d'un encombrement considérable. Ailleurs, cependant, on semble s'en tenir aux règles habituelles.

Tel est donc le logis du soldat en caserne : aucune intimité et bien peu d'espace. Seuls les sergents, qui logent avec eux, mais à part, ont un lit simple et jouissent du privilège d'une cloison de bois. Pour chauffer, vu la rigueur de l'hiver au Canada, on opte à Québec pour un poêle en fonte avec tuyau au lieu de la cheminée traditionnelle. À Louisbourg, où l'humidité est redoutable, on mentionne l'ajout de plaques de cheminée pour réfléchir la chaleur de l'âtre, mais les soldats doivent quand même dormir avec leur uniforme en hiver. Il est peu probable que l'on «décore» la chambre, mais on insiste sur l'ordre et la propreté. Il faut ajouter encore à ce chapitre qui touche à la vie domestique, que l'influence féminine ne se fait pas sentir dans les casernes françaises, puisque les femmes n'y sont pas tolérées contrairement à l'usage britannique.

Tout ceci peut sembler bien spartiate aujourd'hui. Ces conditions de logement, meilleures à Québec, plus difficiles à Louisbourg, ne correspondent plus aux critères de confort moderne. Elles étaient cependant au moins aussi bonnes que celles des garnisons en France à la même époque. Par comparaison avec les masures surpeuplées de tous les pays d'Europe que montrent les gravures et tableaux de leurs contemporains, on peut dire qu'en définitive les soldats, en Nouvelle-France, avaient des conditions de vie convenables pour leur temps.

Dans les forts et les postes

Le logement est de toute évidence plus rudimentaire dans les fortins éloignés. Il est question, en 1695, de forts ayant des « cabanes de pieux recouvertes d'écorce ou de planches »[89] pour loger les soldats. Le problème y est moins crucial cependant que dans les villes, du fait que ces postes n'ont que de petites garnisons. Ils comprennent habituellement un logement pour le commandant et les officiers, un autre pour les soldats et les voyageurs, un corps de garde et un magasin, tout ceci pouvant varier grandement d'une place à l'autre. À Michillimakinac, par exemple, on trouve une première maison pour le commandant, une deuxième pour les officiers subalternes, une troisième pour les sergents, mais pas de logement distinct pour les soldats. Certains de

Scène de vie quotidienne au fort Beauséjour, vers 1753. À l'avant-plan, des hommes s'affairent à l'approvisionnement. Au centre, un officier discute avec un missionnaire qui accompagne des Amérindiens abénaquis. À gauche, un détachement de soldats français escorte un déserteur anglais. Reconstitution de Lewis Parker.

Service canadien des parcs.

132

ceux-ci logeaient probablement dans le corps de garde qui faisait aussi partie de cet important poste de traite des fourrures, et d'autres chez les habitants. Dans l'Ouest, le fort La Reine (aujourd'hui Portage-la-Prairie, Manitoba) avait aussi son corps de garde et son logis pour le commandant. À l'opposé, le petit fort Puskoya (aujourd'hui Le Pas, Manitoba) n'était guère plus qu'une palissade entourant une maison de bois pièce sur pièce divisée en trois : une partie servait à entreposer les objets de traite, une autre à stocker les fourrures, et la dernière à loger tout le monde, y compris le commandant.

La situation s'améliora au fil des ans. Les forts de plus grande importance, surtout ceux construits au XVIIIe siècle, tels les forts Saint-Frédéric, Niagara et Chambly, furent pourvus de logements pour les troupes et d'équipement de caserne.

La nourriture

La nourriture de base des soldats n'a rien de gastronomique. C'est une alimentation lourde, fort monotone, dont la qualité est quelquefois discutable, mais qui reste dans l'ensemble convenable. Comme elle leur est fournie selon une déduction fixe sur leur solde, quel que soit son coût réel, ils se trouvent protégés de l'inflation des prix dans ce domaine.

À partir de la fin du XVIIe siècle, la ration quotidienne de base, en Nouvelle-France, est la suivante : une livre et demie (735 g) de pain, un quart de livre (122 g) de lard salé ou une demi-livre de bœuf salé (244 g), un quart de livre (122 g) de pois secs. La viande est remplacée par du poisson les jours maigres prescrits par l'Église.

Ce régime comporte quelques variations selon les colonies et change quelque peu au fil des ans. Ainsi, à l'île Royale, on ajoute à la ration de base 16 g de beurre par jour et de la mélasse pour que les soldats puissent se faire de la bière. Au Canada, on retranche les pois vers les années 1730, mais on les réintroduit vers 1750 en raison du casernement d'une partie des troupes, et on ajoute alors à la ration quotidienne 16 g de beurre. Fait à

noter, le pain est fabriqué avec du blé canadien. Les soldats le réclament, car il est plus savoureux. On exporte même de la farine pour le pain des troupes de l'île Royale et de la Martinique au cours des années 1730.

En campagne, la ration habituelle de lard salé et de pois demeure la même, mais les militaires reçoivent 612 g de biscuits au lieu de pain, et, au Canada, on leur ajoute « un peu d'eau-de-vie et de tabac »[90]. Vers 1750, toutefois, on considère que cette nourriture n'est pas suffisante, vu l'effort à fournir, et on porte la ration de pain à 972 g. Celle de viande passe à 244 g pour le lard salé ou à 489 g pour le bœuf salé, et on conserve la même quantité de pois. L'eau-de-vie et le tabac sont maintenus.

Valeur nutritive

La valeur nutritive de cette alimentation est un sujet complexe à aborder puisque le régime du soldat peut comporter de nombreuses variations. Si l'on prend pour exemple la ration de base au Canada, elle apporte, entre les années 1680 et 1720, 3 100 calories, si on a du lard, et 2 800 si on a du bœuf. Entre 1730 et 1740, il faut déduire 400 calories, car on ne donne plus de pois. Après 1750, les pois étant de nouveau au menu, ainsi que le beurre, la ration augmente d'une centaine de calories.

Selon l'Organisation mondiale de la santé, un homme de 1,60 m à 1,65 m, pesant de 55 à 66 kg, requiert un nombre minimal de calories par jour : 2 400 à 2 700 pour un effort léger (monter la garde); 2 700 à 3 000 pour un effort soutenu (faire de l'exercice); 3 300 à 3 700 pour un travail de force (construction, expédition).

Il suffit d'un coup d'œil à la ration de base du soldat pour y déceler des déficiences dès qu'on exige de lui un effort soutenu. Mais elles n'existent qu'en théorie. En effet, l'usage veut que le militaire logeant chez l'habitant donne sa ration à la maîtresse de maison, qui l'accommode avec d'autres aliments pour faire le repas familial. Comme c'est là une situation très répandue, le régime des troupes, en général, s'en trouve amélioré. D'autre part, nombreux sont les militaires qui entretiennent un petit potager, ou qui vont à la chasse et à la pêche, comme le note en 1749 Pehr Kalm, de passage au fort Saint-Frédéric. Ce qui l'étonne, car les rations sont bien suffisantes à ses yeux. Mais il constate que les hommes de la garnison sont en bonne santé, gras, souriants et prompts à s'amuser. On est loin d'une image de malnutrition !

Et le soldat n'a pas encore bu ! Car il peut se procurer bière et vin, à ses frais, à la cantine de la caserne. Quelques plats d'origine amérindienne sont en outre fréquemment au menu des tables canadiennes. On trouve souvent, par exemple, des références à la « sagamité », bouillie à base de maïs à laquelle on ajoute du poisson ou de la viande et des légumes. Il y a aussi le « gagaitetaakwa », pain de maïs très consistant qui rappelle le biscuit et qu'on peut emporter en expédition sans risque qu'il se gâte. Et que dire du pemmican, viande séchée et battue à laquelle on ajoute du gras et qui peut se conserver quatre ou cinq ans. Il semble donc évident qu'on ne peut se fier aux seuls calculs caloriques de la ration pour juger de la valeur nutritive de l'alimentation du soldat du Canada, car il profite des ressources du pays pour garnir et varier son menu.

Les soldats de l'île Royale n'ont pas autant de chance. Les possibilités d'améliorer leur ordinaire étant plus limitées, ils dépendent davantage de leur ration. Celle-ci est, par conséquent, un peu plus généreuse qu'au Canada. On y fabrique de la bière, riche en calories, qui a sans doute un effet bénéfique, et la viande est fréquemment remplacée par de la morue. Mais les vivres, qui sont presque tous importés, sont souvent avariés et de mauvaise qualité. C'est là une des causes du mécontentement qui mena à la mutinerie de 1744.

La ration officielle des expéditions comporte davantage de calories, mais là encore leur calcul devient théorique car, dans la pratique, les provisions peuvent comporter du maïs séché et d'autres aliments amérindiens, du riz, ainsi que les produits de la chasse et de la pêche quand ces activités sont possibles en cours de route.

À la marmite

Il est d'usage dans la Marine royale, quand le soldat n'est pas chez l'habitant, de prendre les repas par groupes de sept hommes. Chacun de ces groupes – qu'on désigne par le mot « plat » – dispose d'une marmite en fer munie d'une anse, ainsi que d'une louche pour remuer et servir. La façon habituelle de procéder est de faire cuire dans l'âtre ou sur le poêle de la chambre un bouilli, composé, pour le repas du midi, de lard salé et de tout ce qui peut être ajouté à l'ordinaire de la marmite. Pour celui du soir, on remplace simplement le lard du midi par les pois secs. Après le souper, on récure soigneusement la marmite qui ne sert pas au déjeuner, car on ne mange alors que du pain.

En principe, le soldat n'a pas de gamelle individuelle. Il fait comme les marins et les paysans pauvres en France : il se sert dans la marmite commune, son pain lui tenant lieu d'assiette. Il possède cependant un canif ou un couteau, une cuillère et un gobelet. Cette image assez rudimentaire semble évoluer au cours du XVIIIe siècle, car les fouilles archéologiques effectuées dans plusieurs forts français en Amérique du Nord ont permis de découvrir de nombreux couverts et assiettes. Il semble dans la normale des choses que le soldat, à mesure que les manières s'affinent dans la société, en vienne à s'équiper d'une assiette peu dispendieuse pour manger plus à son aise.

Crimes et châtiments

Les historiens de la Nouvelle-France sont unanimes sur ce point : non seulement la criminalité y est très basse, mais la moitié environ des causes qui nécessitent l'intervention de la justice impliquent des militaires. On trouve, parmi les actes dont ils se rendent coupables, des crimes très graves commis contre la personne, comme le viol, les voies de fait, le duel, et d'autres s'attaquant à la propriété, tels le vol, la fraude, la fabrication de fausse monnaie. On leur impute encore des pratiques que notre époque tolère, mais qui étaient souvent punissables de mort en ce temps-là, comme l'homosexualité et la sorcellerie. Enfin, ils commettent un crime spécifiquement militaire : la désertion, qui signifie parfois la trahison.

La justice criminelle de l'époque, contrairement à celle d'aujourd'hui, considère que le fait de montrer en public un châtiment exemplaire passe avant l'équité devant la loi. C'est pourquoi les lois pénales alors en vigueur sont d'une extrême rigueur : elles s'efforcent de compenser l'horreur du crime par l'horreur de la punition.

La première instance de la justice militaire c'est le Conseil de guerre, tribunal interne institué en 1665, qui se compose de plusieurs officiers du corps de l'accusé. Pour un crime grave, tel le meurtre d'un civil, il n'y a pas de tribunaux militaires spéciaux, comme c'est parfois le cas en France. Le coupable doit comparaître devant un tribunal présidé par le « lieutenant général civil et criminel », qui agit à titre de juge, assisté du « lieutenant particulier ». Un procureur porte les accusations et instruit la cause, mais le prévenu doit se défendre lui-même, n'ayant pas droit à un avocat. Si l'interrogatoire ne donne pas satisfaction, on soumet l'accusé à la torture judiciaire, qui est parfaitement légale.

La « Question »

En Nouvelle-France, de 1668 à 1758, une trentaine d'individus, dont quelques soldats, furent soumis à la « Question ordinaire et extraordinaire », comme on appelle le recours à la torture pour obtenir des aveux. Elle consiste généralement à appliquer les brodequins à l'accusé, « déshabillé et sur le siège de la Question »[91]. Il arrive que la séance résulte en un acquittement. Ce fut le cas du tambour François Judicth, dit Rencontre, accusé en 1697 de bestialité. Mais, le plus souvent, elle aboutit à la condamnation à mort. Ainsi, le soldat Pierre Viau, dit La Rose, soumis à la Question et ayant avoué son crime, fut exécuté en 1702 pour meurtre. Il fut condamné à être pendu et à avoir la tête tranchée et exposée au bout d'un pieu. Ce qui fut fait. Cependant, le condamné peut faire appel au Conseil supérieur qui est le tribunal suprême de la colonie. Les deux tiers des requêtes présentées à cette instance furent commuées en peines « plus douces » : les condamnés à mort furent simplement fustigés en public et envoyés aux galères pour neuf ans !

L'application de cette sentence est l'occasion d'un cérémonial lugubre qui se déroule en public. Escorté par deux archers de la maréchaussée, le condamné est amené « nud », c'est-à-dire en chemise, aux principaux carrefours de la ville, où il est fouetté pendant qu'il demande pardon à Dieu et au roi. Il porte généralement au cou une affiche indiquant l'offense qu'il a commise et il arrive qu'on le marque au fer rouge d'une fleur de lys. Après quoi on l'incarcère de nouveau en attendant le bateau qui le

SOLDAT PASSE PAR LES BAGUETTES.

*Un des Chatiments du Soldat dans un Camp C'est de le depoüiller nud
jusqu'a la Ceinture Sa chemise pendante sur ses Chausses Et le faire
passer Entre deux Rengées de Soldats la Baguette a la main qui luy
En dechargent Sur les Epaules par plusieurs reprises.*

ramènera en France, où il prendra le chemin
des galères de Marseille. Un détachement de
soldats est invariablement présent lors de
l'exécution de la première partie de la
sentence, afin de former un périmètre entre la
foule et l'accusé. Si les soldats montrent un
peu trop de sympathie envers le militaire
condamné, tous les anspessades, caporaux et
sergents du détachement courent le risque
d'être « cassés de leurs grades »[92].

Pour les délits mineurs ayant trait surtout à
l'indiscipline, à l'ivrognerie et aux mœurs, des
châtiments militaires sont prévus. Les
accusations, habituellement portées par un
sous-officier, sont entérinées ou non par les

officiers après une enquête sommaire. Les cas
graves sont transférés au Conseil de guerre.

Un registre tenu à Louisbourg et daté d'avril
1752 nous apprend que dans cette forteresse
l'indiscipline est habituellement punie de
8 jours de cachot. Mais le principal délit
semble être l'ivrognerie. Ainsi, le soldat Saint-
Vile est condamné « pour avoir étant gris [ivre]
tombé [uriné] de l'eau devant des dames. Resté
[au cachot] 8 jours. » ; « Lacroix... pour s'être
grisé [enivré] et manqué à l'exercice. Resté
8 jours. » ; « Orléac... pour avoir quitté sa
cuisine pour aller s'yvrer. Resté 15 jours. »
Pour « s'être battu dans la chambre », on passe
habituellement 8 jours au cachot, mais on s'en

voit imposer 15 pour avoir manqué de respect à un supérieur.

Parmi les délits mineurs, le plus grave est de voler un camarade. Celui qui le commet se couvre de déshonneur. Quelques-uns sont même « passés par les baguettes » et emprisonnés un mois pour s'en être rendus coupables. « Les baguettes » représente le châtiment le plus sévère chez les fantassins français, et le seul qui soit de nature corporelle. Il consiste à faire passer le coupable entre deux rangées de soldats qui le frappent au dos avec la baguette de leurs fusils. Ce traitement est considéré comme infamant et la réhabilitation du coupable peut exiger qu'il renouvelle sa foi au drapeau devant ses camarades assemblés sous les armes.

Quand on regarde les peines, somme toute légères, imposées aux militaires français pour des délits de cet ordre, on ne peut que plaindre leurs adversaires britanniques qui, eux, croulent sous des dizaines, voire des centaines de coups du terrible fouet à neuf lanières (le chat à neuf queues), pour les mêmes offenses. Ces corrections disciplinaires plus modérées obtiennent pourtant les mêmes résultats, moins les horribles cicatrices laissées au dos des infortunés militaires britanniques.

La désertion

Déserter ses drapeaux équivaut à un refus de combattre les ennemis du roi. C'est le déshonneur ultime. Pis, comme on ne peut se réfugier dans son pays, on est bien obligé de se rendre chez l'ennemi et, comme il faut bien se faire accepter, lui fournir des informations. Souvent, en temps de guerre, le déserteur est ensuite enrôlé dans les forces ennemies et doit se battre contre les siens. Cela devient une trahison... Pour toutes ces raisons, la désertion est un crime, le plus grave que puisse commettre le soldat.

En Nouvelle-France, ce n'est manifestement pas un grand problème, malgré les propos alarmistes lancés de temps en temps par les officiers et les gouverneurs. On estime qu'un dixième des troupes françaises en Europe déserte en moyenne chaque année. Or, les déserteurs sont beaucoup moins nombreux en Nouvelle-France que dans la métropole. Au Canada, où l'on devrait s'attendre, sur la base de cette donnée, à quelque 80 déserteurs par année pour la première moitié du XVIIIe siècle, on en compte généralement moins d'une demi-douzaine. Cela donne environ 1 % des effectifs des troupes canadiennes. L'île Royale, avec une moyenne de quatre déserteurs par année entre 1721 et 1742, arrive légèrement en dessous de ce pourcentage.

Le soldat français serait-il donc plus patriote outre-mer qu'en France ? La chose est possible, mais il est permis d'en douter. Une explication plus plausible serait que la géographie nord-américaine ne favorise guère les projets de désertion, avec ses centaines de kilomètres de forêts ou de bras de mer à traverser avant de trouver refuge quelque part. En plus d'avoir la maréchaussée à ses trousses avec un détachement de soldats ou de miliciens, le déserteur doit traverser les territoires des Amérindiens alliés aux Français, qui souvent se tiennent à l'affût. Ce qui n'a rien de rassurant... Et si, par chance, il parvient à se rendre jusqu'à la Nouvelle-Angleterre, il risque d'y recevoir un accueil assez mitigé de la part de cette société puritaine et protestante où l'on ne parle que l'anglais ou le hollandais. Les perspectives sont donc assez sombres. De fait, plusieurs sont repris : plus de la moitié de ceux qui s'enfuient de l'île Royale.

La désertion est punie d'abord par la peine de mort, entre 1635 et 1684, puis par les galères. Dans ce dernier cas, le coupable sera enchaîné, aura la tête rasée et, en principe, bien que la sentence ait rarement été appliquée dans les faits, le nez et les oreilles tranchés, les joues marquées au fer rouge de deux fleurs de lys. En 1702, le roi rétablit la peine capitale pour les soldats qui sont pris à passer dans les colonies anglaises. Quelques années plus tard, on fait une distinction entre ces derniers qui, étant des traîtres, encourent la peine maximale, et ceux qui se sont simplement sauvés «dans la profondeur des bois»[93], qu'on condamne aux galères. Nouveau changement de politique en 1717, alors qu'on rétablit la peine de mort pour toute désertion, mais en introduisant un odieux tirage au sort parmi les coupables : on met dans un chapeau quatre billets et celui qui tire le noir est exécuté, tandis que les autres iront aux galères. Heureusement, cette loterie est peu pratiquée, sinon pour servir d'exemple de temps à autre.

Le condamné est habituellement passé par les armes, c'est-à-dire fusillé. Comme ceux qui trouvent refuge chez l'ennemi sont rarement rattrapés, leur crime est jugé par contumace et leur condamnation est «lue à la tête des troupes qui seront assemblées à cet effet, et affichée»[94].

Dans la pratique, on constate qu'une certaine clémence a cours selon le type de désertion. En 1742, par exemple, le soldat Saint-Louis déserte sa garnison de Montréal, avec une jeune femme noire. Jugeant qu'il a manifestement affaire à une fugue de jeunesse, le Conseil de guerre le condamne seulement à continuer son service dans les troupes de la colonie. On évoque aussi le cas de soldats qui se sauvent sous l'effet de la boisson, mais qui, dégrisés, constatent leur erreur et reviennent. Enfin, il arrive occasionnellement que le roi ordonne une amnistie pour tous les déserteurs. Ceux-ci peuvent alors sortir de leur cachette et réintégrer les troupes, tout en jouissant d'un plein pardon. Cette mesure vise surtout ceux qui ne quittent pas la colonie, mais sont cachés par les habitants qui les prennent en pitié, au grand désespoir du commandant de la maréchaussée. En 1738, ce fut le cas de deux soldats sur les huit qui manquaient à l'appel.

La mutinerie

Les mutineries étaient rares en Nouvelle-France. Celle de la garnison de Louisbourg, en 1744, fut de loin la plus importante. À la suite du retour en France de la garnison de l'île Royale, en 1745, huit de ses auteurs furent exécutés, inscrivant la répression de cette mutinerie comme la plus sérieuse dans l'histoire des colonies sous l'Ancien Régime.

Au Canada même, malgré des rumeurs occasionnelles, le seul véritable soulèvement contre l'autorité militaire se déclara au fort Niagara, en juillet 1730, et visa le commandant Rigaudville, dont la sévérité était jugée excessive. La nouvelle de la mutinerie parvint à Montréal d'où on envoya un détachement de vingt soldats d'élite sous le commandement du capitaine La Gauchetière. L'ordre fut rétabli sans peine, les deux meneurs furent arrêtés et emmenés à Montréal où ils furent condamnés à être pendus (alors qu'ils auraient dû être fusillés). Mais ils parvinrent à s'évader et disparurent, sans doute dans les colonies britanniques. Quant à Rigaudville, on le considérait comme un bon commandant et il garda son poste dans ce fort plusieurs années encore.

Les divertissements des soldats

Que fait donc le soldat en dehors des heures de service et de travail? On pense spontanément aux jeux de hasard, et surtout à la boisson. Et on n'a pas tort, mais ce n'est pas tout.

Il est certain qu'une bonne partie du temps libre se passe à prendre quelques verres avec les camarades, à jouer aux cartes et à faire rouler les dés. Dans les villes, les cabarets sont ouverts tous les jours, sauf le dimanche durant l'heure de la messe, et ils sont fort nombreux, plus de 80 dans la seule ville de Québec, vers 1750, une vingtaine à Louisbourg, quelques années auparavant. Ils portent des noms comme *La Reine Blanche*, *Au Lion d'Or*, *L'Épée Royale*.

Intérieur d'un cabaret, vers 1750. On y distingue de nombreux soldats prenant un pot de vin avec leurs amies et leurs camarades. Gravure de l'époque.
Service canadien des parcs.

La boisson de prédilection au Canada, sous le Régime français, c'est le vin. Il s'en consomme de grandes quantités, beaucoup plus que maintenant, toutes proportions gardées. En 1739, par exemple, on importa assez de vin pour que chaque adulte, dans toute la colonie, puisse en consommer 32 litres. C'est plus que le double de la consommation actuelle au Québec, qui se situe à 14 litres par année. C'est surtout dans les villes, où se trouve seulement le cinquième de la population, qu'on en boit, ce qui augmente considérablement la quantité qu'absorbent les citadins. Comme par hasard, c'est aussi dans les villes que l'on trouve une bonne partie des troupes. On consomme aussi de l'eau-de-vie (calvados, cognac ou rhum), du cidre et de la bière – bière de houblon ou bière d'épinette, cette dernière étant fort populaire dans les campagnes et dans les postes.

Au sein de la paix, goûter le plaisir
Chés soi s'amuser dans un doux loisir:
Où bien chés Magny s'aller divertir
C'étoit la vieille méthode.

JEAN RAMPONAUX

L'on voit aujourd'hui courir nos Badaux;
Sans los achever quitter leur travaux;
Pourquoy c'est qu'ils vont chés Mons: Ramponaux
Voila la Taverne à la mode.

Danser et chanter...

Mais il n'y a pas que la boisson pour divertir les soldats. Le canonnier-bombardier Bonin parle d'un de ses camarades qui a le « défaut du jeu et de la boisson » et qui est « méchant, querelleur, mettant souvent l'épée à la main » quand il a bu. Sobre, c'est un homme « doux et aimable, surtout envers les femmes » et qui a la passion de la danse. Il en donne le goût à Bonin, lui apprend à danser, l'amène « dans les bals », tant et si bien qu'en trois mois ce dernier devient « son second dans cet art »[95].

On peut déduire de ce témoignage que l'excès dans le jeu et dans la bouteille est considéré comme un « défaut », mais que la danse est un passe-temps anodin très populaire, comme aujourd'hui. Plusieurs cabarets non seulement offrent à boire, mais ont aussi des musiciens pour qu'on puisse faire un « bal ». C'est l'occasion par excellence de rencontrer des jeunes filles pour ces soldats qui sont pour la plupart, on ne saurait l'oublier, de jeunes hommes célibataires. On danse même avec tellement d'entrain au cabaret de Marguerite Brusseau, dite « la Vadeboncœur », que les planchers de cet établissement de la rue Saint-François, à Québec, en tremblent...

Les soldats aiment chanter et ils ont un répertoire impressionnant de chansons « à boire » qui célèbrent indifféremment la paix, la guerre, l'amour, et même les généraux ennemis. Qu'on pense à « Malbrough s'en va-t-en guerre », « Joli Tambour », « Auprès de ma blonde », « Cadet Rousselle », « Chevaliers de la Table ronde », qui sont encore très populaires dans la francophonie canadienne. Il y en a bien d'autres, maintenant oubliées, comme « Buvons, chers camarades... je m'en vas-t-à-la guerre, servir le roi »[96].

Courir les jupons...

La galanterie des militaires est légendaire, et bien des jeunes femmes n'y sont pas insensibles. Les soldats sont, après tout, des hommes jeunes et en santé, à l'œil vif. Le canonnier-bombardier Bonin dit encore que son séduisant camarade parisien s'amusait à briser le cœur des femmes, « qu'il s'étudiait à tromper »[97].

Le désordre que crée une jeunesse quelquefois bruyante, enivrée par le vin, la musique et les flirts, n'a rien de surprenant. Mais quand la tranquillité publique en est affectée, la morale du temps condamne le tout sous le nom de « libertinage ». Un gouverneur général particulièrement de mauvaise humeur note que certains de ses soldats « mènent une vie dévergondée avec toutes les libertines qui les mettent hors de service. On en trouve ordinairement les nuits, yvres et courant les rues »[98]. En effet, *La Diane*, à l'aube, devait trouver ses soldats assez peu en état de faire leur service! Il recommande donc de construire des casernes pour calmer les mœurs – illusoire solution à l'exubérance de la jeunesse militaire, comme on le constate encore de nos jours!

On ne peut éviter d'évoquer les divertissements érotiques payés. On sait qu'en Europe les prostituées, ces « filles de mauvaise vie », suivent les armées, mais, curieusement, on ne trouve pas en Nouvelle-France d'exemples précis de ces bordels ambulants. Il faut dire que les expéditions de raids se déroulent dans des conditions extrêmement rudes, qui interdisent par le fait même la présence de ces femmes. Par ailleurs, dans les villes où les troupes sont souvent postées de façon sédentaire, il existe des maisons closes dont la clientèle est majoritairement constituée de soldats et de marins. On trouve, par exemple, une « maison de femmes et de filles pour y commettre le crime d'impudicité »[99] à Montréal, dès 1667, époque où une partie du régiment de Carignan se trouve dans la ville. En 1686, le capitaine Crisafy tente, sans succès, d'empêcher ses hommes de fréquenter la maison « de méchant commerce » de Marie Brunet, dite

Belhumeur, à Montréal. Certaines prostituées opèrent sans avoir de lieu précis, telle cette joyeuse fille qui passe une nuit d'été de 1696 couchée près des remparts de Québec avec trois soldats, ou cette Montréalaise trouvée en compagnie de deux soldats « couchés tous ensemble »[100] dans une maison désaffectée, en 1754.

L'île Royale présente un problème particulier du fait que les soldats n'y ont pour ainsi dire à peu près aucun divertissement, à part la boisson. On peut jouer, certes, mais on se lasse des cartes et des quilles. Les femmes sont rares et les tarifs des prostituées sont élevés ; les soldats ont peu d'argent et sont souvent endettés. Isolés dans ce lieu au climat rude et brumeux, beaucoup d'entre eux, découragés de leur sort, ne trouvent refuge que dans l'alcool. Les cabarets de la ville sont par conséquent très fréquentés, mais en plus, tous les jours, des soldats se sauvent des chantiers pour aller simplement s'enivrer dans les bois environnants.

Mariage et colonisation

Dès les débuts de la Nouvelle-France, le mariage des soldats est considéré comme un bon moyen de favoriser la colonisation et les militaires sont encouragés à devenir « habitants ». L'exemple le plus connu de cette forme de peuplement est le mariage des soldats du régiment de Carignan aux « Filles du Roi », les uns ayant été licenciés et les autres envoyées de France spécialement dans cette intention. Mais ces militaires ne font qu'en précéder d'autres qui, démobilisés des troupes de la Marine, s'établiront au pays à partir des années 1680. Combien des quelque 7 800 soldats de ces troupes venus au Canada entre 1683 et 1755 y sont restés ? Compte tenu que le nombre annuel de démobilisations est

modeste et qu'il arrive même, surtout en temps de guerre, que le gouverneur général n'accorde pas de permissions de se marier afin de ne pas affaiblir la garnison, il est possible d'avancer, en toute hypothèse, qu'entre 2 000 et 3 000 de ces soldats sont devenus colons au Canada.

Cependant, les soldats qui se marient et veulent s'établir comme fermiers dans la colonie reçoivent de l'aide de la part des autorités, car on a besoin « de bons laboureurs »[101]. Ils peuvent obtenir des terres sur les seigneuries, lesquelles, souvent, ont été accordées à des officiers, ou s'installer à proximité. On pense au gouverneur général Vaudreuil qui permet à 30 soldats de s'établir aux environs de sa seigneurie, en 1723. La plupart choisissent comme lieu d'enracinement les rives du Saint-Laurent, en particulier autour de Montréal, où se trouve la principale garnison, mais d'autres s'éloigneront considérablement. Les premiers colons à obtenir des terres à Détroit, au moment de la fondation de cette ville en 1701, furent des soldats mariés.

L'octroi d'une terre, chose quasi impensable en France, constitue un atout indéniable pour favoriser l'établissement des soldats au Canada. Les difficultés du défrichement et de la mise en valeur des concessions sont compensées, du moins en partie, par l'allocation au nouveau colon de nourriture, du matériel aratoire nécessaire et d'une vache, ainsi que par le prêt de quelques hommes de troupe « pour l'aider à charpenter son logement »[102]. On accorde aux soldats de Carignan-Salières, pour commencer leur nouvelle vie, une somme de 100 livres ou de 50 livres à laquelle s'ajoute un an de ration. Aux soldats des Compagnies franches de la Marine, on ne donnera en principe qu'un an de solde et leur uniforme. Ils recevront en plus un fusil de chasse à partir de 1726.

La permission de se marier

En France, à partir de 1681, les mariages de militaires sont interdits à moins d'une permission des autorités de l'armée, permission qui n'est pas facilement accordée.

Bien que rien ne soit spécifié à propos des troupes coloniales, on préférera, si la garnison est trop faible, s'en tenir à l'usage métropolitain. En effet, il n'arrive pas assez de recrues de France pour libérer tous ceux qui veulent se marier. Aussi, même si une ordonnance royale de mai 1698 permet aux soldats qui veulent s'établir d'être démobilisés à la première demande, « on peut assurer avec vérité », dit un mémoire de l'époque, « que cette ordonnance n'a jamais été régulièrement observée par les gouverneurs généraux et s'ils l'avaient exécutée, ils auraient trouvé les troupes souvent bien diminuées »[103].

C'est donc « au bon plaisir » des gouverneurs que les soldats peuvent se marier jusqu'à l'année 1715, alors que l'évêque s'en mêle. Selon Mgr Duplessis de Mornay, en effet, le mariage est d'abord une affaire religieuse et il n'hésite pas à se passer de permission pour marier plusieurs officiers et « beaucoup de soldats »[104]. Réprimandé en 1718 par le gouverneur général Vaudreuil qui l'accuse d'aller à l'encontre des ordres royaux, l'évêque continue de n'en faire qu'à sa tête et célèbre le mariage d'un soldat quelques jours plus tard. En 1720, la dispute atteint un genre de sommet, car l'évêque unit, toujours sans permission, le propre neveu du gouverneur général, le lieutenant de Lantagnac, à « une fille sans bien et sans naissance, et dont on a vu la mère servir chez son père qui tenait cabaret »[105]. Au gouverneur général en furie, Mgr Duplessis rétorque que la morale publique exige le mariage des militaires, et il le met en garde du même coup contre les désordres auxquels il faut s'attendre du fait que les soldats non mariés et leurs compagnes donnent à la colonie « une infinité d'enfants illégitimes »[106]. Finalement, le roi tranche la question en décidant que la permission des autorités militaires est requise pour le mariage des soldats.

Les soldats mariés

À la lumière de cet incident, on constate qu'en dépit du règlement leur interdisant de se marier, plusieurs militaires le sont. C'est le cas notamment de la plupart des sergents. D'autres, déjà mariés, attendent d'être libérés de leur service, ce qui leur est accordé quand les recrues arrivent nombreuses de France. En 1747, un tiers des hommes de la troupe sont ou mariés ou trop vieux ou invalides, selon le gouverneur général La Galissonnière. L'évêque a sans doute raison aussi lorsqu'il affirme qu'il y a bon nombre d'unions libres parmi les soldats qui attendent la permission de s'unir officiellement à leur compagne. Il faut tenir compte également de ceux qui sont en poste dans les forts éloignés. Ce sont sans doute leurs femmes « qui sont nécessaires pour l'utilité de la garnison, telles... une boulangère, une blanchisseuse ou autres domestiques »[107]. Enfin, dans les fortins reculés, certains soldats s'unissent, semble-t-il, à des Amérindiennes selon les règles indigènes de l'union maritale, ce qu'on appelle communément « à la mode du pays ». C'est donc une nécessité de libérer les soldats pour qu'ils puissent se marier, comme le recommande La Galissonnière en 1747.

À Louisbourg, la population, au début, se compose surtout de soldats devenus habitants. Mais par la suite, la situation évolue différemment, car il est très difficile pour le simple soldat d'y trouver une compagne et de se marier. Aussi, bien qu'on les encourage à rester, la grande majorité des licenciés se prévalent de la gratuité du passage pour quitter l'île Royale et retourner en France.

La retraite

Avant le XVIIIe siècle, les soldats âgés servant en Nouvelle-France ne jouissent pas d'une véritable « assurance maladie » ou de pension à leur libération de service. Il est vrai que l'on déduit de la solde des soldats six deniers par livre pour les invalides, mais le système n'est pas vraiment organisé. On tente certainement d'accommoder les vieillards le mieux possible en les gardant dans les troupes aussi longtemps qu'on le peut, mais que faire de ceux qui sont estropiés ou trop malades pour servir ? Ces hommes sont réduits à compter sur la générosité des religieux et religieuses, ou, dans les pires cas, à vivre de mendicité.

Les Invalides de la Marine

Heureusement, Louis XIV crée les Invalides de la Marine, institution qui assure aux militaires, aux marins ou à toute autre personne servant dans la Marine un genre de « plan de pension ». À partir de 1712, on l'établit également au Canada et on intègre parmi les bénéficiaires les miliciens estropiés au service. Par la suite, chaque année, quelques soldats, la plupart âgés, recevront, à la fin de leur service, le statut et la pension d'invalide de la Marine.

LES OFFICIERS

Nobles et roturiers

Sous l'Ancien Régime, être officier peut mener à de hautes fonctions dans l'État, mais le succès dépend en partie de la naissance, du rang social, de la fortune et des influences qu'on possède à la cour. Les nobles font la lutte aux roturiers pour ces postes, prétendant que le métier des armes appartient à la noblesse. Sous Louis XIV, de tels propos doivent être tempérés, car le Roi-Soleil considère la compétence avant toute chose. Sous Louis XV, la noblesse regagne une partie du terrain perdu, mais n'obtient pas l'exclusivité des charges d'officiers. Cela viendra finalement sous Louis XVI, quand

Officier des Compagnies franches de la Marine du Canada en grande tenue, vers 1690. Reconstitution de Michel Pétard.
Ministère de la Défense nationale du Canada.

tout candidat à ces postes dans l'armée métropolitaine devra présenter sa généalogie et les documents certifiés prouvant sa noblesse.

C'est dans ce contexte qu'évoluent les officiers coloniaux de la Nouvelle-France. La « noblesse du Canada » n'est pas noblesse de sang, dans le sens exigé par l'armée. Hormis quelques familles que le roi a anoblies, rares sont celles qui peuvent respecter les exigences généalogiques requises. Tous les officiers, cependant, se réclament gentilshommes car c'est l'essence même de leur statut. Un gentilhomme est, en principe, un fils cadet issu d'une famille noble, mais cette définition supporte bien des accrocs et le roturier qui devient officier a droit à ce titre.

Il ressort de cet état de fait que les roturiers ambitieux et les gentilshommes pauvres ont avantage à chercher fortune dans les troupes coloniales, puisque la noblesse de sang préfère rester en France. Les officiers qui s'établissent aux colonies, au XVIIe siècle, espèrent avoir un jour leur seigneurie et, qui sait, se mériter un titre de noblesse. À partir de la fin de ce siècle s'ajoute pour eux l'espérance de devenir chevalier de l'Ordre militaire et royal de Saint-Louis.

L'émergence des officiers supérieurs canadiens

Tout au long de la première moitié du XVIIIe siècle, on note l'émergence d'officiers canadiens dans les postes d'états-majors. Certains deviendront même gouverneurs coloniaux.

L'exemple le plus parfait de cette montée des Canadiens d'origine aux échelons supérieurs du service colonial est illustré par la famille du marquis Rigaud de Vaudreuil. Arrivé au Canada durant les années 1680 en tant que commandant des troupes de la Marine, ce militaire devient gouverneur de Montréal en 1695, puis gouverneur général de la Nouvelle-France en 1703. Ses fils, tous nés à Québec, connaissent des carrières remarquables. Louis-Philippe obtient le grade de chef d'escadre en 1748. Jean est promu au rang de major général dans l'armée métropolitaine en 1745. François-Pierre assume le poste de gouverneur de Montréal en 1757. Enfin, en 1753, Joseph-Hyacinthe est gouverneur général de ce qui est aujourd'hui la république d'Haïti. Mais c'est la carrière de Pierre de Rigaud, marquis de Vaudreuil-Cavagnal qui est la plus déterminante pour la Nouvelle-France. Enseigne en 1708, il occupe le poste de gouverneur de Trois-Rivières en 1733, est nommé gouverneur de la Louisiane en 1743 et gouverneur général de la Nouvelle-France en 1755. C'est le premier officier né au Canada à parvenir au poste suprême de la Nouvelle-France.

Les Vaudreuil ne sont pas les seuls à se distinguer ainsi. Plusieurs membres de la famille Le Moyne deviendront gouverneurs de places de guerre au Canada, tel le baron de Longueuil, Charles Le Moyne, qui occupe ce poste à Montréal. Des officiers de souche canadienne iront aussi servir dans d'autres colonies, particulièrement en Louisiane où Jean-Baptiste Le Moyne de Bienville sera gouverneur deux fois avant d'être remplacé par son compatriote, Vaudreuil-Cavagnal. Quant à Antoine Le Moyne de Châteauguay, il devient lieutenant du roi à la Martinique en 1727, puis gouverneur de la Guyane française en 1737 ; nommé gouverneur de l'île Royale en 1745, il décède avant d'avoir rejoint son poste.

Il est vrai que ces officiers sont issus de grandes familles, mais compte tenu que les noms de Vaudreuil et de Le Moyne ne doivent pas peser lourd parmi la foule des courtisans qui entourent le roi à Versailles, il faut croire que la formation et le mérite militaire de ces Canadiens joua un rôle majeur dans leurs promotions.

L'instruction et les connaissances

Dès les années 1680, soit près de deux siècles avant la fondation du « premier » collège militaire canadien à Kingston (Ontario), un système d'enseignement pour les militaires avait été établi en Nouvelle-France. C'est en effet à l'époque de Louis XIV que fut instaurée l'instruction des cadets-gentilshommes au Canada, menant à un brevet d'officier dans les troupes régulières.

Il est toutefois difficile de situer le niveau d'instruction des officiers de la Nouvelle-France aux XVIIᵉ et XVIIIᵉ siècles. Entrés comme cadets dans les forces armées à l'adolescence, les jeunes gentilshommes apprennent les tactiques canadiennes et se familiarisent avec le territoire en participant à des expéditions. Mais ils passent aussi une bonne partie de leur vie dans les villes. C'est certainement pendant ce temps qu'on leur enseigne la lecture, l'écriture, les mathématiques, la religion, quelques notions techniques et théoriques sur l'art de la guerre, et la danse. Tel est du moins le curriculum de base des cadets, en France. Comment cet enseignement se donne-t-il ? On a pu, grâce à un document, lever un coin du voile qui recouvrait ce mystère : il existait à Montréal, au milieu du XVIIIᵉ siècle, un « capitaine des gentilshommes de cette colonie[108] ». Il semble aujourd'hui tout à fait logique qu'on ait pensé à rassembler les cadets sous l'autorité d'un officier chevronné, responsable, sans doute, de l'organisation académique et de la discipline de leur groupe. Les rares écrits laissés par des officiers canadiens font ressortir clairement le fait qu'ils recevaient un enseignement de base sur les théories et techniques militaires. Quant à la partie civile de leur instruction, elle leur était probablement donnée par les religieux dans les séminaires.

Les livres de toutes sortes étaient répandus chez les militaires. Certains officiers possédaient des bibliothèques personnelles. Ainsi, au milieu du XVIIᵉ siècle, le major de Montréal, Lambert Closse, dispose d'une trentaine de volumes. Au XVIIIᵉ siècle, une bonne bibliothèque comporte habituellement quelques livres pieux ainsi que des ouvrages d'histoire, de littérature, de voyage ou d'art militaire. Parmi ces derniers, on trouve des livres d'ordonnances et de règlements de l'armée, des traités de fortifications, de tactiques et d'artillerie. Compte tenu du coût élevé des livres, les bibliothèques importantes se trouvent chez les officiers plus âgés, notamment les membres de l'état-major.

Parallèlement à leur carrière dans les armes, quelques officiers poursuivent des recherches et des expériences dans le domaine scientifique. Ainsi, au début du XVIIIᵉ siècle, Gédéon de Catalogne, pendant qu'il fait son service au Canada, à l'île Royale et à l'île Saint-Jean, se tient en rapport avec l'Académie des sciences à propos de ses observations sur la longitude et la dérivation des navires. L'enseigne Jacques-Pierre Daneau de Muy, qui commande le fort Saint-Joseph dans l'État actuel du Michigan au début des années 1730, profite de son séjour dans cet endroit pour étudier la flore locale et revient avec de

Un cadet « à l'aiguillette » recevant l'enseignement d'un sergent des Compagnies franches de la Marine, en Nouvelle-France, entre 1750 et 1755. À partir de 1749, des galons dorés bordent les parements et les rabats de poches de l'uniforme des sergents, indiquant leur rang. Reconstitution d'Eugène Lelièpvre.

Service canadien des parcs.

nombreux spécimens de plantes dont
«beaucoup sont inconnues en France». Il
rédige d'après ses expériences un «mémoire
instructif[109]» sur leurs effets médicinaux
bénéfiques et le présente en France. À
Louisbourg, endroit qui se prête
admirablement bien à l'observation des
étoiles, le capitaine Michel de Gannes
s'adonne à cette science tandis que plusieurs
bourgeois et officiers, dont le gouverneur de
la place et l'ingénieur des fortifications,
possèdent des télescopes dispendieux. Le

marquis de Chabert y érige un observatoire
en 1751. D'autres officiers s'intéressent à la
géologie, au mode de vie des Amérindiens,
à la faune.

Les devoirs des officiers

La vie quotidienne de l'officier est fort
différente de celle de ses soldats. Il existe alors
un gouffre social entre les gentilshommes et
les bourgeois par rapport aux gens issus des
couches inférieures de la société parmi
lesquelles se recrutent les soldats. Un officier
doit avoir au moins un valet – habituellement
un homme de sa compagnie – pour le servir. Il
n'est pas question qu'on le soumette à un
travail manuel et sa naissance et son rang lui
confèrent divers privilèges protocolaires.

Règle générale, l'officier en service à la garnison ne participe pas directement aux activités militaires telles que les exercices, il les contrôle. Le capitaine, étant le premier responsable d'une compagnie, voit particulièrement aux officiers subalternes qui sont sous ses ordres et aux rapports avec le commandement supérieur et avec les autres capitaines. Les lieutenants, enseignes et enseignes en second doivent veiller aux détails quotidiens : s'assurer que les armes et les uniformes restent en bon état, veiller à ce que les soldats soient propres et se rasent, visiter les malades et les blessés à l'hôpital, inspecter les escouades qui montent la garde, superviser l'exercice. Quand la compagnie est logée dans une caserne, les officiers subalternes doivent visiter les chambres, le matin, pour obliger les occupants à les tenir propres et en ordre, et de même le soir, pour s'assurer que tous les soldats soient présents et « prendre garde surtout que quelques filles de mauvaise vie ne s'y soient introduites ». Les sergents sont responsables de l'exécution des consignes des officiers subalternes, tandis que ces derniers doivent faire rapport au capitaine pour lui « rendre compte de tous ces détails »[110].

Il arrive que l'on dispense certains officiers d'être constamment présents. Ainsi, en 1729, le gouverneur général permet aux officiers pauvres de vivre sur leurs terres, quitte à ce qu'il y ait toujours deux officiers à la compagnie pour monter la garde et assister aux revues. Il y a également ceux « qui par leur âge ou leurs infirmités » ne font ou ne sont « plus en état de faire aucun service »[111].

Bien que leur quotidien soit très différent selon leur grade, une certaine cordialité règne habituellement parmi les militaires canadiens. Dès les années 1680, l'officier La Hontan note qu'il faut traiter différemment l'homme de troupe au Canada de celui en Europe. La voie de la douceur, écrit-il, est la plus sûre afin de « gagner le cœur du soldat »[112] et obtenir ainsi sa loyauté et sa confiance. De son côté, Kalm confie, un peu surpris, que les officiers sont respectés par leurs hommes qui jouissent d'une grande liberté et se traitent en camarades. Le genre de service qu'on fait au Canada favorise ce contact plus intime, car les militaires vivent souvent par petits groupes isolés, chacun ne pouvant compter que sur l'autre.

Le devoir premier de l'officier est de mener ses hommes à la guerre. Sur ce chapitre, les officiers canadiens sont particulièrement assidus. Les expéditions vers la Nouvelle-Angleterre ou contre les Amérindiens hostiles comptent toujours plusieurs officiers, particulièrement des jeunes, ainsi que des cadets qui se portent volontaires. Ceci non seulement à cause de leur bravoure légendaire, mais aussi parce que c'est la seule façon pour eux d'apprendre la tactique guerrière très particulière qui se pratique au Canada.

Les revenus des officiers

Les salaires des officiers ne sont pas des soldes, car ils détiennent des brevets. Ils reçoivent donc des « appointements » du Trésor royal. Durant les années 1660, un capitaine du régiment de Carignan-Salières touche 900 livres par année, un lieutenant 360 et un enseigne 270. Une vingtaine d'années plus tard, les officiers des Compagnies franches de la Marine recevront un peu plus, mais, à l'instar des soldats, les sommes ne varieront pas par la suite. Le capitaine reçoit alors 1 080 livres par année, le lieutenant 720, l'enseigne 450 et l'enseigne en second 300. Quand on pense que les officiers doivent, en principe, se nourrir, se loger, s'habiller, et même s'armer à leurs frais en plus de vivre selon leur statut de gentilhomme, on comprend pourquoi plusieurs sont considérés

Sergent des Compagnies franches de la Marine du Canada, entre 1701 et 1716. Reconstitution de Michel Pétard.

Service canadien des parcs.

comme «pauvres». L'inflation des prix des denrées et du logement peut les affecter considérablement.

Il existe heureusement des gratifications que l'on obtient comme récompense pour s'être distingué au combat ou encore en mettant à profit certaines compétences personnelles, comme la connaissance des «langues indiennes»[113] qui permet de servir d'interprète. Pas des sommes énormes, mais sans doute sont-elles les bienvenues.

L'officier des troupes coloniales en Nouvelle-France n'a pas autant d'occasions d'arrondir ses appointements que son confrère métropolitain. Celui-ci peut recevoir un montant pour chaque recrue qu'il amène au régiment, retirer un pourcentage sur le prix de l'habillement et des fournitures qu'il lui procure, et, avec un peu de chance, vendre son brevet avec profit quand il quitte l'armée. Rien de tel pour l'officier des troupes de la Marine en Nouvelle-France. Son brevet est émis, et non vendu, de sorte qu'il appartient toujours au roi. L'uniforme et à peu près tout le fourbi est remis directement à la recrue par la Marine, donc pas de pourcentage possible à retirer. Enfin, même le recrutement est fait par la Marine ou par ses agents en France, de sorte qu'il n'y a pas non plus de prime à recevoir. À Louisbourg, les officiers parviennent à contrôler les cantines des casernes. Mais au Canada, où les soldats sont parsemés chez les habitants et dans les fortins éloignés, ils ne peuvent avoir la mainmise sur les denrées de consommation.

Une grande famille

En Nouvelle-France, les militaires gradés et, jusqu'à un certain point, la bourgeoisie commerçante forment une seule grande famille. Dès le XVIIe siècle, et à mesure que l'on progresse dans le XVIIIe siècle, les alliances se font, en effet, entre les diverses familles de l'élite militaire et commerçante. Celles qui conjuguent ces deux activités professionnelles ne sont d'ailleurs pas rares. Qu'on songe aux Le Moyne, aux Le Ber!

En France, de telles alliances sont réprouvées, car la noblesse ne doit pas «s'abaisser» en s'unissant à des gens qui s'adonnent au commerce. Le noble tire son revenu des rentes de ses terres ou de ses appointements en tant qu'officier du roi; commercer appartient aux gens du commun. En Nouvelle-France, l'application d'un tel principe rendrait impossible tant la survie de la colonie que celle des officiers. En 1685, le roi se rend à l'évidence et permet aux officiers de faire du commerce sans craindre de voir diminuer leur statut.

D'une façon générale, on constate cependant que, sans écarter complètement les alliances avec les familles des bourgeois-marchands, celles des officiers canadiens préfèrent s'unir entre elles. Le tiers des officiers canadiens épousent des filles d'officiers, et le sixième, environ, des jeunes filles de la bourgeoisie. L'autre moitié s'unit à des familles de gentilshommes, ou à des familles roturières. Les officiers doivent, comme les simples soldats, demander au gouverneur la permission de se marier, ce qui leur est généralement accordé.

Par le jeu de ces alliances, on voit graduellement se dessiner une prépondérance de «familles militaires» dans la colonie. Alors qu'un cinquième s'unissent entre elles au XVIIe siècle, on passe à la moitié au milieu du siècle suivant. Les familles d'officiers en viennent ainsi à former peu à peu un genre de caste militaire coloniale.

Plusieurs officiers canadiens possèdent des seigneuries, d'autres ont quelques terres, ce qui ajoute un peu à leurs revenus en plus de leur assurer un toit et une retraite, mais la faible densité de la population et les limites du réseau commercial où écouler leurs produits les empêchent de tirer un profit substantiel de leurs propriétés, comme le font les nobles en France. D'autres encore sont apparentés à des familles bourgeoises qui les soutiennent. Restent ceux qui doivent faire vivre leur famille de leurs appointements. C'est afin d'aider ces derniers qu'on les nomme commandants d'un fort dans l'Ouest.

Les postes de l'Ouest et le commerce

Le commandant d'un fort dans lequel se pratique la traite des fourrures peut s'associer à ce commerce et en retirer quelque gain. C'est un privilège qui lui est accordé en échange de son exil volontaire de quelques années – une sorte de version avant la lettre des «boni» que les entreprises accordent aujourd'hui au personnel qui travaille au loin ou dans des conditions hasardeuses. Au XVIIe siècle, les officiers semblent assez portés à faire eux-mêmes le commerce des fourrures. Au siècle suivant, cependant, ils préfèrent céder leur privilège à des marchands contre paiement fixe et on note une diminution sensible de leur participation à la traite. Enfin, plusieurs commandants préfèrent s'abstenir d'y

participer directement. Selon une étude récente, le «rôle des commandants de poste et des officiers dans ces sociétés de traite a été exagéré»[114]. Après 1742, la politique royale veut que le commerce direct passe uniquement par les marchands, confirmant ainsi l'usage établi. Pourquoi ce revirement?

Participer directement au commerce, même si c'est toléré aux colonies, va à l'encontre de l'idée «noble» du métier des armes. Soucieux de préserver leur réputation, la plupart des officiers prennent leurs distances et mettent d'abord l'emphase sur leur statut de militaires et de gentilshommes, même si le commerce, dans leur cas, n'est pas une fin en soi, mais une façon de prospérer dans un pays qui offre peu d'alternatives.

Les capitaines et les lieutenants de ces forts éloignés possèdent le pouvoir d'influer considérablement sur le commerce des fourrures, car c'est à eux que revient la tâche délicate d'entretenir des relations politiques et économiques favorables avec les Amérindiens. De leur savoir-faire diplomatique dépendent non seulement la sécurité, mais, dans une grande mesure, la prospérité commerciale de la Nouvelle-France. Enfin, ils représentent la France et le roi aux confins du monde connu.

Les promotions

Un brevet d'officier, dans l'armée métropolitaine, a une valeur monétaire et une promotion peut s'acheter. Il y a même eu des «colonels à la bavette». On aura deviné qu'il s'agit d'enfants à qui on a acheté le grade. Rien de tout cela n'existe dans les troupes de la Marine où brevets et promotions sont accordés à Versailles par le roi, sur recommandation du ministre et des administrateurs coloniaux. Les gouverneurs généraux et les intendants sont peut-être courtisés par les familles, toutefois, l'avancement est essentiellement relié à l'ancienneté, même si ce critère n'est pas exclusif.

Généralement, il faut l'attendre pendant des années et on invente même un genre de rang non officiel : «l'expectative». Les officiers qui parviennent jusqu'à cette liste sont ceux qui, en principe, devraient obtenir la prochaine promotion lorsqu'un poste d'officier se libérera. Ce système fut surtout en usage durant les années de « longue paix », de 1713 à 1744, alors qu'on n'enregistra pas beaucoup de décès et que le nombre d'officiers resta stable. Par la suite, la guerre et les augmentations d'effectifs favorisèrent les promotions, et ce rang fictif disparut une dizaine d'années plus tard.

Le cadre de vie

Les officiers et leurs familles bénéficient d'un environnement plus luxueux que celui des soldats. Quand ces militaires logent chez l'habitant, on leur réserve une chambre, mais à mesure que les postes d'officiers seront remplis par des Canadiens, plusieurs habiteront plutôt leur propre maison en ville. C'est le cas à Louisbourg également, où une partie des casernes est en outre aménagée pour eux. Les capitaines ont droit à leur chambre privée et les officiers subalternes en partagent une deux à deux.

Cette chambre d'officier comporte un ou deux lits, selon le cas, souvent à colonnes, avec une table et des chaises, un coffre et possiblement une armoire. Les tentures de lit et celles des fenêtres sont fréquemment vertes, couleur très prisée dans les casernes. Les officiers plus aisés s'offrent des tapisseries d'étoffe et ils sont nombreux à accrocher des miroirs et des tableaux aux murs. Tous possèdent aussi quelques éléments de base, comme de la vaisselle en porcelaine, des verres et des couverts en argent ou en étain, pièces qu'on retrouve non seulement dans les grandes villes, mais dans des postes éloignés, comme Port-Toulouse, à l'île Royale, Fort Saint-Frédéric ou Michillimakinac, au Canada.

Les divertissements

Les loisirs des officiers se veulent plus raffinés que ceux des soldats. Certes, on en voit qui fréquentent les cabarets, mais on les trouve plus souvent dans les soirées et les bals que donnent régulièrement les officiers supérieurs et les bourgeois de la place.

Les plaisirs de la table tiennent une place importante parmi les agréments de leur vie sociale. Le témoignage de l'ingénieur Franquet donne un excellent aperçu d'un souper offert, en juillet 1752, par le gouverneur de Trois-Rivières, aux officiers et à leurs épouses. Dans la salle à manger, autour d'une table de 20 couverts, les convives apprécièrent « la profusion et la délicatesse des mets des meilleures provinces de France. On y bût toutes sortes de vin, toujours à la glace ; jugez du plaisir par le chaud excessif qu'il fesait »[115].

Madame Bégon, fine épistolière canadienne, a laissé des passages délicieux sur la vie sociale de l'élite militaire à Montréal, durant les années 1740. Les bals, les fêtes et les réceptions s'y succèdent et les maîtres à danser sont fort occupés. On donne même des bals à l'intention des cadets et jeunes officiers, afin de leur permettre de rencontrer les jeunes filles de leur classe. Jeunes ou moins jeunes, masqués ou à visage découvert, on danse le menuet, on chante et on arrose le tout en faisant des « santé » avec du champagne « excellent » et de bons vins. Un certain soir, les officiers Noyan et Saint-Luc lèvent si souvent leurs verres qu'ils « restent sur place ». Une autre fois, le baron de Longueuil est « plus que gris » et le capitaine Noyan tombe en dansant le menuet et perd sa perruque ! On est plus réservé lors des bals donnés par le gouverneur général.

Le clergé de l'époque s'oppose, mais sans grand succès, aux réjouissances des officiers. Il semble, si l'on en croit les dires du baron de La Hontan, qu'il ait été d'une exceptionnelle étroitesse d'esprit. Un de ses représentants ne va-t-il pas jusqu'à détruire son exemplaire de Pétrone ? Mais il n'y a pas qu'aux livres et aux bals qu'il s'en prenne. Le théâtre attirera aussi ses foudres. En 1694, voulant « distraire un peu les officiers »[116],

Frontenac organise la comédie au château Saint-Louis. On y donne *Nicodème* et *Mithridate*, au grand scandale de M⊃gr de Saint-Vallier, qui offre, discrètement, 100 pistoles au gouverneur général pour le dissuader de faire jouer le *Tartuffe* de Molière. Frontenac accepte de changer son projet, prend l'argent et ébruite toute l'affaire, au grand amusement général. Les choses n'ont pas tellement évolué 50 ans plus tard, quand l'évêque de la Nouvelle-France, M⊃gr Dubreuil de Pontbriand, s'élève contre les bals et les fêtes et suspend même un prêtre pour avoir assisté à une

Terrasse d'un cabaret, vers 1750. On reconnaît les soldats à leurs épées. Gravure de l'époque.
Service canadien des parcs.

réception donnée par l'intendant. Peine perdue... Au cours d'un bal, peu après, les officiers et les bourgeois se voient présenter une comédie-bouffe qui ridiculise l'opposition du clergé! On n'en connaît pas les auteurs, mais on peut penser que certains officiers n'y étaient pas étrangers.

Pour occuper leurs loisirs, les officiers peuvent encore jouer aux cartes, aux dés, aux échecs, aux dames, au tric-trac et aux quilles, sans oublier les parties de pêche et de chasse. Ils partagent certainement, en outre, la

passion des Canadiens pour les courses de chevaux, tant sur selle durant l'été qu'en carriole sur glace durant l'hiver, et pour les paris qui en découlent.

Les divertissements amoureux des officiers semblent moins excessifs que ceux des soldats. Il faut dire que la fréquentation des maisons closes n'est pas considérée comme très honorable pour un gradé. Évidemment, les filles aux mœurs légères peuvent toujours se rendre à résidence, comme cela arriva en 1687, quand le commandant du fort

151

Chédabouctou fut surpris « dans son lit, dormant entre des femmes ou filles »[117] amérindiennes. Il y eut aussi des cas d'unions libres et de grossesses prématurées qui firent scandale à l'époque. Le plus célèbre fut sans doute celui qui mit en cause Pierre Le Moyne d'Iberville et Jeanne-Geneviève Picoté de Belestre, durant les années 1680. En général, cependant, les aventures galantes des officiers restent discrètes et ils ne semblent pas se rendre coupables de trop d'écarts de conduite, du moins pas plus que sous d'autres cieux.

Les officiers pauvres et l'alimentation

Si certains officiers dont les affaires vont bien font bonne chère et que d'autres se trouvent occasionnellement à la table des grands, il ne faut pas en déduire que le champagne et les mets fins soient le lot de la majorité. Pour beaucoup d'officiers ayant charge de famille, ainsi que pour certains cadets, la réalité quotidienne est tout autre. Ces hommes sont pauvres selon les critères de l'époque, car ils ne peuvent compter que sur leurs appointements. Or, les gentilshommes militaires doivent faire montre d'une certaine aisance, ce qui demande des revenus

Sergent et soldat des Compagnies franches de la Marine de la Nouvelle-France, entre 1716 et 1730.
Reconstitution de Michel Pétard.
Service canadien des parcs.

supplémentaires. Afin d'y pallier un peu et de les aider à maintenir leur statut, c'est l'usage d'accorder aux gradés l'équivalent en vivres de la ration du soldat.

On fournit aussi la nourriture aux officiers en campagne ou postés dans les forts éloignés. Un ordre de 1748 spécifiant la ration des officiers, aumôniers, chirurgiens et garde-magasins dans ce cas démontre que leur alimentation est identique, à la base, à celle des soldats : pain, lard ou bœuf salé, pois secs. Mais on y ajoute du beurre, de l'huile d'olive, du vinaigre, du poivre et un peu d'épices, de la mélasse, de l'eau-de-vie et une barrique de vin qui doit durer un an. Curieusement, cette dernière n'est pas fournie aux chirurgiens.

Pour plusieurs officiers détachés dans les fortins de l'Ouest, le coût de maintenir une résidence à Montréal durant leur absence s'avère prohibitif, de sorte que l'usage leur permet d'être accompagnés de leurs épouses. Elles aussi reçoivent alors la ration. Cette coutume laisse à penser que la vie dans ces endroits est certainement beaucoup moins « libertine » qu'on se l'imagine, et que la présence féminine y apporte, au contraire, un certain raffinement. En 1742, toutefois, le ministre de la Marine met fin aux rations des épouses d'officiers et demande qu'elles soient ramenées à Montréal. Cette directive fut-elle suivie ? Sans doute pour la coupure de la ration et dans les forts essentiellement militaires, comme Saint-Frédéric, mais il y a lieu de croire que plusieurs épouses demeurèrent dans ceux qui servaient surtout de postes de traite, comme Michillimakinac.

Les manières à table

Chez les officiers, les repas se prennent à table, chacun ayant son couvert. Le service est « à la française »[118], c'est-à-dire que les mets sont déposés sur la table les uns à côté des autres, et chacun se sert, un peu comme dans un buffet moderne. Au XVIIe siècle, on dîne en habit, l'épée au côté et coiffé de son chapeau. La longue nappe a pour but de couvrir les cuisses et de protéger les vêtements des sauces, car les serviettes de table n'ont pas encore fait leur apparition. Une nouveauté, cependant : on remplace les assiettes après chaque service et au lieu de goûter la soupe à tour de rôle dans la même écuelle, chacun a son bol et sa cuillère. Les bonnes manières sont prisées. Il ne faut pas prendre les mets avec les doigts et encore moins lécher ces derniers, « ce qui est le comble de la malpropreté », dépassé seulement par l'ultime action « malhonnête » de se curer les dents avec son couteau de table.

Un dîner du XVIIIe siècle exige moins de cérémonies, car on y est tête nue. Les manières délicates et gracieuses sont cependant de rigueur et chacun a sa serviette. On ne doit jamais mettre les coudes sur la table, ni tenir son couteau « comme le font les gens de village ». Il ne faut pas montrer les cheveux « ou autre chose dégoûtante » que l'on pourrait trouver dans son assiette, ni « flairer les viandes », et, à ce chapitre, il vaut mieux attendre d'être servi par son hôte que de « prendre les viandes » soi-même. Divers indices permettent de croire que les officiers respectent l'étiquette de la table alors en cours, qu'ils soient au château Saint-Louis, invités du gouverneur général, ou dans un rudimentaire fortin des plaines de l'Ouest, car tout gentilhomme doit « savoir se tenir à table ».

La justice

Les officiers ne sont pas exempts des rigueurs de la justice. Ils doivent, s'il y a lieu, paraître en cour martiale ou civile et devant le Conseil supérieur où on leur permet cependant le port de l'épée, symbole de leur statut social. En principe, les gentilshommes ne sont pas soumis à « la Question ».

Le duel est interdit et on applique rigoureusement la loi quand il y a mort d'homme. En 1715, le chevalier d'Argenteuil est condamné à avoir « la tête tranchée »[119] pour avoir tué un autre officier. Scandale à Québec en 1748 : le lieutenant Pierre Le Gardeur de Repentigny tue un bourgeois en duel. Il prend la fuite après avoir indemnisé la veuve, qui lui pardonne son crime. Il est condamné à mort par contumace, mais ses amis en appellent au roi qui lui fait grâce. Il est cependant transféré à l'île Royale et finit sa carrière en Inde.

Une affaire de mœurs peut ruiner la carrière d'un officier si elle est d'une certaine gravité car elle encourt la disgrâce et le bannissement. Le major La Freydière, du régiment de Carignan-Salières, reçoit cette peine en 1667 pour avoir tenté de séduire une femme en imposant une corvée et un châtiment à son mari. Frontenac renvoie en France plusieurs officiers « impossibles »[120], dont le sieur Bouchermin, qui a tenté d'empoisonner son épouse.

Les délits militaires jugés par le Conseil de guerre sont sujets à révision par le ministre et même par le roi. N'ayant pas trouvé les autorités locales suffisamment sévères envers le détachement du lieutenant Linctot, qui a laissé échapper deux condamnés, Versailles condamne cet officier à être incarcéré trois mois, en 1742. La désobéissance aux ordres expose l'officier qui s'en rend coupable à être cassé de son grade et même à subir la peine capitale si des conséquences graves s'ensuivent. De même, la fuite devant l'ennemi, la désertion et la sédition sont punissables de mort.

Officier des Compagnies franches de la Marine, vers 1750. La coupe des vêtements évolue avec la mode, que les militaires canadiens suivent de près.
Service canadien des parcs.

La croix de Saint-Louis

Au chapitre des récompenses, la plus convoitée est certainement l'accession à l'Ordre royal et militaire de Saint-Louis, créé en 1693 par Louis XIV pour reconnaître des années de bons et loyaux services. Le titre de chevalier de l'Ordre de Saint-Louis – dont l'équivalent à notre époque serait le titre britannique Sir, décerné au Canada jusqu'aux années 1930 –, sans être héréditaire, honore toute la famille de celui qui le reçoit. En 1750, un édit royal décrète l'anoblissement des officiers reçus dans cet ordre, afin de créer une noblesse militaire[121].

L'officier fait chevalier reçoit une croix dorée, émaillée, suspendue à un ruban rouge vif, qu'il porte à une boutonnière de son habit, vers le haut de la poitrine. Cette décoration, la seule que peuvent recevoir les officiers de l'époque, suscite un grand respect chez les Canadiens. Encore de nos jours, on utilise dans certaines parties du Québec l'expression « ce n'est pas une croix de Saint-Louis » pour désigner un individu qui n'a pas de mérites exceptionnels.

Les premiers officiers au Canada à être décorés de la croix de Saint-Louis sont les gouverneurs Callières, en 1694, et Frontenac, en 1697. Puis viennent quelques officiers d'état-major, en 1698, ainsi que d'Iberville l'année suivante. Les capitaines suivront à partir de 1703. En tout, plus d'une centaine d'officiers, au Canada, et une quarantaine, en Acadie et à l'île Royale, seront admis dans l'Ordre pour services rendus en Nouvelle-France. En général, les candidats à cet honneur ont servi au moins une dizaine d'années, souvent bien plus, et sont hautement recommandés au roi par le gouverneur général.

LA MILICE

Les capitaines de milice

Le capitaine de la milice joue un rôle très important dans la vie communautaire de la colonie. C'est non seulement un chef de guerre, en cas d'urgence et durant les appels, mais aussi, dans une foule de circonstances, le lien entre les habitants et l'administration centrale. Par exemple, il voit à faire appliquer les règlements municipaux et veille au déroulement des travaux publics, pour ne nommer que ces deux équivalents modernes de ses principales fonctions. Sa commission de capitaine est signée par le gouverneur général, après consultation auprès des officiers de l'état-major du district et des instances locales. C'est, en général, un homme qui jouit d'une certaine popularité et dont la bravoure est reconnue, car il est notoire que les fiers Canadiens n'obéissent qu'à ceux qu'ils respectent. C'est aussi une personne en vue dans son milieu, qui sait lire et écrire, et qui possède une certaine aisance financière, car le poste n'est pas rémunéré.

Le grade de capitaine de la milice est convoité à cause de l'honneur qui en découle et de l'influence considérable qu'il permet au porteur d'exercer dans les affaires communautaires. À une époque où l'on prend très au sérieux sa propre dignité et le protocole, le capitaine de la milice a sa place à l'église juste derrière le seigneur et reçoit le pain bénit après celui-ci, mais avant tous les autres paroissiens. Aux colonies où, comme en France, le port de l'épée est réservé aux

militaires et aux gentilshommes, il y a droit aussi et il doit porter le hausse-col doré. Ce ne sont pas là, comme on pourrait croire, détails anodins ou motifs à badinerie : en 1752, le gouverneur général Duquesne ne reconnaît que les officiers portant épée et hausse-col. Dans les villes, plusieurs ajoutent aussi, pour l'apparat, l'esponton, qui est la demi-pique des officiers. À l'instar des seigneurs et des religieux, les capitaines de milice n'ont pas à payer les taxes royales et sont exemptés de l'obligation de loger des soldats chez eux. On les dispense aussi de travailler manuellement aux corvées, bien qu'ils doivent assumer la responsabilité de les faire accomplir.

Ces petits privilèges honorifiques mènent quelquefois à des querelles de protocole entre le seigneur de l'endroit – habituellement officier de la Marine par surcroît – et son distingué sujet et censitaire, qui acquiert parfois trop d'importance. Mais elles n'entraînent rien de grave. Il arrive aussi que le capitaine serve d'intermédiaire entre les habitants et le seigneur, à moins que capitaine et seigneur soient le même homme, ce qui se produit dans plus des deux tiers des cas, surtout sous Louis XIV. Cette proportion baisse considérablement à partir du début du XVIIIe siècle, alors que les seigneurs prennent de plus en plus les places d'officiers dans les Compagnies franches de la Marine, laissant ainsi à d'autres les postes de capitaines de la milice. Quel que soit l'état civil de ceux qui les occupent, le gouverneur général et l'intendant s'attendent à ce qu'ils soient des agents efficaces du pouvoir central.

Les affaires civiles

L'intendant envoie souvent des instructions aux capitaines de milice. Celles-ci peuvent concerner des règlements qu'ils devront annoncer et afficher, ce qui se fait habituellement après la messe du dimanche, sur le perron de l'église. Si une corvée est décidée, ce sont eux qui l'organisent et qui répartissent les tâches entre les habitants. Il s'agit habituellement de travaux de voirie ou de fortifications. Les capitaines de milice sont responsables de la distribution des billets de

logement indiquant à chaque soldat dans quelle famille de la paroisse il logera. C'est à eux que revient la tâche ingrate de préparer les certificats de non-résidence, qui permettent au seigneur de récupérer les terres laissées vacantes. On charge aussi les capitaines de faire le recensement, car ils tiennent déjà un rôle indiquant si les miliciens s'absentent de la paroisse ou y sont présents.

Les affaires de police sont également de leur ressort. On leur demande parfois de prêter main-forte à la maréchaussée pour reprendre des criminels ou des déserteurs en fuite. Cette tâche est sans doute délicate, puisque la sympathie des Canadiens pour « les malfaiteurs et les soldats déserteurs »[122] les amène à les cacher. Il est probable qu'on ferme les yeux, dans les cas les moins graves, mais qu'on est aux aguets s'il s'agit de meurtriers. Dans les villes, ils doivent faire respecter les divers règlements concernant la prévention des incendies et la salubrité, et, à l'occasion, fournir une brigade pour le guet de nuit, ainsi qu'assurer une distribution équitable du blé durant les périodes de disette.

Miliciens canadiens, première moitié du XVIIIe siècle.
Reconstitution de Francis Back.
Service canadien des parcs.

Il arrive, rarement, il faut le dire, que les autorités dépassent les bornes dans l'esprit du Canadien. Ainsi, en octobre 1717, les habitants de Longueuil, sur la rive sud du Saint-Laurent, sont appelés à faire une corvée pour édifier des fortifications dans l'île de Montréal, en face. Pas question de faire des corvées hors de la paroisse, décident-ils. Les autorités tiennent ferme et mandent la troupe, tandis que la milice de Longueuil s'assemble en armes. Au bout de deux jours, les autorités se ravisent et chacun rentre chez soi. Il n'y aura pas de corvée à Montréal pour les gens de Longueuil... Trois ans plus tard, l'intendant doit renoncer à faire des saisies chez certains habitants, car elles provoquent aussitôt une levée de boucliers chez les Canadiens, qui se considèrent comme lésés.

Le caractère de la milice

Malgré toutes ces charges, qui peuvent sembler oppressantes, la milice, en tant qu'institution, n'est pas conspuée en Nouvelle-France. La raison en est certainement que la majorité des habitants perçoit l'appartenance à cette organisation comme une contribution personnelle aux affaires militaires et sociales de la colonie. D'autre part, dans un mode de gouvernement absolu et hiérarchique, cet organisme sert de fil conducteur aux autorités. Ce fait a son importance quand on sait que, contrairement à la population française, celle de la Nouvelle-France est armée et que ses hommes sont d'excellents tireurs. D'autant plus que les administrateurs français se succèdent pour affirmer que c'est une population orgueilleuse, indépendante, peu encline à se laisser commander à outrance par eux et capable de résister aux exagérations du pouvoir. La milice étant essentielle au gouvernement, les autorités exercent leurs pouvoirs « absolus » avec réserve.

Malgré son esprit « indocile », le milicien canadien est loyal à son pays et au roi. Ce n'est pas un rebelle, même s'il adapte les règlements en fonction de ce qu'il considère être l'efficacité au combat. Par exemple, l'exercice mensuel – plus fréquent en temps de guerre – qui devrait être une occasion de pratiquer le maniement des armes et la marche en rang, ressemble plutôt chez eux à une assemblée de pratique de tir.

Enfin, la milice joue un rôle protocolaire considérable en certaines occasions. À une procession de la Fête-Dieu, à Varennes, selon une description, tous les miliciens, vêtus fort proprement d'un capot et d'un chapeau, forment une double haie de l'église au reposoir. Au passage du saint sacrement, que porte le représentant du clergé, escorté par le seigneur et les officiers et sergents de milice, ils présentent les armes. Avant la cérémonie, les capitaines se sont assurés « qu'aucun cabaretier ne puisse enivrer qui que ce soit »[123]. Car, on le sait, les Canadiens aiment bien fêter.

Une tradition moins solennelle de cette époque, mais très agréable, c'est la cérémonie du « mai » par laquelle on célèbre le retour de la belle saison. Le premier jour de ce mois, les miliciens, accompagnés de leurs femmes, se présentent chez le capitaine qui leur accorde la permission de planter un grand sapin au sommet duquel on a fixé une couronne et une girouette. Les miliciens saluent ensuite le capitaine par une salve d'honneur, et celui-ci leur répond en tirant un coup de fusil. On offre alors un coup à boire au capitaine, qui, à son tour, incite les miliciens à entrer dans la maison où les attend une table chargée de victuailles. Il offre aussi à boire et, après chaque rasade, quelques miliciens sortent pour tirer la cible au sommet du mai. Il arrive que leurs femmes tirent aussi et cette joyeuse assemblée se termine, bien entendu, par des danses...

Comme on peut le constater par ces exemples, les traditions militaires de la milice, en Nouvelle-France, se mêlent à la religion et au folklore. On y discerne aussi, bien au-dessus des tracasseries administratives, un profond respect, amical et réciproque, entre les chefs et leurs hommes. La milice est également et surtout l'instrument d'une profonde cohésion sociale, parfaitement adaptée au caractère de la population.

Chapitre 6

LES TROUPES DE L'ATLANTIQUE

La possession des territoires de l'Atlantique constitue un point majeur dans la planification militaire de Louis XIV. Cependant, la Grande-Bretagne et ses colonies du sud, principalement celles du Massachusetts, du New Hampshire, du Connecticut et du Rhode Island, les convoitent également. Si l'enjeu commun semble demeurer les pêcheries et l'établissement de postes pouvant offrir une protection à ceux qui en font l'exploitation, cette activité n'occupe cependant que le second rang dans l'ordre des priorités qui déterminent la stratégie militaire de la France. Car pour elle compte avant tout le contrôle de l'accès à l'intérieur du continent par le Saint-Laurent.

Ces objectifs stratégiques, joints à la proximité des établissements français et anglais à Terre-Neuve et en Acadie, généreront de part et d'autre une activité militaire incessante dont, principalement, l'assaut préventif des postes ennemis afin de forcer les occupants à céder la place. Les prises de possession sans lendemain qui s'ensuivront feront prendre conscience aux gouvernants français que la survie des postes de l'Atlantique est menacée. Leur vulnérabilité est même plus grande encore que celle des forts et établissements du Canada, puisque leur minuscule population de fermiers et de pêcheurs ne peut les protéger efficacement. Ce constat marquera l'envoi de troupes permanentes des Compagnies franches de la Marine dans ces deux territoires. Durant les années 1690, des garnisons assez fortes pour en imposer seront finalement établies. Comme les autorités britanniques opteront pour une solution similaire, c'est en une véritable forteresse de l'Atlantique que sera transformée cette partie avancée du continent nord-américain.

L'Acadie et Terre-Neuve

La situation du colon en Acadie est très différente de celle qui prévaut au Canada en ce qui a trait à la défense de son territoire. Le danger continuel qui force le Français du Canada, dans les années 1650, à ne jamais sortir de chez lui qu'armé jusqu'aux dents, n'existe pas en Acadie du fait que les Amérindiens ne sont pas hostiles. Abénaquis et Micmacs se montreront, au contraire, les plus précieux des alliés. Les habitants des

premiers comptoirs acadiens eurent sans doute à prendre les armes à l'occasion, puisque, dès 1627, on recommandait aux colons, autour de Port-Royal, d'être prêts à appuyer les soldats, le cas échéant. Mais les tentatives pour les armer, comme ce fut le cas, en 1670, quand on envoya des fusils à leur intention, connurent un succès mitigé. L'atmosphère de luttes féodales, ponctuées de longues occupations anglaises, qui accabla l'Acadie du XVIIe siècle, ne rendit guère possible non plus l'organisation des colons en milice. Toutes ces raisons firent que cette institution ne put y prendre racine aussi bien qu'au Canada et déterminèrent la France à pourvoir autrement à la défense de ce territoire stratégiquement vital.

Le premier contingent des troupes de la Marine destiné à l'Acadie s'embarque à La Rochelle, le 10 juillet 1685, à bord du *Saint-François-Xavier* et de l'*Honoré*. C'est une petite troupe composée de 24 soldats, un tambour, deux anspessades, deux caporaux et un sergent, commandés par un lieutenant. Elle sera augmentée progressivement et subira de nombreuses attaques de la part des colonies américaines. Ainsi,

en mai 1688, un an avant même la déclaration de la guerre de la Ligue d'Augsbourg, Sir Edmund Andros, alors gouverneur de la Nouvelle-Angleterre, prend et pille Pentagoët, puis envoie la garnison prisonnière à Boston. Les Français font alors de Port-Royal leur chef-lieu, mais ce site est attaqué à son tour, en mai 1690, par plus de 700 hommes, commandés par Sir William Phips. Le gouverneur, Menneval, qui n'a que 39 soldats, se rend avec les honneurs de la guerre. Cependant, Phips rompt sa parole, pille la place et expédie les prisonniers à Boston, au lieu de les rapatrier en France.

Les Français contre-attaquent par de petits raids sur les établissements du Massachusetts (dans l'État actuel du Maine), avec leurs alliés amérindiens, les Abénaquis, qui ont à leur tête le baron de Saint-Castin. Curieux destin que celui de cet homme de guerre. Arrivé en 1670 comme enseigne, il s'intéresse aux langues et aux coutumes indigènes, épouse la fille du grand chef des Abénaquis vers 1680 et devient lui-même chef de guerre de cette nation. En mai 1690, Saint-Castin, suivi de ses fidèles guerriers amérindiens, rejoint et accompagne l'expédition du commandant Portneuf, lors de la prise de Casco, l'une des trois places investies par les Français en guise de représailles contre le massacre de Lachine. Deux ans plus tard, Français et Abénaquis repousseront ensemble une attaque anglaise contre le fort de Naxouat (aujourd'hui Fredericton, Nouveau-Brunswick).

À Terre-Neuve, le premier contingent des troupes de la Marine arrive à Plaisance en 1687. Comme en Acadie, il s'agit d'une petite troupe, composée de 21 soldats, un tambour, deux caporaux et un sergent. Elle est commandée par le lieutenant Louis Pastour de Costabelle[124]. Dans cette garnison très isolée, les soldats vouent l'essentiel de leurs loisirs à la construction de fortifications et à la pêche côtière. Ces travaux, bien que souvent ponctués d'alertes et d'attaques ennemies, ne suffisent pas à les tenir occupés et l'éloignement a sur eux un effet néfaste. De plus, ils sont souvent mal payés et mal nourris. Tout cela entraîne quelques tentatives de désertion.

Soldat appartenant au régiment de Gibbon, à Terre-Neuve, en 1697-1698, premier corps de l'armée régulière britannique posté au Canada. À noter sur le fusil anglais de la fin du XVIIᵉ siècle et du début du XVIIIᵉ, le « Dog Lock », genre de petit cran de sûreté fixé à la platine pour retenir le chien. Reconstitution de G.A. Embleton.

Ministère de la Défense nationale du Canada.

Étant la principale base des navires français qui exploitent les pêcheries de Terre-Neuve, Plaisance n'échappera pas aux attaques des corsaires et flibustiers qui, à cette époque, écument les mers et dévastent les côtes. En février 1690, à la suite d'un combat où deux soldats de la garnison trouvent la mort et un officier est blessé, la place est prise par des flibustiers anglais qui la pillent avant de repartir. Des renforts, envoyés l'année suivante, permettent à la garnison de repousser deux nouvelles attaques en août et septembre 1691. Puis, vers 1692, Plaisance devient, grâce aux travaux effectués par les

soldats, une place assez bien fortifiée, et toutes les tentatives pour l'enlever se solderont désormais par des échecs. Ainsi, à la fin d'août 1693, quelque 19 navires anglais doivent se retirer devant le tir des canons français.

Un revirement

L'année 1696 voit les Français s'imposer en force un peu partout dans les colonies maritimes, tant en Acadie où une seconde compagnie de la Marine s'ajoute à la défense territoriale, qu'à Terre-Neuve. C'est pourtant grâce à l'entrée en scène d'un authentique foudre de guerre canadien que la France marquera autant de points sur l'échiquier atlantique : Pierre Le Moyne d'Iberville.

De retour de la baie d'Hudson, où il a semé de nouveau la terreur dans le camp anglais, d'Iberville vient d'abord prêter main-forte aux Français d'Acadie qui attaquent les établissements du Maine. Avec le concours de la petite force navale qu'il commande, et celui de 240 guerriers abénaquis, la ville de Pemaquid sera prise cette année-là. Puis, il file à toutes voiles vers Terre-Neuve où les Français, fatigués de subir les assauts anglais et se sentant désormais les reins assez solides pour passer à la contre-attaque, utilisent une nouvelle tactique qui sera couronnée de succès. Prenant Plaisance comme base

Tambour des Compagnies franches de la Marine de Plaisance et de l'Acadie, entre 1701 et 1713. Reconstitution de Francis Back.
Service canadien des parcs.

offensive terrestre, ils mettent à leur tour les Anglais sur la défensive. Au cours des années qui suivront, ils enlèveront par trois fois St. John's, capitale anglaise de l'île.

La première attaque française contre cette ville a lieu en août 1696 et est repoussée. Une compagnie de milice de Plaisance, où cette institution existe depuis la fin du XVIIe siècle, y participe. Le 30 décembre suivant, d'Iberville et les hommes du gouverneur Brouillan s'emparent du port. Puis, d'Iberville poursuit son avance, et, au cours de l'année 1697, avec les quelque 125 volontaires canadiens qu'il a emmenés et les 40 Amérindiens d'Acadie qui sont venus le rejoindre, met à feu et à sang la partie anglaise de l'île, dont il détruit 27 postes sur 29.

Pendant ce temps, les Acadiens sortent vainqueurs d'une nouvelle attaque contre Naxouat, après un échange d'artillerie de deux jours.

Les raids dévastateurs des Français à Terre-Neuve, en 1696 et 1697, ont pour effet de sortir de leur torpeur les autorités londoniennes. Durant presque tout le XVIIe siècle, en effet, elles avaient laissé les établissements de l'île dépourvus de garnisons de soldats réguliers, bien que des colons y fussent installés depuis la fin du siècle précédent. L'ampleur du désastre les décide à envoyer un régiment de troupes régulières ainsi qu'un détachement d'artillerie reprendre les établissements anglais. Le régiment du colonel Gibbon fut désigné pour cette tâche. Il comptait 760 soldats, qu'on embarqua sur 13 navires. Lorsque la flotte arrive à St. John's en juin 1697, les Français sont partis, n'ayant laissé que ruines. Aidés par 400 marins de la flotte, les militaires se mettent à l'œuvre afin d'ériger des fortifications, travail qui s'avère difficile « à cause de la solidité de la pierre qui détruit les outils plus vite qu'on ne peut les remplacer »[125]. Sous la

direction de l'ingénieur Richards, le fort et les batteries d'artillerie sont en place au début de septembre. Mais les hommes sont épuisés par les travaux et une partie du régiment retourne en Angleterre avec la flotte. On laisse néanmoins un important détachement à St. John's : 263 soldats et officiers du régiment de Gibbon, deux ingénieurs et neuf ouvriers spécialisés du génie, ainsi que deux officiers d'artillerie et 17 artilleurs. Cependant, cette garnison sera bientôt jugée trop nombreuse et, au printemps suivant, le roi rappellera une partie de ces soldats. Il laisse sur place, pour monter la garde du fort et des batteries, 50 hommes que l'on regroupe en une compagnie franche d'infanterie, sous le commandement d'un lieutenant et d'un enseigne, ainsi qu'un détachement de sept artilleurs.

En 1697, les colonies anglaises de Terre-Neuve se trouvent sans gouverneur. En même temps qu'il ordonne la réduction de la garnison, le roi autorise par décret l'officier supérieur qui commande les vaisseaux de guerre escortant le convoi annuel de navires de pêche en route pour St. John's à

160

faire office de gouverneur et de commandant des troupes durant son séjour sur ces côtes. L'île sera ainsi administrée par un commodore ou un amiral de la Royal Navy, à bord de son vaisseau, de 1698 jusqu'à la fin du XVIIIe siècle. Il n'y a à cela rien de surprenant. Au début de la colonisation, la tradition des gouvernements autocratiques militaires était aussi fermement ancrée chez les Anglais que chez les Français. Les colonies britanniques de Terre-Neuve et de la Nouvelle-Écosse étaient gouvernées par des militaires et n'avaient pas d'assemblées législatives, contrairement à celles du sud. On y trouvait simplement un conseil formé de quelques officiers et notables, et présidé par le gouverneur (toujours un officier supérieur). Il faudra attendre le milieu du XVIIIe siècle pour qu'une assemblée législative soit établie en Nouvelle-Écosse.

La guerre de Succession d'Espagne

La signature du traité de Ryswick, en 1697, apporte un répit de quelques années qui sera rompu par la déclaration de la guerre de Succession d'Espagne, en 1702. Lorsque cette dernière éclate, l'Acadie est assez bien défendue puisqu'elle compte quatre Compagnies franches de la Marine, chacune comprenant 50 hommes. Quant au service de l'artillerie, il est d'abord assuré par un bombardier détaché de la Compagnie des Bombardiers de la Marine de Rochefort. Sans doute celui-ci entraîne-t-il plusieurs soldats car, au cours de l'année 1702, le gouverneur Subercase annonce avoir formé une escouade de 12 canonniers, choisis parmi les meilleurs sujets dans les quatre compagnies, ceux « qui ont parfaitement bien fait »[126]. À Terre-Neuve, trois ans plus tard, le même énergique gouverneur impose une discipline plus sévère aux soldats et officiers de Plaisance, et exige d'eux une obéissance plus stricte aux règlements. Cette méthode, qui fait appel à la fierté militaire, redresse la tenue et le moral de la troupe. Enfin, il existe à Terre-Neuve plusieurs compagnies de miliciens, ainsi qu'en font foi la présence d'un major et d'un état-major des milices de l'île. Certaines sont temporaires, se recrutant parmi les marins qui sont à Plaisance pour la saison. Ainsi, en 1704, quelque 300

Basques capables de porter les armes sont équipés à la canadienne, « c'est-à-dire le tapabord en tête, le fusil, la corne à poudre et le sac à plomb en bandoulière, la raquette aux pieds »[127] pour aller attaquer St. John's. Le bastion français, tant en Acadie qu'à Terre-Neuve, se trouve donc en position de force et les résultats positifs de cette bonne santé militaire se feront bientôt sentir.

Du côté anglais, la compagnie franche laissée à St. John's par les Britanniques, après avoir été augmentée à 100 hommes en 1701, se trouve réduite de moitié quatre ans plus tard. De plus, elle est mal approvisionnée et manque d'uniformes. Le moment est bien mal choisi pour réduire les effectifs, car, en novembre 1704, après l'attaque de Bonavista, les Français reçoivent un renfort de 72 volontaires canadiens venus de Québec et d'une trentaine d'alliés micmacs. Partie de Plaisance, cette troupe traverse Bonavista et, en février 1705, s'empare de St. John's, sans réussir toutefois à faire tomber le fort, dont la vaillante petite garnison lui tient tête pendant plus d'un mois. Après cette deuxième prise de la capitale anglaise de Terre-Neuve, qui survient pendant la guerre de Succession d'Espagne, les volontaires canadiens et amérindiens reprennent la mer et, de guerriers, se font corsaires. Ils seront de retour en 1709

161

À l'assaut de l'Acadie

pour une troisième et décisive attaque.

À partir de 1708, les navires anglais resserrent le blocus de Plaisance, mais cette mesure ne protège aucunement leurs postes à l'intérieur de l'île. En janvier 1709, une expédition de 170 hommes comprenant, outre les soldats de la Marine, le même contingent de volontaires canadiens et micmacs, reprend donc St. John's. Cette fois, ils s'emparent aussi du fort et détruisent toutes les fortifications. La garnison, faite prisonnière, est envoyée en France.

Soldat des compagnies franches britanniques à Terre-Neuve et en Nouvelle-Écosse, entre 1698 et 1717. Reconstitution de G.A. Embleton.
Ministère de la Défense nationale du Canada.

À la même époque, les colons du Massachusetts, victimes, eux, des corsaires français qui ont leur base à Port-Royal, veulent en finir avec l'Acadie. En juillet 1704, plus de 500 Bostonnais attaquent une première fois Port-Royal. L'offensive se solde par un échec après 18 jours de siège. En mai 1707, deuxième attaque. Cette fois, la garnison française voit surgir à l'horizon quelque 25 voiles, transportant plus de 1 600 hommes ! Repoussés après seulement quelques jours d'affrontement, les Bostonnais reviennent à la charge en août, mais Français et Abénaquis les forcent à se rembarquer, ce qui cause un « scandale politique »[128] à Boston.

Incapable de venir à bout de la résistance française, la Nouvelle-Angleterre demande l'appui de la métropole et obtient l'aide de la Royal Navy. Le 24 septembre 1710, c'est maintenant quelque 36 navires, portant 3 600 hommes, qui assiègent Port-Royal. Cette troupe comprend un bataillon d'infanterie de la marine britannique de 600 soldats réguliers, formé de détachements des régiments des colonels Holt, Will, Bar, Shannon et Churchill. En

font partie également 1 500 volontaires coloniaux, divisés en cinq régiments, dont deux proviennent du Massachusetts et les trois autres de chacune des colonies du Connecticut, du New Hampshire et du Rhode Island. Cette fois les forces sont vraiment trop inégales et les quelque 150 soldats français, malgré leurs vaillants antécédents, se voient perdus. Plusieurs tenteront même de déserter. La garnison résiste néanmoins jusqu'au 13 octobre, date à laquelle le gouverneur Subercase capitule avec les honneurs de la guerre. C'est la fin de la domination française en Acadie. Port-Royal devient Annapolis Royal et les 149 soldats et officiers de la garnison française se rembarquent dès la fin d'octobre pour la France. Les Acadiens qui servaient d'auxiliaires aux troupes régulières sont désarmés et la milice est abolie. L'endroit est alors occupé par divers détachements britanniques composés de soldats des sept régiments métropolitains.

La fin

En signant le traité d'Utrecht, le 11 avril 1713, la France abandonne toutes ses prétentions sur Terre-Neuve et sur une Acadie aux frontières mal définies, au profit de l'Angleterre. L'évacuation des militaires et de la population française de Plaisance est complétée le 25 septembre 1714. Ils sont envoyés à l'île Royale (île du Cap-Breton) où la France compte établir une nouvelle colonie. En Angleterre, on crée quatre compagnies franches, spécialement destinées à monter la garde de Terre-Neuve, cette île si chèrement disputée. Chacune compte, en principe, trois officiers et 88 soldats, mais, en réalité, l'effectif n'est que de 40 soldats par compagnie. Un détachement d'artilleurs accompagne ces fantassins et la troupe arrive à Plaisance en mai 1714 pour remplacer la garnison française. On décide de ne pas détacher de soldats à St. John's, mais de les poster tous à Plaisance, où ils seront pratiquement oubliés par la suite, ayant à peine de quoi se vêtir et chaussés de sabots de bois.

Terre-Neuve ne redeviendra plus jamais possession française. Les exploits des soldats qui la défendirent sont aujourd'hui méconnus. Battus un jour, ils étaient bientôt de retour, avec leurs alliés amérindiens, pour semer la consternation chez un ennemi qui leur était presque toujours supérieur en nombre et en moyens. Traités de mutins et de déserteurs, ils rencontrèrent pourtant un succès peu commun dans ce qui était leur raison d'être sur ce territoire et leur occupation principale : faire la guerre.

Quant à l'Acadie, en devenant la Nouvelle-Écosse, elle s'engage dans une autre page de son histoire et les Acadiens, sujets britanniques, devront désormais se considérer comme neutres.

Louisbourg

La France ne fut pourtant pas évincée de la forteresse de l'Atlantique par ce traité, car elle conservait sa souveraineté sur l'île Saint-Jean (aujourd'hui l'île du Prince-Édouard) et sur l'île du Cap-Breton, officiellement rebaptisée île Royale. En 1713, les quatre compagnies de l'Acadie sont unies aux trois de Plaisance pour former les compagnies franches de l'île Royale.

Chacune se compose de trois officiers et de 50 soldats. Ce nombre sera augmenté par la suite, mais, tout comme ailleurs, il sera rarement respecté, les recrues étant toujours en nombre insuffisant.

Du point de vue stratégique, l'île Royale est mieux située que l'île Saint-Jean. On décide d'y établir la nouvelle colonie et d'y inclure un grand port militaire pour protéger les flottes de pêche et de commerce. En 1719, le choix s'arrête sur Louisbourg comme site d'une base navale et d'un port puissamment fortifié. Bien qu'il existe une prospère petite colonie française vivant essentiellement de pêche et d'agriculture à l'île Saint-Jean et dans quelques autres petits établissements à l'île Royale, c'est à Louisbourg que se concentrera désormais l'essentiel de la colonie française de l'Atlantique. Au fil des années, d'importantes fortifications s'y élèveront, de sorte que la très grande majorité des troupes de l'île Royale se retrouvera à Louisbourg. Cette garnison comptera non seulement des Français, mais aussi, éventuellement, des mercenaires suisses.

Marin et officiers de la Marine française, entre 1680 et 1690. Alfred de Marbot. Gravure.

Anne S.K. Brown Military Collection, Brown University, Providence.

Les marines française et britannique

Bien que préoccupée surtout par la défense de ses frontières à l'est, la France devait également se soucier de son littoral du côté de l'Atlantique et de la Méditerranée. La sécurité du commerce et des pêcheries exigeait des navires de guerre. Ce fut l'œuvre du cardinal Richelieu, sous Louis XIII, durant les années 1620 et 1630, que de doter le royaume d'une puissante flotte de guerre. Mais celle-ci, négligée par la suite, ne comptait plus que quelques navires en 1661, quand Louis XIV prit le pouvoir. Un vaste programme fut alors mis en place, sous la direction de Jean-Baptiste Colbert, afin de construire plus de cent vaisseaux de guerre et une soixantaine de frégates et de brûlots. La puissante marine française put dès lors prétendre à la suprématie des mers.

La Grande-Bretagne, de son côté, était en ce temps-là une grande puissance navale. Son insularité la mettait à l'abri des invasions terrestres, pourvu, toutefois, qu'elle possédât une puissante marine de guerre, capable d'arrêter toute tentative d'invasion par la mer. Ce principe guidait toute la stratégie militaire anglaise. De tout temps on érigea très peu de fortifications en Angleterre et l'armée y resta modeste. C'est la Royal Navy – la marine royale – qui, dans les budgets, obtenait la part du lion, car tous les Anglais comprenaient que leur sécurité ne pouvait être assurée que par une flotte toute-puissante. Durant les années 1660, on s'inquiéta de la menace que faisait peser sur le royaume la nouvelle flotte de Louis XIV. Il appartint à Samuel Pepys, secrétaire à l'Amirauté, de renforcer et moderniser la Royal Navy, de façon à garantir à l'Angleterre la suprématie navale. Ce à quoi il s'employa durant les années 1670 et 1680.

L'affrontement des grandes flottes française et britannique se produisit durant la guerre de la Ligue d'Augsbourg (1689-1697). En 1690, la marine française parvint à prendre pour un moment le contrôle de la Manche et à dominer les parages de l'Angleterre, mais deux ans plus tard sa flotte fut défaite à La Hougue. Elle ne se remit jamais de ce désastre.

Durant le reste du règne de Louis XIV, toutefois, la flotte française resta redoutable et empêcha l'Angleterre d'obtenir la suprématie totale sur les mers. Mais, sous Louis XV, le déclin de la marine française continua tandis que sa grande rivale, la Royal Navy, devenait de plus en plus puissante. À cette époque, en effet, les Britanniques prirent des mesures draconiennes pour augmenter le nombre de leurs navires, renforcer la qualité des équipages et améliorer la discipline. En 1755, la Royal Navy comptait 140 vaisseaux de guerre. Pendant ce temps, en France, la Marine ne recevait pas assez d'argent. Elle était alors à la fine pointe dans le domaine des sciences navales, mais les équipages étaient mal entraînés et elle ne comptait que 60 vaisseaux à l'aube de la guerre de Sept Ans.

Les colonies britanniques

Les colonies britanniques qui se développent au XVIIe siècle sur le territoire du Canada actuel, en périphérie de celles de la Nouvelle-France, sont très différentes de leurs voisines du sud. Les établissements y sont peu importants, les populations peu nombreuses et surtout tournées vers la mer. Après la chute de Port-Royal, en raison de l'intérêt que la France manifeste toujours pour les ressources naturelles des régions de l'Atlantique et pour leurs avantages stratégiques, la Grande-Bretagne y maintiendra des garnisons relativement importantes, particulièrement en Nouvelle-Écosse. En 1713, quatre compagnies franches, comprenant chacune trois officiers et 88 soldats, en incluant les divers détachements postés à Annapolis Royal en 1710, sont en place. Deux ans plus tard, les décès et les désertions les réduiront à 60 hommes chacune.

Une autre raison motive le maintien de forts effectifs dans cette région : la difficulté d'y organiser une milice. En effet, après la reddition de Port-Royal, la population du territoire conquis se compose surtout d'Acadiens. La présence de ces « Français neutres » au sein de la colonie anglaise est une source d'inquiétude constante pour les autorités britanniques, qui craignent un soulèvement. Il n'est certainement pas question d'organiser militairement et d'armer ces gens qui peuvent tourner leurs armes contre eux à la première occasion ! Il n'y a donc que les colons de souche britannique qui peuvent être miliciens. Au début du XVIIe siècle, les premiers établissements anglo-écossais avaient déjà disposé d'un genre de milice. Les Français qui prirent le fort Rosemar, au Cap-Breton, en 1629, y trouvèrent 15 hommes armés d'arquebuses, portant des bourguignottes et des cuirasses avec brassards et cuissards. D'autres combattants étaient armés de mousquets et de piques. Il est clair que ces hommes étaient autant colons que soldats. Après le traité d'Utrecht, en 1713, la milice de cette colonie, assez modeste et rudimentaire, ne connut de véritable organisation formelle qu'en 1720, alors que deux brevets

Artilleur d'un détachement du « Board of Ordnance », entre 1700 et 1716. Les garnisons des forts britanniques de Terre-Neuve et de la Nouvelle-Écosse comprennent de ces artilleurs de l'armée régulière. Reconstitution de G.A. Embleton.
Ministère de la Défense nationale du Canada.

de capitaine furent émis par le gouverneur. Les commerçants de l'endroit furent alors regroupés en deux compagnies. Mais leurs devoirs ne semblent pas avoir été uniquement de nature militaire, car leurs capitaines étaient aussi officiers de justice. Cette milice disparut sans laisser de trace.

Outre le problème acadien, les vainqueurs de Port-Royal se heurtent à un autre obstacle majeur : celui de l'hostilité à peu près constante des Amérindiens abénaquis et micmacs, qui harcèlent continuellement la garnison. Afin de contrer cette guérilla, on va jusqu'à lever chez les Iroquois une compagnie d'éclaireurs ! À

leur arrivée à Annapolis en 1712, on donne à chacun des 56 Agniers qui la composent, commandés par deux officiers blancs, une couverture et un fusil. Pratiquement indépendants des autres troupes, ils logent hors du fort. Ces Amérindiens, familiers avec la guerre dans les bois, font de bons éclaireurs et donnent de la difficulté aux alliés autochtones des Français ainsi qu'aux déserteurs de la garnison britannique qu'ils pourchassent. Au bout d'un an, cependant, plusieurs Agniers «désertent» à leur tour pour retourner chez eux! En mai 1713, le gouverneur renvoie ceux qui restent à Boston, où l'unité est dissoute.

Quatre ans plus tard, en 1717, les Britanniques décident de créer un nouveau régiment pour monter la garde à Terre-Neuve et en Nouvelle-Écosse et de lui incorporer les quatre compagnies franches déjà en poste à chacun de ces endroits. Ce sera le 40e régiment d'infanterie, identifié par un uniforme rouge et chamois. Commandé par le colonel Phillips, il comprend une compagnie de grenadiers et neuf de fusiliers, au total 33 officiers et 400 soldats. Un régiment d'infanterie,

c'est plus que la garnison de la Jamaïque avant les années 1740! Comme la radieuse île des Antilles est alors économiquement importante, et qu'elle est entourée de colonies espagnoles habituellement hostiles, si ce n'est de pirates, il est clair à voir l'importance

Sergent des Compagnies franches de la Marine de l'Acadie et de Plaisance, entre 1701 et 1713. Reconstitution de Francis Back.
Service canadien des parcs.

de cette troupe qu'on reconnaît en haut lieu britannique la valeur stratégique de la Nouvelle-Écosse. De ces 10 compagnies, cinq seront postées à Plaisance et les cinq autres, dont celle de grenadiers, à Annapolis où le régiment a son quartier général. Après le siège d'Annapolis par les Amérindiens, en 1722, quatre des compagnies franches de Terre-Neuve seront transférées à Canso, une seule restant à Plaisance.

La défense de l'île Royale

Du côté français, quelque 3 000 soldats et recrues seront envoyés à l'île Royale entre 1714 et 1755, ce qui n'empêchera pas les Compagnies franches de la Marine en poste d'être généralement en dessous de leurs effectifs. De 50 soldats par compagnie qu'il était en 1713, leur nombre passe, théoriquement, à 60 en 1723. Mais, en 1719, il manque une cinquantaine d'hommes, et, deux ans plus tard, près d'une centaine. Pour combler ces lacunes, un décret royal en date du 12 mai 1722 prescrit qu'un détachement de 50 officiers et soldats, tiré du régiment suisse de Karrer, soit envoyé à Louisbourg.

La fondation de ce régiment remonte au 15 décembre 1719 au moment où le roi Louis XV accorde à François-Adam Karrer, officier originaire de Soleure, en Suisse, vétéran des régiments de ce pays au service de la France, le droit de recruter un corps de trois compagnies de 200 hommes chacune. Tout régiment suisse levé en vertu d'un contrat, que l'on nomme «capitulation», entre le roi et le colonel, jouit d'une certaine indépendance quant

à sa gestion et à la justice militaire. Selon les termes de cette entente, le colonel, propriétaire du régiment, loue celui-ci au roi à un prix convenu afin de couvrir la paye des officiers et soldats mercenaires ainsi que leur armement et leur habillement, tout en gardant une marge de profit. Le régiment porte le nom de son colonel et tous les officiers doivent être suisses. Quant aux soldats, leur nationalité importe peu, pourvu qu'ils soient recrutés par des Suisses. Ainsi on peut trouver parmi eux des Allemands, de même que des gens des pays de l'Est ou de la Scandinavie, protestants ou non. Mais il est formellement interdit à tous les régiments étrangers au service de la France d'engager «des soldats français», comme doit «l'expliquer»[129] le prince de Bourbon au colonel Karrer, pris en flagrant délit d'enrôler des Français, en 1723. L'uniforme de ces militaires est rouge et ils ont droit au sabre, arme des troupes d'élite.

Faire partie de la garnison de Louisbourg en cette période de paix qui s'étendra jusqu'à la reprise des hostilités entre la France et l'Angleterre, en 1744, n'a rien de particulièrement agréable. Le climat de l'île Royale, humide et froid, est difficile à supporter. La forteresse est tout à fait isolée et fréquemment entourée de brouillard. Le service consiste essentiellement à monter la garde. En dehors de ces périodes et de celles consacrées à l'exercice, il y a peu de divertissements. Aussi, on s'occupe souvent à construire des fortifications pour gagner un peu d'argent supplémentaire. Comme il est rarement nécessaire d'envoyer de petits détachements à l'île Saint-Jean, ou dans les autres petits postes de l'île du Cap-Breton, comme Port-Toulouse et Port-Dauphin, les troupes sont groupées à Louisbourg et n'en sortent que peu ou pas. De plus, contrairement à celles qui servent ailleurs en Nouvelle-France, elles ont peu d'occasions de se faire valoir lors d'expéditions qui encouragent l'esprit guerrier et favorisent l'émulation. Toutes ces conditions nuisent au moral de la garnison française. Quant aux soldats suisses, qui forment le cinquième de l'effectif militaire de l'île Royale, ils servent surtout dans la ville même. Ils ont leur propre cantine et leur propre buanderie et mènent une existence séparée des soldats français, quoique sans hostilité réciproque. La plupart d'entre eux ne parlent que l'allemand, ce qui explique sans doute leur peu de contact social avec les militaires et les civils français. Ils sont aussi en majorité protestants, ce qui a son importance à une époque où l'Église catholique est la seule qui soit officiellement admise dans le royaume.

D'une façon générale, il manque dans les six Compagnies franches de la Marine de l'île Royale, qui devraient compter chacune 60 soldats en 1723, de 20 à 30 soldats par rapport au nombre total permis, mais le creux de la vague est atteint en 1731, alors qu'on note un déficit de 20% par rapport à l'objectif prévu. Il sera réduit l'année suivante par l'arrivée de renforts et par l'adjonction à chaque compagnie de deux cadets à l'aiguillette, postes attribués aux fils d'officiers. En juin 1724, le nombre de soldats suisses sera porté à 100.

Officier portant le drapeau colonel du régiment suisse de Karrer, vers 1720.

Bibliothèque nationale, Paris.

seront établies dans la ville de Louisbourg.

Les années 1740

Bien qu'il manque habituellement de 30 à 40 soldats à la garnison de Louisbourg, elle atteindra le seuil maximal en 1741 avec 70 hommes pour chacune des huit Compagnies franches de la Marine, et 150 officiers et soldats pour le régiment de Karrer. Le grand nombre de pièces d'artillerie installées dans les fortifications nécessitera éventuellement un corps de spécialistes. En 1743, l'île Royale reçoit l'autorisation de former la première unité d'artillerie de l'histoire de l'armée coloniale française. Ce sera la Compagnie des canonniers-bombardiers, qui comptera d'abord 30 hommes.

En mai 1744, peu après le début de la guerre de Succession d'Autriche, ces troupes auront l'occasion de se faire valoir, après une longue période d'inaction, quand un détachement mixte de soldats français et suisses participera à la prise du port anglais de Canso, où servent quelques compagnies du 40e régiment. En août de la même année, ils tentent, mais assez mollement, de s'emparer d'Annapolis et sont repoussés par les Anglais.

L'importance des troupes régulières en garnison à Louisbourg n'encourage pas la levée d'une milice à des fins militaires, et le rôle social que pourrait jouer cette institution au sein de la colonie n'apparaît pas évident. D'où le peu d'intérêt que l'on apporte à lever un tel corps parmi la population de l'île Royale. Ce n'est qu'en 1741 que deux compagnies de 50 hommes chacune

Soldat du régiment suisse de Karrer, vers 1725. Les troupes suisses et irlandaises au service de la France portaient habituellement un uniforme rouge. Reconstitution de Michel Pétard.

Service canadien des parcs.

Certains problèmes internes bouillonnent à Louisbourg et nuisent à l'efficacité des troupes. Ainsi, alors que les relations entre simples soldats, suisses et français, sont convenables, il n'en va pas de même entre leurs officiers respectifs qui ne s'entendent pas au sujet de l'interprétation des droits et des privilèges des troupes suisses à Louisbourg. Et surtout il existe, malheureusement, à l'intérieur de la garnison française, un système d'exploitation des soldats pire que dans les autres colonies qui permet aux officiers de contrôler l'argent gagné par les hommes tant durant leur service que pour leur participation aux travaux de fortification. Le genre de commission qu'ils retiennent n'est pas inconnu ni même illégal dans les armées du XVIIIe siècle, mais il y a des abus évidents à l'île Royale. Et ce qui se produit habituellement dans ces conditions-là arriva à Louisbourg : toute la garnison se mutina en 1744.

À l'aube du 27 décembre, cette année-là, il se passe des choses inhabituelles à l'intérieur des murs de la forteresse où les tambours du régiment suisse se mettent soudain à battre le rassemblement. Les soldats s'assemblent dans le bastion du roi, l'enseigne Rasser accourt, demande des explications aux soldats, écoute leurs plaintes et se précipite chez le capitaine Schönherr qui lui ordonne de voir immédiatement le major de la garnison. Mais d'autres tambours se mettent à battre à leur tour ! Ce sont les soldats des Compagnies franches de la Marine qui se joignent aux Suisses... La mutinerie englobe presque toute la garnison de Louisbourg. Seuls resteront fidèles à leur serment les sergents des Compagnies franches et la Compagnie des canonniers-bombardiers.

Les doléances des mutins sont raisonnables. Les Suisses revendiquent une amélioration de leurs conditions de vie, tandis que les Français, qui font les mêmes représentations, se plaignent, en plus, des abus de certains officiers et fonctionnaires. Les soldats réclament davantage de bois de chauffage, de meilleures rations, l'habillement dû aux recrues ainsi que les parts du butin auxquelles ont droit les soldats qui ont participé à la capture de Canso en mai. Le commissaire-ordonnateur, François Bigot, accède à leurs demandes, tandis que le gouverneur et les officiers parviennent à calmer les esprits. L'ordre est rétabli, sinon la discipline, et la rébellion ne cause pas d'effusion de sang, même si

Tambour du régiment suisse de Karrer, vers 1745. Comme dans tous les régiments de ce pays au service de la France, les tambours portent les couleurs de la livrée du colonel. La caisse de leur instrument est généralement ornée d'un motif de flammes aux couleurs du drapeau régimentaire. Reconstitution de Francis Back.

Forteresse de Louisbourg. Service canadien des parcs.

169

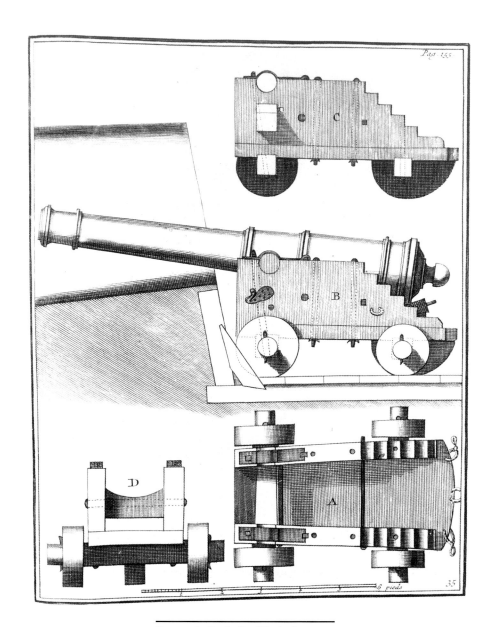

*Canon de fer de l'artillerie de
marine monté sur un affût marin
en bois, installé sur une plate-forme.
La légère inclinaison minimise le
recul lorsque le coup est tiré. Pièce
représentative du type d'artillerie
que l'on retrouvait dans les forts en
Nouvelle-France, à l'époque de
Louis XIV et de Louis XV.*
Service canadien des parcs.

certains officiers ont été forcés d'écouter les doléances de leurs hommes sous la menace des baïonnettes! Bien qu'elle ait été menée sans violence, cette mutinerie est la plus importante de toutes celles qui se sont produites au sein des troupes coloniales durant l'Ancien Régime. Comme les Suisses ont non seulement participé à la sédition, mais en ont été les instigateurs, le détachement de Karrer ne sera plus affecté à Louisbourg après 1745.

Du côté anglais, malgré le va-et-vient de divers régiments de ligne en Nouvelle-Écosse, le véritable régiment de garnison, l'équivalent des Compagnies franches de la Marine en Nouvelle-France, c'est le 40ᵉ, qui a sa base à Annapolis. Il arrive souvent que les gouverneurs et lieutenants gouverneurs de la colonie soient choisis parmi ses officiers supérieurs, tel le colonel Phillips qui gouverne de 1717 à 1750. Bien que quelques officiers obtiennent des terres, cela ne constitue pas, pour autant, une colonisation militaire comparable à ce qui se fait en Nouvelle-France.

D'autre part, en 1744, on ressent de nouveau le besoin urgent d'avoir une unité d'éclaireurs pour s'opposer aux Abénaquis et aux Micmacs, alliés des Français. Cette fois, on ne recourra pas aux Iroquois, du moins au début, mais on lèvera en Nouvelle-Angleterre un corps de « Nova Scotia Rangers » – les éclaireurs de la Nouvelle-Écosse. Deux compagnies sont rapidement recrutées et envoyées à Annapolis, en juillet, afin de renforcer la garnison. En septembre il en arrive une troisième, commandée par le capitaine Joseph Goreham, très différente des deux autres, car elle se compose surtout d'une soixantaine d'Agniers et de Métis. Rompus aux tactiques amérindiennes, ces hommes provoquent bientôt des escarmouches avec les alliés des Français. Plus tard, les compagnies du Massachusetts retourneront

chez elles, mais celle de Goreham restera en Nouvelle-Écosse, où elle patrouillera surtout l'ouest et construira quelques blockhaus.

Les miliciens américains prennent Louisbourg

Vers 1740, Louisbourg, dont la population est alors de quelque 4 000 habitants, remplit excellemment la

Chef micmac, vers 1740.
Reconstitution de Francis Back.

Forteresse de Louisbourg. Service canadien des parcs.

fonction pour laquelle on l'a fondée : c'est un grand port d'attache pour les flottes françaises, particulièrement pour la flotte de commerce. Le trafic maritime y est considérable. Quatrième en importance en Amérique du Nord, après les ports de Boston, de New York et de Philadelphie, il fait concurrence aux activités maritimes des colonies du sud et Boston se sent menacé.

En 1745, la forteresse est donc assiégée par une armée de miliciens de la Nouvelle-Angleterre, appuyée par la Royal Navy britannique. Un corps d'artillerie, sept régiments d'infanterie du Massachusetts, un du Connecticut et un autre du New Hampshire, trois compagnies du Rhode Island, participent au siège, appuyés par 800 soldats d'infanterie de la marine britannique. À leur tête se trouve un fils de la Nouvelle-Angleterre, William Pepperell. Du point de vue tactique, les Américains comptent sur leur connaissance des méthodes classiques de mener une guerre de siège à l'européenne pour faire tomber la forteresse. Ils dirigent l'attaque habilement et avec détermination. Du côté français, le moral de la garnison, qui garde un relent amer de la mutinerie de l'année précédente, n'est pas excellent. On résiste pourtant durant un mois et demi, du 1er mai au 17 juin 1745, puis on capitule après une défense assez mal menée. Les troupes de l'île Royale obtiennent quand même les honneurs de la guerre et sont envoyées à Rochefort, en France. Ce succès surprend les Européens et la Nouvelle-Angleterre éclate de joie. Le parlement britannique rembourse les 185 000 livres dépensées pour financer l'expédition et le roi anoblit Pepperell qui devient le premier Américain à être créé baron. La prise de Louisbourg démontre surtout quelle puissance militaire peuvent atteindre les diverses colonies lorsqu'elles s'unissent.

Peu avant le siège de la forteresse, en 1745, on avait augmenté à 90 hommes chacune des deux compagnies de milice de la ville et on en avait levé environ neuf autres. Malgré leur ignorance des choses militaires – la majorité d'entre eux n'ayant jamais touché un fusil avant d'être mobilisés –, les miliciens de la ville se comportèrent honorablement durant le siège. La capitulation de Louisbourg engloba l'île Saint-Jean, mais le lieutenant Duvivier parvint à repousser un débarquement anglais avec sa petite garnison d'un sergent et de 15 soldats, avant d'évacuer l'île pour se rendre à Québec.

Occupation de la forteresse et offensives françaises

À la suite de la capitulation de l'île Royale, en juillet 1745, les Britanniques doivent à leur tour assurer la défense de Louisbourg. Dès septembre, on autorise, à Londres, la levée de deux régiments de ligne, les 65e et 66e, formés de miliciens américains vétérans du siège de la forteresse, afin d'y tenir garnison. Chaque régiment doit compter 1 000 hommes, mais comme on donne une bonne partie des brevets

d'officiers à des Britanniques, et que la plupart des miliciens veulent rentrer chez eux au lieu de rester à Louisbourg, le recrutement s'avère difficile. L'arrivée des 29e, 30e et 45e régiments d'infanterie à Louisbourg, en avril 1746, laisse croire momentanément que la forteresse est bien gardée.

La même année, on organise en France une flotte, commandée par le duc d'Anville, pour aller reprendre Louisbourg. À bord se trouvent deux bataillons du régiment de Ponthieu, deux bataillons de milice royale, un bataillon des Compagnies franches de la Marine ainsi que de l'artillerie. Mais cette expédition joue de malchance. De grandes tempêtes dispersent les navires, la maladie se déclare à bord et décime soldats et marins, le duc d'Anville meurt d'apoplexie et son successeur, découragé, tente de se suicider. Les rescapés se réfugient dans la baie de Chibouctou, avant de finalement rentrer en France dans un piteux état.

D'autres expéditions importantes partent du Canada, dont un puissant corps de 680 miliciens, encadré par de nombreux militaires des Compagnies franches de la Marine, que le gouverneur général Beauharnois envoie vers l'Acadie dès 1746, afin de contrer l'effet négatif de la prise de Louisbourg. Arrivés en juillet près de Beaubassin, au nord de la baie de Fundy, ils reçoivent l'appui de l'abbé Le Loutre, missionnaire-guerrier auprès des Amérindiens, et occupent l'isthme de Chignectou.

Que cette région soit sous le contrôle des Français ne plaît guère aux Américains qui, à leur tour, envoient un régiment du Massachusetts, commandé par le colonel Noble, occuper Grand-Pré et les environs. Le commandant Ramezay ordonne au capitaine Coulon de Villiers de les déloger. Celui-ci fait d'abord un raid sur Cobequid (aujourd'hui Truro, Nouvelle-Écosse) en janvier 1747, puis entoure Grand-Pré avec ses 300 hommes, dont une cinquantaine d'Amérindiens. Dans la nuit du 12 au 13 février, vers trois heures du matin, 10 détachements se faufilent dans Grand-Pré et attaquent simultanément les Américains qui sont vaincus après quelques minutes d'un combat confus dans l'obscurité. Le colonel Noble est tué. La garnison se rend. On lui accorde les honneurs de la guerre et on l'envoie à Annapolis, tandis que Villiers

Guerrier micmac, vers 1740.
Reconstitution de Francis Back.
Forteresse de Louisbourg. Service canadien des parcs.

et ses hommes se retirent plus au nord.

Du côté de Louisbourg, le mécontentement gronde dans la troupe anglaise qui assure la garde de la forteresse, et, durant l'été 1747, l'annonce d'une déduction sur la solde provoque une mutinerie générale. Toute la garnison baisse les armes et commence une grève de la faim. Les autorités n'ont d'autre choix que de contremander la déduction tout en souhaitant que la troupe se batte si les Français attaquent. Il faut surtout espérer que la guerre de Succession d'Autriche finisse, ce qui se produit

l'année suivante quand le traité d'Aix-la-Chapelle redonne Louisbourg à la France.

Parallèlement, la compagnie de Goreham continue de fournir de grands services en patrouillant le territoire. En 1747, ce corps est porté à 100 hommes. Deux ans plus tard, une deuxième compagnie, comprenant un effectif équivalent, et une troisième de 50 hommes sont levées parmi les colons de la Nouvelle-Écosse. Un rapport français, rédigé à la veille de la guerre de Sept Ans, estime

ce corps fort de 120 hommes, dont des Amérindiens « Maringhams (peut-être des Mohicans) que les nôtres méprisent et de mauvais sujets de toutes les nations ». Ils sont employés à « courir les bois »[130] et sont habillés en gris avec une petite casquette en cuir. Malgré leurs « mauvais sujets », une opinion compréhensible venant de leurs ennemis, les Rangers de Goreham sont considérés comme très efficaces par les Britanniques et cette compagnie est le noyau d'un bataillon de « North American Rangers »

qui sera levé durant la guerre de Sept Ans.

Enfin, détail administratif, mais qui a son importance, bien que les *Nova Scotia Rangers* aient été levés sur un ordre de l'Assemblée législative du Massachusetts, en 1744, l'Angleterre donne son approbation et assume leur financement. Trois ans après cette décision, le capitaine Goreham reçoit un brevet royal et la compagnie est payée à même le trésor britannique. Ce qui signifie que ce corps, constitué en grande partie d'Amérindiens et de Métis, fait désormais partie de l'armée régulière britannique. Les *Nova Scotia Rangers* seraient donc le premier corps régulier levé dans les colonies britanniques au Canada.

L'île Royale est remise à la France

Durant l'année 1747, les compagnies franches de l'île Royale, celles qui avaient été envoyées à Rochefort en France, sont dépêchées à Québec, où elles renforcent la garnison. En 1749, le traité d'Aix-la-Chapelle ayant rendu Louisbourg à la France, la garnison, augmentée de 16 nouvelles compagnies, retourne à son point d'attache. Encore une fois, rapporte l'intendant Bigot en

Vue d'Annapolis Royal, Nouvelle-Écosse, vers 1753. John Hamilton. Aquarelle.

Archives nationales du Canada, (C2706).

1750, « l'esprit du soldat de l'île Royale, qui se trouve dans un affreux et vilain pays et resserré dans une place, s'y ennuie et n'est occupé que de trahisons »[131]. Pour briser un peu l'isolement de la troupe, l'état-major propose d'échanger quelques compagnies de l'île Royale contre d'autres venant d'ailleurs au Canada. La mesure sera adoptée en 1752 et deux compagnies se

Soldat du 40e régiment d'infanterie britannique, vers 1745. Pour le service ordinaire, le soldat anglais porte des guêtres brunes, au lieu des guêtres blanches, plus salissantes. Par temps frais, il dégrafe les retroussis de son habit pour se couvrir les cuisses et croise les revers. Reconstitution de G.A. Embleton.

Service canadien des parcs.

remplaceront mutuellement tous les deux ans. Mais au Canada, cela « n'arrange pas tout le monde »[132] et cette pratique est vraisemblablement abandonnée à la veille de la guerre de Sept Ans. À Louisbourg, les mesures qu'on adoptera pour remédier à la situation seront surtout d'affermir la discipline.

175

Cette tâche sera accomplie par Michel Lecomtois de Surlaville qui arrive en 1751 comme major des troupes. Il observe que les rangs sont « mal alignés et [que] plusieurs soldats ne connaissent même pas l'usage de leur fusil » et parlent entre eux. Le défilé se fait « sans aucune règle fixe », les soldats portant leurs armes comme il leur plaît, et ayant les cheveux « point ou mal attachés ». L'armement et l'équipement sont en désordre, l'habillement « crasseux et usé ». Ancien colonel des Grenadiers de France, Surlaville se montre fort vexé de cet état de choses. Les officiers seront désormais tenus de porter leur uniforme et de montrer

Les troupes de la Nouvelle-Angleterre, appuyées par la marine britannique, débarquent à Louisbourg en 1745. Peinture de J. Stevens gravée par Brooks.
Archives nationales du Canada, (C10994).

l'exemple de la discipline, les sergents devront demeurer avec leurs hommes et partager leurs repas, les cadets sont « avertis » de ne pas s'absenter des exercices, et les soldats devront se trouver aux casernes, être propres, « se peigner et attacher leurs cheveux ». Surlaville fait multiplier les exercices et, après quelques semaines, note certains progrès[133]. La consigne qu'il applique ainsi a jusqu'alors

été peu évidente au sein des troupes de l'île Royale, à savoir que plus la discipline est stricte, mais juste, dans une garnison isolée, plus les soldats qui composent celle-ci deviennent fiers et s'endurcissent à la vie militaire. Quand il quitte Louisbourg, en 1754, Surlaville laisse une troupe bien disciplinée, accoutumée aux exercices militaires et ayant sans doute un bon esprit de corps.

Halifax, clef de l'Atlantique

Ayant perdu Louisbourg, les autorités britanniques décident d'établir à leur tour une puissante base navale et militaire en Nouvelle-Écosse.

En 1749, ils fondent la ville de Halifax et des travaux d'envergure commencent. Cette décision est certainement, d'un point de vue de stratégie maritime, sinon de stratégie tout court, l'une des plus sages qui aient jamais été prises dans l'histoire du Canada et dans celle de la Grande-Bretagne elle-même. Halifax, c'est la clef de l'Atlantique Nord et, encore aujourd'hui, la plus grande base navale du Canada.

En mai 1749, les 65e et 66e régiments sont dissous, tandis que les trois régiments britanniques, les 29e, 30e et 45e, sont transférés dans la nouvelle ville. Le 40e régiment y établit son quartier général, et un détachement d'artillerie fait de même.

L'arrivée de plus de 1 300 colons à Halifax en 1749 entraîne bientôt la mise sur pied d'un corps de milice. Le 10 décembre, tous les hommes de la ville âgés de 16 à 60 ans et en état de porter les armes sont rassemblés au Champ-de-Mars, où l'on procède à la nomination des officiers. On forme 10 compagnies d'infanterie, chacune commandée par deux officiers et comprenant de 70 à 80 hommes, ainsi qu'une compagnie d'artificiers destinée à assister les ingénieurs de l'armée régulière.

Soldat des « Nova Scotia Rangers », vers 1750. Reconstitution de G.A. Embleton.
Ministère de la Défense nationale du Canada.

Ces compagnies sont tenues de s'exercer au maniement des armes toutes les semaines. Les absents doivent payer une amende et peuvent même être emprisonnés. La discipline y est stricte – ne voit-on pas un sergent puni de 20 coups de fouet pour avoir insulté son capitaine! Les devoirs consistent à participer à des corvées pour la construction des fortifications et à monter la garde à tour de rôle. Un détachement de 150 miliciens est préposé au guet chaque nuit. Ces hommes sont armés, mais n'ont pas

d'uniformes. Ils gardent leurs vêtements civils. Cette solide organisation peut être considérée comme le véritable début de la milice dans les provinces maritimes.

Vers la fin de l'année suivante, une nouvelle compagnie de milice est formée à Darmouth et, en juin 1751, deux autres dans les faubourgs de Halifax. Les escarmouches provoquées par les Amérindiens qui rôdent continuellement autour des établissements britanniques rendent cette protection nécessaire. Le 22 mars 1753, le gouverneur Peregrine Hopson, aussi colonel du 29e régiment, oblige tous les sujets britanniques de la province à former des corps de miliciens, y compris les nouveaux colons allemands, qui se regrouperont dans le bataillon de Lunnenbourg.

Une milice maritime soldée voit également le jour en 1749. Elle sert à bord de petits navires afin de protéger le commerce côtier des raids navals des Micmacs, d'assurer les communications et d'acheminer les approvisionnements de Halifax aux détachements postés dans les ports d'Annapolis, de Pizquid, de Grand-Pré et de Canso. Les navires et leurs équipages, engagés par le gouverneur, forment un genre de petite marine provinciale

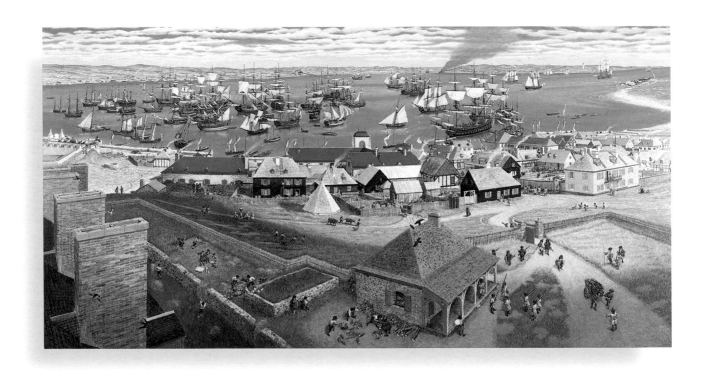

179

temporaire. Les navires *Ulysses*, *New Casco*, *Dove*, *Yorke* et *Warren* sont en service de 1749 à 1755 et quelques autres le seront pour des périodes plus courtes. Ces bâtiments de dimension réduite mesurent approximativement 30 mètres, jaugent environ 90 tonneaux et sont sans doute armés de petites pièces d'artillerie. Cette milice maritime disparaît avec la déclaration de la guerre de Sept Ans, en 1756, car la Royal Navy assume alors la responsabilité de toute la défense navale.

Prépondérance française à Chignectou

Si les troupes et milices anglaises parviennent à assurer la défense des établissements sur la côte et sur une bonne partie du littoral, elles ne peuvent stopper les raids effectués par d'importantes expéditions françaises envoyées du Canada à la frontière de la Nouvelle-Écosse, ni empêcher que l'isthme de Chignectou ne demeure français. La paix de 1748 ravivera les prétentions britanniques selon lesquelles leur territoire comprend l'isthme et tout établissement acadien dans ce qui est aujourd'hui le Nouveau-Brunswick. Pour leur part, les Français maintiennent des troupes régulières et des miliciens canadiens à l'ouest de la rivière Missiquash, tandis que les troupes britanniques restent à l'est de cette frontière officieuse, mais bien réelle. Au début de 1751, les Français érigent les forts Gaspareau et Beauséjour pour contrebalancer la présence du fort Lawrence, érigé en octobre 1750. La situation est tendue et les petits incidents sont fréquents, mais, dans l'ensemble, une certaine stabilité règne... du moins durant quelques années.

L'avenir de Louisbourg

Louisbourg demeure le centre stratégique de l'activité maritime française. Il n'y a néanmoins que 1 100 soldats pour la défendre et une population de 4 000 âmes. Les colonies du sud, quant à elles, sont maintenant appuyées par la Royal Navy et par une milice de plus en plus nombreuse et de mieux en mieux formée. La fondation récente de la ville de Halifax, vouée à devenir une puissante base navale, confirme bien la volonté des Britanniques de contrôler le trafic maritime de la côte atlantique. À ce rythme, non seulement l'équilibre des forces entre les différentes nations est rompu, mais la situation géopolitique de Louisbourg en fait maintenant une cible incontournable.

LES ARMES

Mousquet à mèche, vers 1665. Service canadien des parcs.

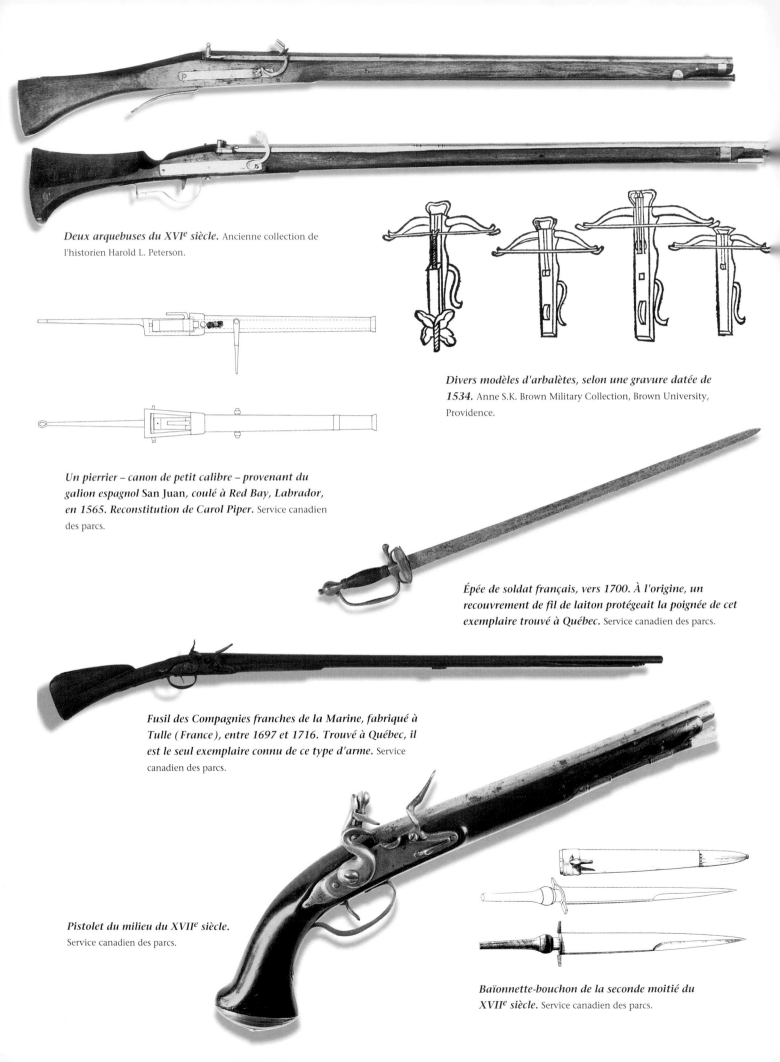

Deux arquebuses du XVIe siècle. Ancienne collection de l'historien Harold L. Peterson.

Divers modèles d'arbalètes, selon une gravure datée de 1534. Anne S.K. Brown Military Collection, Brown University, Providence.

Un pierrier – canon de petit calibre – provenant du galion espagnol San Juan, *coulé à Red Bay, Labrador, en 1565. Reconstitution de Carol Piper.* Service canadien des parcs.

Épée de soldat français, vers 1700. À l'origine, un recouvrement de fil de laiton protégeait la poignée de cet exemplaire trouvé à Québec. Service canadien des parcs.

Fusil des Compagnies franches de la Marine, fabriqué à Tulle (France), entre 1697 et 1716. Trouvé à Québec, il est le seul exemplaire connu de ce type d'arme. Service canadien des parcs.

Pistolet du milieu du XVIIe siècle. Service canadien des parcs.

Baïonnette-bouchon de la seconde moitié du XVIIe siècle. Service canadien des parcs.

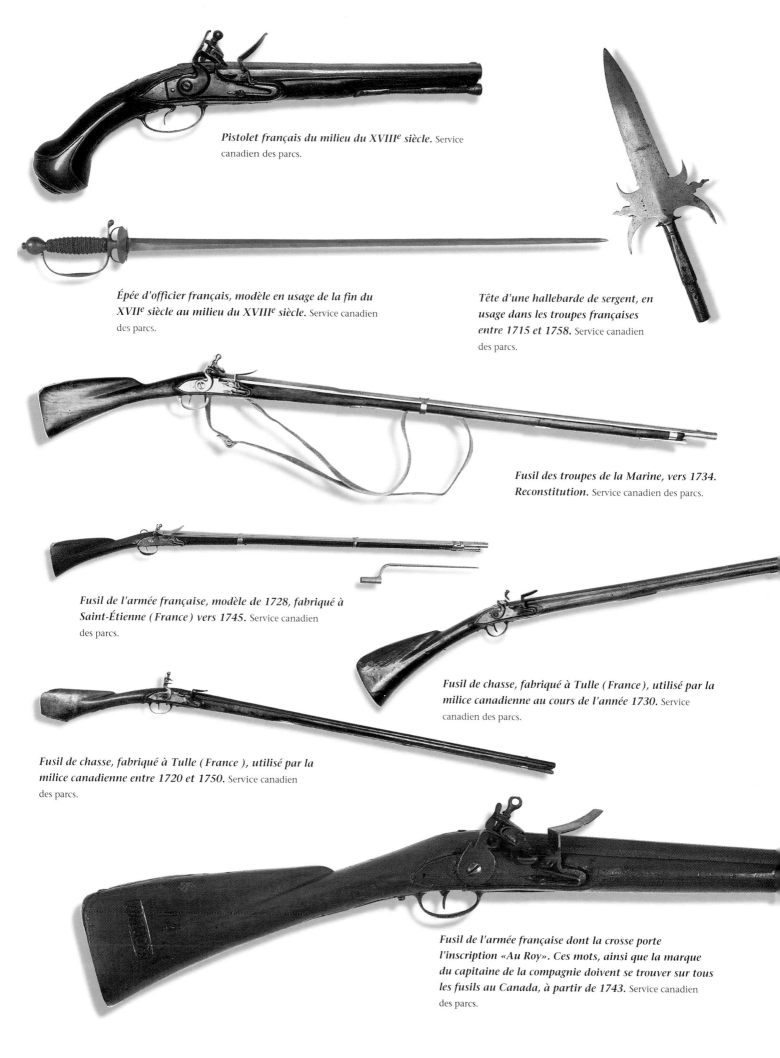

Pistolet français du milieu du XVIIIe siècle. Service canadien des parcs.

Épée d'officier français, modèle en usage de la fin du XVIIe siècle au milieu du XVIIIe siècle. Service canadien des parcs.

Tête d'une hallebarde de sergent, en usage dans les troupes françaises entre 1715 et 1758. Service canadien des parcs.

Fusil des troupes de la Marine, vers 1734. Reconstitution. Service canadien des parcs.

Fusil de l'armée française, modèle de 1728, fabriqué à Saint-Étienne (France) vers 1745. Service canadien des parcs.

Fusil de chasse, fabriqué à Tulle (France), utilisé par la milice canadienne au cours de l'année 1730. Service canadien des parcs.

Fusil de chasse, fabriqué à Tulle (France), utilisé par la milice canadienne entre 1720 et 1750. Service canadien des parcs.

Fusil de l'armée française dont la crosse porte l'inscription «Au Roy». Ces mots, ainsi que la marque du capitaine de la compagnie doivent se trouver sur tous les fusils au Canada, à partir de 1743. Service canadien des parcs.

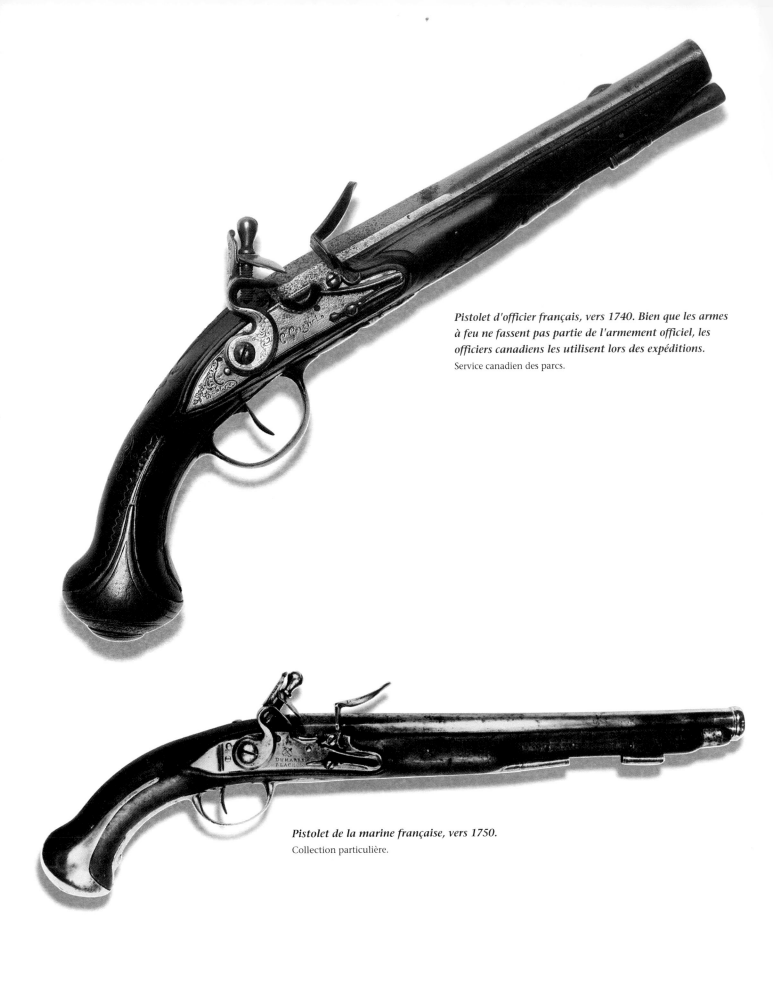

Pistolet d'officier français, vers 1740. Bien que les armes à feu ne fassent pas partie de l'armement officiel, les officiers canadiens les utilisent lors des expéditions.
Service canadien des parcs.

Pistolet de la marine française, vers 1750.
Collection particulière.

Chapitre 7

L'EMPIRE MILITAIRE

Dès le début du XVIIe siècle, les Français s'aventurent de plus en plus profondément vers le centre du continent. De 1658 à 1662, Pierre Radisson explore le lac Supérieur, se rend jusqu'à la baie d'Hudson par la rivière Albany et découvre le haut Mississippi. D'autres explorateurs emboîtent le pas. Ainsi, en 1673, Louis Jolliet et le père Marquette descendent le fleuve que les Amérindiens nomment Mississippi jusqu'à l'Arkansas. Poussant plus loin encore ces explorations, Robert Cavelier de La Salle, parti de Montréal, parvient au golfe du Mexique en 1682. Il donne le nom de Louisiane aux territoires dont il prend possession pour le roi Louis XIV. La signification stratégique et géopolitique de ces explorations n'échappe pas aux Français qui voient la possibilité d'un immense empire s'ouvrir à eux en contrôlant les fleuves Saint-Laurent et Mississippi. Deux ans plus tard, La Salle, à la tête d'une flotte de plusieurs navires transportant des colons et une centaine de soldats, quitte la France afin de fonder une nouvelle colonie sur le territoire qu'il vient de découvrir. Mais il ne retrouve pas l'embouchure du Mississippi et la tentative tourne au désastre sur les côtes du Texas où il est finalement assassiné. La colonisation se fera donc par le nord, à la même époque, alors que les missionnaires et les commerçants, suivis de quelques colons du Canada qu'attire cette terre plus tempérée, installent de petits postes dans le haut Mississippi, appelé « les Illinois ».

À la suite de la fondation de Biloxi par d'Iberville en 1699, la France, grâce aux Canadiens, prend solidement pied dans le golfe du Mexique. Dès les années 1720, une chaîne de forts, établis le long du Mississippi, assure les communications entre la Nouvelle-Orléans et les Illinois. Par après, des fortins sont aussi érigés sur les bords des fleuves Arkansas et Missouri, portant l'influence française jusqu'aux nations amérindiennes des plaines centrales. Enfin, de 1730 à 1743, les La Vérendrye, père et fils, lancés à la découverte de la « mer de l'Ouest », parsèment leur chemin de forts jusqu'aux Rocheuses, étendant ainsi l'emprise française sur une autre portion importante du continent nord-américain.

Comme pour tout empire, les militaires auront un rôle prépondérant à jouer dans la création de celui que la France projette d'établir en Amérique du Nord. Il s'agit

pour elle de contrôler tout accès à l'intérieur du continent. Et si elle crée de solides alliances avec de nombreuses nations amérindiennes, la guerre avec les Renards, alliés des Iroquois, la nécessité de limiter l'expansion des colonies anglaises et espagnoles à l'est et au sud, exigeront d'elle des ressources humaines et militaires considérables. Qu'ils encadrent les expéditions d'exploration, soumettent les ennemis de la France ou assurent la défense et la gestion des territoires conquis, les soldats et officiers des compagnies franches seront les grands artisans de ce volet de l'empire français en Amérique du Nord.

Vers les Grands Lacs

La ville de Québec « ne pourrait pas être mieux postée quand elle devrait devenir un jour la capitale d'un grand empire »[134], écrit Frontenac à Colbert, en 1672. À compter de la seconde moitié du XVIIe siècle, toutefois, si Québec conserve son rôle de capitale administrative, Montréal devient le pivot stratégique du Canada par sa position au cœur d'un réseau de voies d'eau irradiant dans toutes les directions. Elle est le centre nerveux du déploiement des troupes françaises jusqu'au cœur du continent, et, par voie de conséquence, le quartier général de la plupart des

Compagnies franches de la Marine. Sur les 28 unités, 19 y sont postées, contre sept pour la garnison de Québec et deux pour celle de Trois-Rivières. Montréal déclasse ainsi Québec au rang de premier poste défensif de la colonie, bien qu'elle ne bénéficie pas des mêmes avantages naturels ou artificiels, puisque ses modestes fortifications en bois, puis en pierre à partir des années 1720, qui peuvent assurer une protection contre des rôdeurs ennemis, ne pourraient soutenir un siège régulier. Montréal est donc la grande base d'où partent les attaques contre tous ceux qui veulent s'opposer aux visées expansionnistes de la France au sud et à l'ouest.

En 1673, en même temps qu'il encourage les grandes expéditions d'exploration vers le sud, un Frontenac visionnaire pose le premier geste concret en vue de créer cet empire français d'Amérique du Nord en faisant ériger un fort – le fort Frontenac, aujourd'hui Kingston, Ontario – à l'entrée des Grands Lacs. On y poste d'abord quelques soldats détachés des petites garnisons de Montréal et de Québec. À partir de 1675, les compagnies commerciales qui effectuent la traite des fourrures sur ce territoire y entretiennent leurs propres soldats. Ceux des Compagnies franches de la Marine les relèvent, en 1684, et deviennent ainsi la première garnison royale sur les Grands Lacs. La deuxième

186

Hostilités amérindiennes

s'installe, trois ans plus tard, à Niagara. Quelques soldats se rendront en outre à Michillimakinac et même jusque chez les Illinois, mais ces petits détachements seront retirés en 1698, étant trop faibles pour résister aux Iroquois ou à d'autres tribus hostiles qui pourraient se présenter en force. Ainsi commence le déploiement d'un vaste réseau défensif autour des Grands Lacs.

La « grande paix »[135], conclue cérémonieusement à Montréal, après de longues et tortueuses négociations, entre la France, la Confédération iroquoise et les autres nations amérindiennes des Grands Lacs, lève les principales entraves qui empêchaient l'expansion française vers l'Ouest. Sans même attendre la fin des négociations, un contingent de 90 soldats, sous la direction d'Antoine de La Mothe-Cadillac, monte à bord de 25 grands canots, aborde la rive du lac Érié le 24 juillet 1701 et fonde Détroit. Il s'agit d'une colonisation militaire, car la plupart des soldats viennent pour s'y établir. Ce poste prospère rapidement, étant admirablement situé tant pour le commerce des fourrures que pour assurer les communications entre le Canada, l'Illinois et les établissements français sur le Mississippi.

À mesure que les Français progressent vers l'ouest, ils créent des alliances avec la plupart des tribus amérindiennes qu'ils rencontrent. Cependant, les Renards ou Outagamis, alliés des Iroquois, poussés par les Anglais, se révèlent des ennemis irréductibles. Ce sont de féroces guerriers, hardis et vaillants. Après divers incidents et provocations de leur part, les Français les invitent à vivre en paix auprès d'eux. Ils sont nombreux à répondre à l'invitation et à se présenter

Jean-Baptiste Le Moyne de Bienville (1680-1767), fut surnommé le « père de la Louisiane ». Cet officier montréalais, frère de Pierre Le Moyne d'Iberville, sut transformer un fortin en une vaste colonie française. Anonyme. Huile datant de 1730 environ.
Musée d'art de Joliette.

Louis XV, roi de France de 1715 à 1774, portant les habits et insignes royaux. Anonyme. Huile datant du milieu du XVIIIᵉ siècle.
Archives nationales du Canada, (C604)

Sainte-Claire et des centaines de leurs guerriers sont anéantis. Cette défaite, qui ne marque cependant pas la fin des hostilités, les force à se tenir à l'écart pendant un certain temps.

La trêve avec les Renards permettra la poursuite des établissements français dans la région des Grands Lacs. Bien que laissés sans garnison durant la guerre de Succession d'Espagne, ceux-ci continuent néanmoins de prospérer. Michillimakinac demeure la capitale des fourrures du Nord-Ouest. On y rencontre quelques missionnaires, des « voyageurs », des coureurs des bois et aussi des colons qui ont quitté les rives du Saint-Laurent pour s'établir dans la contrée. Avant même la fin des hostilités avec les Renards, on trouve des Français établis aussi loin que La Baie (Green Bay, Wisconsin). En outre, plusieurs établissements s'élèvent déjà dans les Illinois (essentiellement le sud de l'État actuel de l'Illinois et l'est du Missouri) et ont pour chef-lieu le village de Kaskaskia.

À partir de 1715, on complète le système de défense des Grands Lacs, interrompu par la guerre de Succession d'Espagne. On détache de nouveau des garnisons dans les différents postes, qui en étaient à peu près démunis depuis 1698, et une vingtaine de soldats sont envoyés, notamment, à Michillimakinac. Afin de contrôler la route entre les

devant Détroit, en 1711. Mais ils se brouillent avec d'autres tribus et, en 1712, assiègent les villages amérindiens édifiés autour du fort. N'ayant qu'une vingtaine de soldats dans sa garnison, le commandant Dubuisson fait appel aux miliciens et reçoit en outre le renfort de centaines d'Outaouais et d'Illinois alliés. Repoussés, les Renards subissent à leur tour un siège de 19 jours dans leur village palissadé. Alors qu'ils tentent une sortie nocturne, ils sont rattrapés près du lac

Grands Lacs et le Mississippi, on construit un fortin aux Miamis (aujourd'hui Fort Wayne, Indiana) et un autre à Saint-Joseph (Niles, Michigan).

Un incident sanglant rappelle alors aux Français que les Renards sont toujours en travers de leur chemin : la mort, au cours d'une embuscade tendue par les Cherokees, amis des Renards, de deux jeunes officiers appartenant à la nouvelle bourgeoisie militaire canadienne. L'un est le fils du gouverneur Ramezay et l'autre celui du baron de Longueuil. Toute la colonie crie vengeance ! En mai 1716, une expédition militaire contre les Renards est donc organisée. Ayant à sa tête le sieur de Louvigny, un contingent formé de 225 soldats et miliciens accompagnés de nombreux Amérindiens alliés se dirige vers l'État actuel du Wisconsin, traînant deux petits canons et un mortier à grenade. Réfugiés dans un grand village fortifié de trois palissades (près de Sill Creek, Wisconsin), les Renards proposent, après quelques jours de siège, une capitulation que Louvigny accepte.

La colonie est désormais prévenue qu'il vaut mieux continuer de tenir à l'œil les Renards. L'année suivante, en 1717, afin de suivre de plus près les activités de cette tribu, on érige le fort La Baie et une petite garnison arrive à Chagouamigon (près d'Ashland, Wisconsin),

tandis qu'un sergent et une dizaine de soldats s'installent au fort Saint-Louis de Pimitcouy (près d'Utica, Illinois). Étant donné la proximité des forts qui longent le Mississippi, on décide alors d'annexer à la Louisiane « le pays des Illinois », bien que sa population soit originaire des rives du Saint-Laurent. Décision géographiquement logique et qui améliorera la défense de cette région. Les quelques soldats canadiens qui y sont postés seront relevés par un détachement de troupes louisianaises comprenant une cinquantaine de soldats sous la direction d'un officier lui-même d'origine canadienne, Pierre Dugué de Boisbriant. Partis de la Nouvelle-Orléans, ces hommes arrivent à Kaskaskia à la fin de 1718 et construisent en 1720, sur les bords du Mississippi, le fort de Chartres qui devient le centre administratif de la haute Louisiane – que l'on continue d'appeler « les Illinois ». Par la suite, les garnisons louisianaises agiront toujours de concert avec les détachements canadiens dans ces fortins du nord-ouest.

Cette même année, lors de la guerre de la Quadruple Alliance contre l'Espagne, le jeu des alliances amérindiennes jouera de façon inattendue en faveur des Français. Des membres des tribus Otos et Panis anéantiront, en effet, dès qu'elle s'approchera des Illinois, une expédition militaire espagnole en route depuis Sante Fe, au Nouveau-Mexique, sous la direction du commandant Villasur qui s'est donné pour mission de chasser les commerçants français des Prairies. Ce désastre facilitera par la suite l'érection de quelques fortins dotés de petites garnisons à l'ouest du Mississippi, dont le plus avancé est le fort Cavagnal (près de Leavenworth, Kansas). Grâce à ce réseau défensif, les Français jouissent maintenant d'une certaine hégémonie sur les plaines centrales.

La fin des Renards

Désireux de laver l'humiliation que leur ont infligée les Français en 1716, les Renards se manifestent de nouveau au début des années 1720 et multiplient les incidents en s'attaquant à la nation des Illinois, alliée des Français. Le commandant Lignery leur impose une paix précaire en 1726, ce qui n'empêchera pas les Renards de conclure, dès l'année suivante, des alliances avec les nations Winnebagos, Sioux, Mascoutins et Kickapous pour combattre les

Français. Entre temps, la petite garnison du nouveau fort Beauharnois (près de Frontenac, Minnesota), coincée entre les Renards et les Sioux, évacue la place, en octobre 1727, mais est capturée par les Mascoutins et les Kickapous. Par crainte de la vengeance française, ceux-ci la relâchent au printemps suivant et annulent leur alliance avec les Renards. Les Winnebagos se retirent aussi tandis que les Sioux optent pour la neutralité. En 1728, quelque 400 militaires et miliciens, accompagnés d'environ 800 Amérindiens alliés arrivent à La Baie. Ils brûlent les villages et les cultures des Renards, mais, incapables de les cerner, rebroussent chemin près de la ville actuelle d'Oshkosh, au Wisconsin.

Le commandant Lignery sera sévèrement critiqué par le gouverneur général Beauharnois pour ce demi-échec. Reprenant l'initiative en 1729, celui-ci demande à ses alliés amérindiens la destruction pure et simple des Renards. En octobre, un parti de guerre formé de Chippewas et d'Outaouais inflige une importante défaite aux Renards. Mais ce n'est pas encore assez pour les soumettre. Beauharnois envoie une force de 600 soldats et guerriers alliés, commandée par le capitaine

Paul Marin prêter main-forte aux alliés. Au printemps de 1730, après cinq jours de combat à Little Lake Butte des Morts, au Wisconsin, les Renards, très affaiblis, adoptent une solution désespérée : se réfugier chez les Iroquois, au sud du lac Ontario.

Au début d'août, toutefois, leurs anciens alliés, les Mascoutins, avertissent le commandant du fort Saint-Joseph, Coulon de Villiers, du déplacement des Renards vers l'est. L'alarme est donnée aux commandants de Détroit, du fort Miami et du fort Vincennes en haute Louisiane. Un autre corps franco-amérindien, que dirige le commandant Saint-Ange, est déjà, d'ailleurs, à leur poursuite. Comprenant qu'ils sont pris, les fugitifs construisent rapidement un fort[136]. Le corps de Saint-Ange y arrive le 10 août, suivi de celui de Villiers sept jours plus tard, et d'autres encore. En quelques jours, c'est plus de 200 Français et 1 200 alliés amérindiens de l'Illinois et de la Louisiane qui encerclent les quelque 900 Renards. Irrité de ce qu'il considère comme leur mauvaise foi, Beauharnois interdit toute négociation et n'accepte que la soumission sans condition. Le 9 septembre, alors qu'ils tentent à la faveur de la nuit de s'échapper, les Renards sont rapidement pris par leurs ennemis amérindiens. Leur fin sera horrible: 500 d'entre eux, guerriers, femmes et enfants, seront tués et les 400 autres amenés

en esclavage. Les Français se tiennent à l'écart, pas mécontents de ce règlement de compte entre Amérindiens.

Une cinquantaine de guerriers renards seulement échapperont au massacre. La puissance de leur nation est réduite à néant, mais ils n'ont pas dit encore leur dernier mot. Trois ans plus tard, renforcés par une nouvelle alliance, cette fois avec les Saukis (ou Sauks), ils infligeront de lourdes pertes aux Français près de La Baie : 12 morts, dont quatre officiers, 16 blessés, incluant cinq officiers. Critiqué par le ministre de la Marine, Beauharnois est désormais résolu à éliminer cette nation apparemment indestructible, ainsi que ses nouveaux alliés. En août 1734, le commandant Noyelles, qui a reçu ce mandat, quitte Montréal pour l'Iowa, où se sont établis les Renards, accompagné d'une troupe de 210 hommes, dont 130 Amérindiens alliés, auxquels d'autres se joindront en cours de route. Ils n'arriveront qu'en avril 1735, épuisés par la longue marche et le moral affecté par de nombreuses désertions amérindiennes. Cette fois, les Renards et les Saukis ont l'avantage du nombre. Après quelques escarmouches, au cours desquelles deux officiers sont tués, un traité de paix est conclu. Les Renards, si puissants dix ans auparavant, ont perdu de leurs territoires et sont réduits à peu de gens. Il semble inutile de

compagnies pour revenir graduellement par la suite au nombre initial. De 1721 à 1725, une compagnie de soldats-ouvriers suisses y sert également. Mais la prise du fort Rosalie (aujourd'hui Natchez, État du Mississippi) par la nation natchez démontre la faiblesse militaire de la Louisiane, qui redeviendra colonie royale en 1731 et sera administrée par le ministère de la Marine. Celui-ci y dépêchera cinq nouvelles compagnies qui s'ajouteront aux huit alors en place. La quatrième compagnie du régiment suisse de Karrer, qui compte à elle seule 200 officiers et soldats, s'y joint également.

poursuivre les opérations. Deux ans plus tard, Beauharnois leur accordera finalement le pardon. Ce qui aura pour effet d'améliorer l'influence française en haute Louisiane (les Illinois).

La tactique canadienne en Louisiane

Faisant partie de la Nouvelle-France au même titre que l'Acadie et le Canada, la Louisiane possède ses propres troupes depuis 1704, alors qu'une garnison permanente y est établie avec l'arrivée de deux Compagnies franches de la Marine, fortes de 50 hommes chacune. Cette garnison sera augmentée à quatre compagnies en 1715, puis à huit l'année suivante. En 1717, sous le monopole de la Compagnie d'Occident puis de la Compagnie des Indes qui lui succédera en 1721, au moment où la Louisiane annexe « les Illinois », on passe de huit à 16

Les troupes de la Louisiane sont surtout postées dans les nombreux forts qui jalonnent le Mississippi, du golfe du Mexique jusqu'aux Illinois. Une partie des officiers qui les commandent sont originaires du Canada et on y trouve des cadets à l'aiguillette à compter de 1738. Leur organisation est

Le chevalier Jean-Louis de La Corne de Saint-Luc (1666-1732) perdit un œil au siège de Gironne en 1684. Il obtint un brevet de sous-lieutenant l'année suivante dans les Compagnies franches de la Marine au Canada où il participa à de nombreux combats et acquit une réputation de bravoure. Huile attribuée à Michel Dessaillant de Richeterre, vers 1710.
Musée du Séminaire de Québec.

semblable à celle des troupes canadiennes. L'armement, l'uniforme et le mode de recrutement sont identiques. La Louisiane possède aussi une milice, dont l'organisation est calquée sur celle du Canada dans les Illinois, et sur celle des Antilles françaises, au sud.

En 1739 et 1740, la supériorité des tactiques utilisées par les troupes de la Marine issues du Canada sur celles pratiquées en Europe fut démontrée avec un certain éclat en Louisiane. Sous l'influence des Anglais, la nation des Chicachas (ou Chickasaws) était alors en guerre avec les Français. On décida donc d'envoyer de la métropole un corps expéditionnaire de 600 hommes. Malheureusement, ces troupes furent menées comme si elles faisaient une campagne européenne. Elles se déplaçaient avec lenteur alors que les Chicachas étaient insaisissables ou attendaient, bien embusqués dans leurs lointains villages fortifiés. Au début de 1740, de nombreux soldats furent en outre emportés par la maladie et le sieur de Noailles, qui commandait l'expédition, dut finalement rebrousser chemin.

Fort heureusement pour l'honneur de la France, le ministre de la Marine avait demandé au gouverneur général de la Nouvelle-France de veiller à ce qu'un corps militaire provenant du Canada fasse la jonction avec l'expédition du sieur de Noailles. Une force de 442 hommes, dont 319 Amérindiens alliés, sous les ordres du baron de Longueuil, quitte Montréal, en juillet 1739, en direction de la Louisiane[137]. Une autre troupe, partie de Michillimakinac et ayant à sa tête le capitaine Pierre-Joseph Céloron de Blainville, la rejoint et le contingent descend ensemble le Mississippi. La jonction avec les troupes françaises se fait au début de janvier 1740, au nord de la ville actuelle de Memphis, dans le Tennessee. Les troupes expéditionnaires françaises parlent de se retirer, mais le capitaine Blainville, avec une centaine de militaires et de miliciens canadiens, 200 Iroquois et Chactas alliés, marche résolument vers les villages ennemis, y mène une vigoureuse attaque, et les Chicachas n'ont d'autre choix que de demander la paix. Que Céloron leur accorde. L'honneur militaire français est sauf. Les corps expéditionnaires retournent à leurs bases respectives, qui en France et qui au Canada.

La Nouvelle-Angleterre

Quelques années plus tard, la déclaration de la guerre entre la France et la Grande-Bretagne, en 1744, aura pour conséquence de déplacer l'action militaire du centre vers l'est. Les colonies britanniques à l'ouest du Massachusetts et du

Connecticut, et au nord d'Albany, dans la province de New York, sont alors la cible de multiples raids menés à partir du Canada dans le but de faire échec à leur progression. La plupart de ces attaques sont perpétrées par de petits groupes d'Abénaquis ou d'Agniers alliés aux Français, mais aussi à l'occasion par des miliciens et des militaires canadiens. Ainsi, en novembre 1745, et de nouveau durant l'été de 1746, Saratoga, dans l'État actuel de New York, est frappé par de puissantes expéditions venues du Canada sous la conduite du commandant Paul Marin de La Malgue.

Le gouverneur du Massachusetts renforcera la défense de ses frontières en y établissant des forts. Aux 445 hommes qu'il mobilise pour servir de garnisons, s'ajoute en 1746 un renfort de 200 autres. Pour exacerber quelque peu la haine des Amérindiens, il instaure un système de récompenses basé sur l'obtention de scalps de Français ou de leurs alliés, dont ceux de « femelles ou mâles ayant moins de douze ans »[138]. Cette piètre politique ne donnera pas les résultats escomptés. En août, une importante expédition, sous le commandement de Rigaud de Vaudreuil, rase le fort Massachusetts (aujourd'hui Adams, Massachusetts).

Charles Le Moyne, deuxième baron de Longueuil (1687-1755), portant l'uniforme des Compagnies franches de la Marine du Canada. Il servit durant de nombreuses années dans l'état-major de Montréal. En 1739-1740, il commanda l'expédition canadienne qui alla combattre les Chicachas en Louisiane. Anonyme. Huile datant de 1733 environ.
Musée d'art de Joliette.

Entre temps, le gouverneur de New York ne reste pas inactif. Il invite les miliciens du New Jersey, du Connecticut et du Maryland à joindre les siens pour prendre le fort Saint-Frédéric. Les troupes sont finalement rassemblées à la fin de 1746 à quelques kilomètres au nord d'Albany, mais de multiples malentendus, qui ont leurs échos dans le *New York Gazette*, au sujet du paiement des frais de l'expédition et d'une certaine « peculation » qui entoure l'achat des habits bleus et des culottes rouges des 500 volontaires du New Jersey, provoquent l'effondrement du projet.

Pendant que les miliciens des colonies britanniques font marche arrière, les raids des Canadiens et de leurs alliés continuent de plus belle. Le fort Nº 4 (aujourd'hui Charlestown, New Hampshire) et le nouveau fort Massachusetts, reconstruit en mai, résistent

Les militaires canadiens portaient le capot court, les mitasses, le brayet et les mocassins lorsqu'ils partaient pour des expéditions lointaines à travers les forêts. Reconstitution de Francis Back.

Service canadien des parcs.

tant bien que mal, mais la garnison du fort Clinton (près d'Easton, New York) est quasiment décimée par Luc de La Corne de Saint-Luc à la tête d'une vingtaine de militaires et de miliciens et de quelque 200 Amérindiens. Plusieurs villages entre Deerfield, Massachusetts, et White River (dans la région de Hartford, Vermont) doivent être abandonnés. Ce sera en définitive la paix, signée en Europe le 7 octobre 1748, qui ramènera un peu de calme dans les colonies. Lorsque la nouvelle en parviendra à Boston, le 10 mai 1749, elle apportera un certain soulagement aux Américains dont le problème demeure cependant entier, puisqu'ils ne peuvent défendre leurs frontières contre les raids provenant du Canada.

Objectif : Ohio

La possession de la vallée de l'Ohio est un autre point litigieux entre la France et la Grande-Bretagne qui, toutes les deux, la revendiquent, la première en raison des explorations de La Salle au siècle précédent, et la seconde parce qu'elle fait partie du territoire occupé par les Iroquois, sujets britanniques, et qu'elle désire y exercer librement son droit de propriété. Bien que la France n'entretienne aucun doute quant à la justesse de ses propres prétentions, un seul poste, le fort Vincennes au confluent de l'Ohio et de la rivière Wabash, assure la sécurité de cette route fluviale. Déjà, au cours des années 1740, on y note la présence d'un nombre croissant de marchands américains.

En juin 1749, une trentaine de militaires et 180 miliciens, accompagnés de quelques Amérindiens, partent de Montréal en expédition de reconnaissance. Sous la conduite du capitaine Céloron de Blainville, ils remontent la rivière Allegheny pour atteindre l'Ohio. En cours de route, ils enfouissent des plaques de

plomb indiquant que ce territoire appartient au roi de France. Après un périple de six mois, Céloron rapporte des nouvelles alarmantes : il n'a pu aboutir à aucune entente avec les marchands américains. Leur intransigeance n'a même fait que grandir au cours des négociations qu'il a entreprises avec eux. Quant aux Amérindiens de la région, ils semblent ralliés aux Anglais. L'occupation militaire du territoire s'impose.

Homme indécis, le gouverneur La Jonquière hésite. Pendant qu'il tergiverse, l'hostilité antifrançaise des Amérindiens se conjugue à celle des Américains qui veulent coloniser la vallée. Durant l'été, en effet, les Onontagués donnent leur accord à des colons de Virginie désireux de s'établir et de construire un fort dans la vallée. Par ailleurs, les Miamis, autrefois amis des Français, se montrent, sous le chef Memeskia, hostiles. Ils ont même accueilli des commerçants américains dans leur village de Pickawillany (aujourd'hui Piqua, Ohio), sur lequel

flotte le drapeau britannique. Sans attendre les instructions de Versailles, ni celles du gouverneur, les militaires des forts de l'Ouest réagissent. Le cadet Charles-Michel Mouet de Langlade, fils d'un important marchand de fourrures et d'une princesse, fille d'un chef de la nation des Outaouais, prend la tête d'une expédition punitive d'environ 250 Amérindiens et de quelques miliciens canadiens, et mène une attaque surprise contre Pickawillany pendant que les guerriers sont partis à la chasse. Memeskia est tué et mangé par ses ennemis amérindiens, tandis que les commerçants sont faits prisonniers et emmenés au Canada. Avant de partir, la troupe hisse non pas un, mais deux drapeaux français sur les ruines de Pickawillany. Cet incident eut des répercussions considérables sur la suite des événements. L'influence des Britanniques décrut chez les Amérindiens de la région, avertis du sort qui les attendait à courtiser les marchands américains. Les Miamis eux-mêmes furent divisés, la plupart choisissant de renouer des liens d'amitié avec les Français.

Quand le gouverneur La Jonquière meurt, finalement, en mars 1752, sans avoir pris aucune décision, le marquis de Duquesne, qui lui succède, arrive de France avec des instructions spécifiques : assurer l'Ohio à la France. Il mobilise d'importantes ressources en vue d'ériger de

nombreux forts dans la vallée et confie cette tâche au capitaine Paul Marin de La Malgue, officier d'expérience dans les campagnes de l'Ouest, qui s'est signalé notamment durant la guerre contre les Renards. Celui-ci quitte Montréal en direction de l'Ohio accompagné de 300 soldats des Compagnies franches de la Marine, de 18 de la Compagnie des canonniers-bombardiers, et d'environ 1 200 miliciens et 200 Amérindiens. Le fort Presqu'île (aujourd'hui la ville d'Érié, sur la rive sud du lac du même nom, en Pennsylvanie) sera complété en mai 1753, et le fort Le Bœuf en juillet. Puis, un détachement se rendra au confluent de la rivière au Bœuf et de l'Allegheny et commencera la construction du fort Machault au village amérindien de Venango (aujourd'hui Franklin, Pennsylvanie). Mais tous ces travaux sont réalisés dans des conditions climatiques difficiles, les pluies froides de septembre succédant aux chaleurs accablantes de l'été. De plus, les vivres, trop souvent gâtés, provoquent de nombreuses maladies. Marin lui-même décède et est remplacé par un autre vétéran des campagnes de l'Ouest, Jacques Le Gardeur de Saint-Pierre.

Le gouverneur de la Virginie, Robert Dinwiddie, alors persuadé que la vallée de l'Ohio appartient au roi d'Angletrerre, regarde d'un mauvais œil la construction de tous ces forts. Il envoie porter au fort Le Bœuf un ultimatum enjoignant la garnison de quitter les lieux. L'émissaire du message fera parler de lui un jour. C'est George Washington. Quant au contenu, il n'impressionnera ni le capitaine Saint-Pierre, qui le recevra le 11 décembre 1753, ni le gouverneur Duquesne qui, le 3 février 1754, enverra une importante expédition, sous le commandement de Claude Pécaudy de Contrecœur, assurer du renfort en Ohio. Arrivant le 16 avril à la croisée des rivières Monongahela et Ohio, Contrecœur y trouve une compagnie de soldats de la Virginie occupée à construire un fort. Il les invite à quitter les lieux immédiatement, ce qu'ils feront le lendemain. Les soldats français continuent ensuite tout bonnement la construction du fort qu'ils nommeront Duquesne (aujourd'hui Pittsburgh, Pennsylvanie) en l'honneur du gouverneur général de la Nouvelle-France.

Alarmé par la tournure des événements en Ohio, le gouverneur Dinwiddie propose alors des mesures énergiques : l'érection d'un fort sur la rivière Monongahela, la mobilisation de 800 miliciens pour une durée de quelques semaines et la levée immédiate d'un corps provincial de 300 volontaires. Il s'agit de rien de moins que de démanteler les possessions françaises en Ohio ! Mais la Pennsylvanie, colonie voisine, est alors gouvernée par une secte religieuse pacifiste, les Quakers, et est la seule, parmi les 13 colonies américaines, à n'avoir aucune loi obligeant les hommes à faire partie d'une milice. Son gouverneur est tout au plus autorisé à convier des volontaires non Quakers, qui sont cependant soldés par la colonie. Donc, peu d'espoir de lever là une force armée imposante. Même à Philadelphie il n'y a pas de garnison régulière ! Tel n'est pas le cas, cependant, en Virginie, colonie prospère et populeuse qui peut compter sur 27 000 miliciens. En février 1754, l'Assemblée législative approuve les mesures proposées par Dinwiddie. Le régiment de la Virginie est rapidement formé, armé, on le dote d'un uniforme rouge, et un détachement est aussitôt en route pour l'Ohio. Le jeune colonel est nul autre que George Washington...

Informé par ses éclaireurs de l'approche de cette troupe, le commandant du fort Duquesne, Claude Pécaudy de Contrecœur, envoie au-devant d'elle une mission parlementaire sous le commandement de l'enseigne Joseph Coulon de Villiers, sieur de Jumonville. Mais le matin du 28 mai 1754, le détachement de Washington, fort de 400 Américains et de leurs alliés amérindiens, attaque la petite escorte. En 15 minutes, 10 hommes sont tués, dont Jumonville, un autre est blessé et 21 sont faits prisonniers. Un seul membre de la mission parvient à s'échapper et à retourner au fort Duquesne, un milicien canadien nommé Monceau.

On ne saura sans doute jamais ce qui s'est passé au juste sur le site de la ville actuelle de Jumonville, en Pennsylvanie, ce 28 mai 1754, et la controverse demeure entière à ce sujet. Selon plusieurs témoignages, Jumonville fut tué alors qu'il tentait de parlementer, ce que nia Washington. Pour les historiens canadiens, il s'agit donc d'un assassinat pur et simple. Mais pour bien des historiens américains, soucieux de défendre la réputation du futur père de la nation américaine, Jumonville serait tombé dans un piège, une fusillade aurait éclaté et il aurait été, malheureusement, un de ceux qui y perdirent la vie. Quoi qu'il en soit, cette grave erreur diplomatique ébranla sérieusement la paix entre la France et l'Angleterre.

L'événement connaît un second rebondissement, le 26 juin suivant, quand le capitaine Louis Coulon de Villiers, des troupes de la

Marine, arrive au fort Duquesne avec des renforts et apprend la mort de son frère. Il obtient qu'on lui confie le commandement d'une troupe de quelque 600 militaires et miliciens canadiens ainsi que d'une centaine d'Amérindiens, et se lance à la poursuite des volontaires américains. Il arrive au site de l'embuscade, fait enterrer les cadavres français scalpés et laissés sans sépulture, et continue sa course. Les Américains ne sont pas aussi habiles que les Canadiens pour disparaître dans les bois. Ils se réfugient dans un petit fort, baptisé à bon escient Fort Necessity (près de Farmington, Pennsylvanie) où Coulon de Villiers les rejoint, le 3 juillet. Après une fusillade nourrie qui fait une centaine de morts du côté américain, Washington capitule. Coulon de Villiers donne alors la preuve d'une grande modération : il laisse repartir au-delà du plateau des Alleghenys celui qu'il considère comme l'assassin de son frère.

Bien que l'acte de capitulation signé par Washington reconnaisse l'agression dont a été victime Jumonville et l'usurpation d'un territoire appartenant à la France, les Américains ne manifestent aucune intention de respecter ni leur signature ni les clauses se rapportant à l'occupation du territoire. Bien au contraire, par la suite, les effectifs du régiment de Virginie sont portés à 700 hommes, tandis que les renforts de trois

compagnies franches arrivent de New York et de la Caroline du Sud. À la fin de 1754, ces troupes sont postées à l'est des Alleghenys afin d'empêcher toute incursion française. Ces suites de « l'incident Jumonville » soulèveront une nouvelle tempête diplomatique en Europe, mais en se retranchant ainsi au lieu d'attaquer, les Américains donnaient la preuve une fois de plus que, du strict point de vue militaire, ils étaient incapables d'affronter les troupes du Canada.

La découverte de la « mer de l'Ouest »

Alors que les Français viennent enfin à bout des Renards et établissent leur hégémonie sur les plaines centrales, un autre volet de la création de l'empire français en Amérique du Nord se joue au nord-ouest. Elle a pour principal héros un obscur officier canadien sans ressources, malgré ses brillants états de service, et commence vers la fin des années 1720 quand Pierre Gaultier de La Vérendrye, commandant d'un poste situé aux confins du monde connu, Kaministigoyan (aujourd'hui Thunder Bay, Ontario) entend les Amérindiens parler des vastes plaines qui s'étendent plus loin et du soleil qui se couche dans la mer de l'Ouest. Il se passionne pour ces récits et, en 1730, propose une mission d'exploration qu'approuvent tant au Canada le gouverneur général, Beauharnois, qu'en France, le ministre de la Marine, le comte de Maurepas. Après deux siècles d'expéditions aussi bien au nord qu'au sud, les explorateurs européens n'ont toujours pas trouvé le fameux passage vers l'Ouest et la cartographie de toute une partie du continent reste encore très fragmentaire. Du côté français, malgré quelques tentatives que la crainte de l'hostilité amérindienne fit avorter, on ne s'est guère aventuré encore au-delà du lac Supérieur. Un projet qui peut apporter réponse à une des grandes énigmes des XVIIe et XVIIIe siècles trouve donc écho dans la volonté royale – en l'occurrence celle de Philippe d'Orléans qui assure la régence pendant les jeunes années de Louis XV. L'année suivante, le lieutenant La Vérendrye prend la tête d'une expédition qui comprendra notamment quelques cadets – dont trois sont ses propres fils – et un missionnaire. Ce type d'organisation sera retenu pour toutes les explorations vers l'Ouest par la suite. Quelle que soit la participation des missionnaires et des voyageurs, l'encadrement et le commandement seront militaires, aspect de tous ces voyages de découverte qu'on a rarement souligné.

Alors commence une quinzaine d'années d'explorations remarquables. L'expédition est organisée de façon systématique car, pour financer le tout, les La Vérendrye doivent commercer avec les Amérindiens. À mesure qu'ils progressent, ils érigent des fortins : les forts Saint-Pierre (Fort Frances, Ontario) en 1731, Saint-Charles (Magnussen Island, Manitoba), l'année suivante, et Maurepas, au sud du lac Winnipeg, en 1734. Les quelques coureurs des bois qui sillonnent déjà la région doivent s'accommoder de la venue de l'autorité royale et les nations amérindiennes dont ils traversent les territoires se montrent généralement accueillantes. Cependant, les Sioux tendent un guet-apens au cours duquel ils tuent 21 Français, dont un des fils de La Vérendrye et le missionnaire de l'expédition. Au lieu de risquer une confrontation militaire, La Vérendrye joue le jeu des alliances. Il sera vengé huit ans plus tard quand les Cris et les Assiniboines écraseront les Sioux.

Cependant, on a beau nommer « mer de l'Ouest » les immenses prairies où on érige ces fortins, le ministre de la Marine désire qu'on trouve la véritable mer. La Vérendrye pousse plus loin encore et érige le fort La Reine (Portage-la-Prairie, Manitoba) puis atteint le pays de la nation des Mandans, près de la ville actuelle de Spanish, dans le Dakota du Nord. Toujours pas de mer de l'Ouest ! Épuisé, il revient au fort La Reine, laissant ses deux fils poursuivre seuls les explorations.

Ceux-ci, Louis-Joseph et François, après s'être rendus séparément, l'un jusqu'à l'actuel Cedar Lake, au Manitoba, en remontant la rivière Saskatchewan, l'autre, dans la direction opposée, jusqu'à l'actuel Nebraska, non loin probablement des missions espagnoles situées au nord du Nouveau-Mexique, mèneront ensemble la plus importante de toutes ces expéditions. Partis du fort La Reine le 29 avril 1742 en compagnie de deux autres Français et de

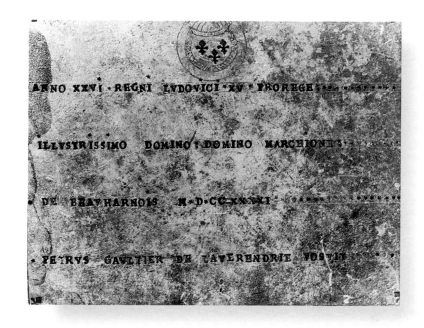

Plaque de prise de possession, en étain, enterrée le 30 mars 1743 par les frères Louis-Joseph et François de La Vérendrye, près de la ville actuelle de Pierre, dans l'État américain du Dakota du Sud, retrouvée en 1913. Elle comporte, sur une face, les armoiries de la France, ainsi qu'une inscription gravée, en latin, mentionnant les noms du roi Louis XV, du marquis de Beauharnois et du lieutenant Pierre de La Vérendrye, et la date 1741. De l'autre côté, une seconde inscription, gravée et datée du 30 mai 1743, mentionne que cette plaque a été posée par les frères La Vérendrye et leurs compagnons, Louis Lalonditte et Amiotte. On ne sait rien de ces derniers, mais il pourrait s'agir de soldats.

Cette plaque est conservée au Robinson State Museum, à Pierre. Cliché : South Dakota State Historical Society.

guides amérindiens, ils sont, au début d'août, dans l'est du Montana ou au sud-ouest du Dakota du Nord, en décembre, dans le nord-ouest de l'État actuel du Wyoming. Ces hommes blancs en quête de la mer de l'Ouest sont une véritable curiosité pour les Amérindiens nomades des plaines, qui finissent par se joindre à eux. Et c'est bientôt un cortège d'environ 2 000 Amérindiens qui s'avance lentement dans les plaines avec les jeunes explorateurs. Le 8 janvier 1743, enfin, ils aperçoivent au loin de hautes montagnes aux sommets enneigés – les Rocheuses !

S'en étant approchés, ils réalisent que c'est là un obstacle insurmontable et qu'ils ne peuvent aller plus loin. Ils décident alors de revenir au fort La Reine, où ils arrivent, sains et sauf, le 2 juillet 1743, après 14 mois d'absence. Ces deux cadets des Compagnies franches de la Marine du Canada viennent d'accomplir l'une des grandes explorations de l'histoire nord-américaine.

Malheureusement, ce qu'on veut en haut lieu, c'est la mer de l'Ouest ! Ces extraordinaires découvertes ne seront donc pas reconnues et les La Vérendrye seront rappelés. Le père sera quand même promu capitaine et décoré de la croix de Saint-Louis peu avant sa mort, qui survient en 1749, mais ses fils resteront cadets pendant plusieurs années encore avant de devenir officiers et ne seront jamais décorés pour leur exploit.

Le feu aux poudres

La vie des quelques officiers et soldats postés dans les petits forts des Prairies, entourés de nations amérindiennes aux humeurs changeantes, était loin d'être de tout repos. L'incident suivant, survenu au fort La Reine, illustre bien jusqu'à quel point il fallait à ces hommes des nerfs d'acier pour survivre.

Vers la fin de l'année 1751, le fort n'avait pour toute garnison que cinq soldats français, commandés par le capitaine Jacques Le Gardeur de Repentigny, des Compagnies franches de la Marine. C'était un homme qui avait acquis une grande expérience dans les relations avec les Amérindiens et qui était décoré de la croix de Saint-Louis.

Un matin, donc, quelque 200 guerriers assiniboines font irruption dans le fort. Le commandant court vers eux, leur dit « vertement » qu'ils sont bien hardis d'entrer ainsi, met à la porte les plus insolents, demande aux autres de sortir et retourne dans son quartier. Mais un soldat vient bientôt l'avertir qu'ils ont pris le corps de garde et se sont emparé des armes qui s'y trouvaient. Repentigny se dirige à la hâte vers eux et les interpelle de nouveau. Cette fois, il apprend que les Assiniboines ont l'intention de le tuer et de piller le fort. Sans perdre un instant, Repentigny saisit un tison au feu ardent, se précipite dans la poudrière et ouvre un baril.

Les Assiniboines qui le suivent s'arrêtent net quand ils le voient leur faire face en promenant le tison au-dessus de la poudre ! Repentigny rapporte ensuite avoir fait dire aux Amérindiens par son interprète « d'un ton assuré, que je ne périrais pas par leurs mains, et qu'en mourant, j'aurais la gloire de leur faire tous subir mon même sort. Ces sauvages virent plutôt mon tison et mon baril de poudre défoncé qu'ils n'entendirent mon interprète. Ils volèrent tous à la porte du fort, qu'ils ébranlèrent considérablement, tant ils sortirent avec précipitation. J'abandonnais vite mon tison, et n'eus rien de plus pressé que d'aller fermer la porte de mon fort ».

Les Français passèrent « tranquillement » l'hiver sur place, mais décidèrent finalement d'évacuer le fort au printemps 1752, car, nous dit Repentigny, « il n'aurait pas été prudent d'y laisser des Français ». En effet, quatre jours après leur départ, les Assiniboines le brûlèrent.

Après le départ des La Vérendrye, d'autres poursuivent leurs explorations. Le fort La Jonquière est érigé au bord de la rivière Saskatchewan, au centre de la province actuelle du même nom, probablement dans la région de Nipawin. C'est sans doute le poste le plus à l'ouest où l'on trouve une petite garnison de militaires français. Il reste qu'un réseau

Les frères Louis-Joseph et François de La Vérendrye, tous deux cadets des Compagnies franches de la Marine du Canada, partis à la recherche de la « mer de l'Ouest », au moment où ils parviennent aux montagnes Rocheuses, en janvier 1743. Charles W. Jefferys. Aquarelle.

Don de R.Y. Eaton au Musée des Beaux-Arts de l'Ontario.

de fortins parsème les Prairies, à compter des années 1730 et qu'ils sont sous autorité militaire, bien que ce soit des postes de commerce.

L'apogée

Au milieu du XVIIIe siècle, les territoires du roi de France en Amérique du Nord forment donc une espèce de grand « T », traversant le

Canada d'est en ouest depuis l'île du Cap-Breton jusqu'au milieu de la Saskatchewan, et du nord au sud à partir des Grands Lacs jusqu'au golfe du Mexique. Malgré les distances considérables qui séparent les forts et les établissements, on trouve des détachements de troupes de la Marine parsemés sur toute l'étendue des possessions françaises. Ces soldats montent la garde dans des conditions infiniment variées, selon qu'ils sont à Québec, à La Baie ou au fort La Reine. Ils parviennent à en imposer aux Amérindiens hostiles, comme les Renards, mais forgent avec de nombreuses autres tribus indigènes des liens et des alliances qui jouent un rôle fondamental dans l'établissement de l'empire français. C'est par la diplomatie de ses officiers, autant que par les armes, que la France s'assure l'hégémonie sur les relations commerciales et diplomatiques dans ces immenses étendues. Sans enlever leur mérite aux colonies britanniques qui se développent lentement et parallèlement sur le territoire actuel du Canada, la première moitié du XVIIIe siècle est vraiment l'époque qui voit l'apogée des Français en Amérique du Nord.

Tout ceci fut possible, vers la fin du XVIIe siècle, parce que la Nouvelle-France se dota d'une solide organisation militaire et que les Canadiens, après avoir vivoté durant des décennies à la merci des indigènes, purent en tirer profit. Une remarquable milice était en place et les officiers des troupes régulières furent recrutés de plus en plus chez les gentilshommes canadiens, de naissance ou d'adoption. L'administration en Nouvelle-France était structurée et gérée de façon tout à fait militaire et son influence s'étendait aux affaires civiles, à la justice et à l'économie. La présence militaire se faisait même sentir au sein de l'Église, soit par l'entremise des soldats qui assuraient la protection des missionnaires, soit par celle des ingénieurs militaires à qui on demandait de fournir les plans architecturaux des églises.

La transformation de la façon européenne de faire la guerre en une tactique canadienne originale, durant la seconde moitié du XVIIe siècle, fut aussi d'une importance primordiale dans l'histoire de la Nouvelle-France, car elle permit de tenir en respect les colonies américaines. Du coup, les militaires et miliciens de la Nouvelle-France, aidés de leurs alliés amérindiens, parvinrent à contrôler presque complètement le centre de l'Amérique du Nord, car ils étaient les seuls à pouvoir mener des expéditions très loin de leurs bases, les seuls aussi à être capables d'aller rencontrer l'ennemi amérindien chez lui et de le battre sur son propre terrain, malgré quelques revers mineurs.

L'évolution militaire exceptionnelle de la Nouvelle-France favorisa le développement du sens de la nation canadienne dès la fin du XVIIe siècle. Comme les institutions militaires étaient prépondérantes, puisqu'elles fournissaient le cadre de l'organisation sociale et gouvernementale, massivement dominée par les officiers canadiens, en adaptant les structures européennes aux besoins et à la géographie nord-américaine, elles renforcèrent le sens d'une identité distincte. Les Canadiens étaient aussi Français, mais se définissaient de plus en plus selon leur nouveau pays. Au début, celui-ci était une entité théorique, irréelle, mais pour les militaires et les miliciens qui traversaient le territoire en tout sens – à pied, en canot, en raquettes l'hiver –, il devenait peu à peu une réalité. Ils l'exploraient, ils s'y battaient, ils en parlaient entre eux.

C'est à partir de cette vision du pays, que ces hommes voyaient de leurs yeux et défendaient de leurs mains, que naquit le sens de la nation dans leur cœur.

NOTES

Pour faciliter la compréhension des citations, l'auteur a donné la préférence au français moderne.

PRINCIPALES ABRÉVIATIONS EMPLOYÉES :

AC	Archives nationales de France, colonies
AG	Archives de la Guerre
AM	Archives nationales de France, Marine
ANC	Archives nationales du Canada
ANQQ	Archives nationales du Québec, Québec
ANQM	Archives nationales du Québec, Montréal
AR	Archives du port de Rochefort
BL	British Library
BN	Bibliothèque nationale de France
BRH	Bulletin des recherches historiques
PRO	Public Records Office
RAPQ	Rapport de l'Archiviste de la province de Québec

[1] *Les Voyages de Jacques Cartier*, présenté et annoté par Jean Dumont, selon l'édition de 1545, Les Amis de l'histoire, Montréal, 1969, p. 191.

[2] Champlain, Samuel de. *Voyages et découvertes faites en la Nouvelle-France, depuis l'année 1615 jusqu'à la fin de l'année 1618*, Paris, 1619, présenté par C.-H. Laverdière sous le titre *Œuvres de Champlain*, Québec, 1870, t. IV, pp. 42-43.

[3] Champlain, Samuel de. *Les Voyages du sieur de Champlain*, Paris, 1613, présenté par C.-H. Laverdière sous le titre *Œuvres de Champlain*, Québec, 1870, t. III, p. 214.

[4] Sagard, Gabriel. *Le Grand Voyage au pays des Hurons*, présenté et annoté par Jean Dumont selon l'édition de 1632, Montréal, Les Amis de l'histoire, 1969, p. 136.

[5] *Ibid.*

[6] Maylen, John. *Gallic Perfidy : A Poem*, Boston, 1758, p. 15. « Then with extended Jaw, the beating Heart, (Yet warm with parting Life) varacious swallow'd, and swill'd the Blood, and revell'd on the Carcase ». Cette scène se déroula à Montréal en 1757. Ce fut l'un des prisonniers du siège du fort William Henry qui connut ce sort. Les Amérindiens s'étaient au préalable enivrés.

[7] *Les Voyages de Jacques Cartier*, p. 203.

[8] Sagard, Gabriel. *Le Grand Voyage au pays des Hurons*, p. 136.

[9] Champlain, Samuel de. *Les Voyages du sieur de Champlain*, t. III, p. 194.

[10] Maréchal, Sylvain. *Costumes civils actuels de tous les peuples connus*, 4 t., Paris, 1784-1787, IV, p. 282.

[11] Toutes les sources spécialisées sont unanimes à ce sujet. Les seules représentations de l'époque illustrant ce détail se rapportent au dieu Odin. Il est possible que certains prêtres vikings de l'époque païenne en aient porté au cours de cérémonies. Il faut ajouter qu'un tel ornement serait non seulement encombrant mais également dangereux dans les combats corps à corps.

[12] *Brantôme (1535-1614)*, Pierre de Bourdeille. *Le Rosier des guerres*, cité dans Wanty, Émile, *L'Art de la guerre*, Verviers (Belgique), Gérard, 1967, 4 t., t. 1, p. 206.

[13] Plusieurs compagnies réunies forment ensemble des « bandes » armées, un genre de bataillons au nombre variable d'hommes, mises sur pied en France de façon permanente par le roi Louis XI, en 1480. En 1534, on instaure les Légions mais elles ont peu de succès et on revient aux bandes durant les années 1540 avant d'adopter la structure régimentaire actuelle.

[14] Diaz del Castillo, Bernal. *The Conquest of New Spain*, traduit et annoté par J.M. Cohen, Londres, Folio Society, 1974, pp. 203-204. Il s'agit de soldats de l'armée de Cortez, à Mexico, en 1519.

[15] Hakluyt, Richard. *The Principal Navigations*, p. 225.

[16] *Les Français en Amérique pendant la première moitié du XVIe siècle*, textes présentés par C.-A. Julien, R. Herval et T. Beauchesne, Paris, Presses universitaires de France, 1946, pp. 27-28, 41. Le marin se nomme Colas Mancel. Henry Jesanne, un jeune page, est tué par ces « meschans Indiens ». Les Français, qui étaient à la recherche d'eau potable, avaient abordé le continent sans armes lorsqu'ils « furent traîtreusement assaillis ». Cet incident démontre à quel point les explorateurs furent exposés au danger. De plus, sur le chemin du retour, ce navire échoua après avoir été attaqué par les pirates. Seulement 27 membres de l'équipage, dont le capitaine Gonneville, survécurent.

[17] *Les Voyages de Jacques Cartier*, pp. 174, 189.

[18] *Ibid*, pp. 202, 207.

[19] *A Collection of Documents Relating to Jacques Cartier and the Sieur de Roberval*, textes présentés par H.P. Biggar, Ottawa, Archives publiques du Canada, 1930, p. 71.

[20] *Ibid*, p. 277. Un autre rapport estime le nombre à 1 500 personnes, voir pp. 378-380. Les données fournies à ce sujet ne concordent pas entre elles.

[21] *Ibid*, p. 277.

[22] Louis XI, cité dans Toudouze, Georges G., *Les Équipages de la Marine française*, Paris, Éditions militaires illustrées, 1943, p. 55.

[23] *Les Français en Amérique*, p. 203.

[24] Barkham, Michael M. *Report on 16th Century Spanish Basque Shipbuilding, c. 1550 to c. 1600*, Ottawa, Parcs Canada, Manuscript Report Number 422, p. 34, citant le document de 1571. Proulx, Jean-Pierre, *Les Basques et la pêche à la baleine au Labrador au XVIe siècle*, Ottawa, Environnement Canada, Service des parcs, 1993, mentionne aussi les armes qui doivent être à bord. À partir de 1552, les galions naviguant vers les Antilles doivent être munis d'un armement dont la composition et les proportions ressemblent dans les grandes lignes à celui des galions basques. Par exemple, un galion de 220 à 320 tonneaux doit avoir 10 canons, 24 pierriers, 30 arquebuses, 30 arbalètes, 24 boucliers, 24 cuirasses, 30 casques, etc. Les galions construits par les armateurs basques sont souvent revendus aux armateurs de Séville après avoir été mis à l'épreuve au cours de deux ou trois campagnes dans l'Atlantique Nord. Ces galions sont ensuite restaurés pour joindre la flotte des Antilles, qui vogue sur une mer habituellement plus clémente. Pour en savoir davantage à propos de la flotte des Antilles, voir Haring, Clarence Henry, *Trade and Navigation Between Spain and the Indies in the Time of the Hapsburgs*, Harvard University Press, 1918. Barkham, Selma, « The Spanish Province of Terranova », *The Canadian Archivist / L'Archiviste canadien*, II, no 5, 1974, pp. 73-83. L'appellation « Terranova » apparaît dans les documents des capitaines de galions au cours des années 1560. Ces derniers sont considérés, légalement et de plein droit, « après Dieu et le roi », maîtres de ce lieu comme de leurs navires. Le testament du marin Juan Martinez, le plus ancien document connu à ce sujet, est dicté à « Butus » le 22 juin 1577, et reconnu légalement.

[25] *Les Français en Amérique*, p. 203.

[26] Deher, Sébastien. Cité dans Brzezinski, Richard, *The Army of Gustavus Adolphus, 1 Infantry*, Londres, Osprey Military, 1991, p. 17.

[27] Sagard, Gabriel. *Le Grand Voyage au pays des Hurons*, p. 33.

[28] *Relations des Jésuites. Ce document contient ce qui s'est passé de plus remarquable dans les missions des pères de la compagnie de Jésus dans la Nouvelle-France*, Québec, 1858, 3 vol., 1636, pp. 41-42. Le lieutenant de l'Isle était aussi chevalier de l'Ordre de Malte.

[29] *Ibid*, 1641, p. 46.

[30] Dollier de Casson, François. « Histoire du Montréal », *Mémoire de la Société historique de Montréal*, quatrième livraison, Montréal, 1868, pp. 79-80.

[31] *Relation des Jésuites*, 1653, p. 3. C'est la fameuse « recrue de 1653 » dans laquelle nombre de Québécois trouvent la souche de leur famille.

[32] Dollier de Casson, p. 54.

[33] *Journal des Jésuites*, d'après le manuscrit original, présenté par C.-H. Laverdière et H.-R. Casgrain, Québec, 1871, p. 9. Concernant la mission de Sainte-Marie, voir Kidd, Kenneth, E., *The Excavation of Ste Marie I*, University of Toronto, 1949. En 1645, il y a à Sainte-Marie 58 Français, dont les 22 soldats. AC, C11A, vol. 1, f. 237. Arrest du 27 Mars 1647 portant règlement concernant les habitans du païs de Canada. AC, C11A, vol. 1, f. 245. Arrest portant règlement en faveur des habitans de la Nouvelle France. À Paris le 5 Mars 1648.

[34] *Journal des Jésuites*, p. 144.

[35] AC, C11A, vol. 2, f. 183. Estat au vray des charges es despenses...1652.

36 AC, D2C, vol. 47. Pour compter avec les soldats qui sont à Onontagué, de 1656 à 1658. Québec, 4 mai 1658. Document financier mentionnant que 180 livres ont été remises à Dupuy en France par le père Lejeune, probablement pour couvrir les frais de recrutement, en plus des 188 livres allouées pour son service. Dix-sept soldats sont nommés, dont cinq sont payés à partir de septembre 1657, et les autres à partir de mai 1656.

37 Cité dans Vachon, André, « Dollard des Ormeaux, Adam », *Dictionnaire biographique du Canada*, Québec, Université Laval, vol. 1, p. 282.

38 BN, Mélanges Colbert, vol. 109 bis, f. 845. Du Seuil à Colbert, Brouage, 17 juillet 1662. *L'Aigle d'or* avait été construit à Brest, en 1658, la *Flûte royale*, achetée en Hollande la même année. Voir Vichot, Jacques, *Répertoire des navires de guerre français*, Paris, Association des amis des musées de la Marine, 1967.

39 ANQM, Ordonnances, boîte 1663-1670. Montréal, 27 janvier 1663. Ordonnance de Monsieur le gouverneur fondant la milice de la Sainte-Famille de Jésus-Marie-Joseph avec un rolle des soldats d'icelle.

40 *Mémoires de Louis XIV*, présenté par Jean Longnon, Paris, Tallandier, 1927.

41 AG, A1, vol. 155, p. 65, 31 mai 1659, le roi au prince de Carignan sous « le nom de Carignan ». AG, A1, vol. 154, p. 65, janvier 1659. Extrait du contrôle des troupes de l'armée d'Italie. Dans les faits on le nomme Carignan-Salières. Bien que maintenant composé surtout de Français, le régiment est considéré comme le plus expérimenté des régiments étrangers.

42 J.C.B. *Voyage au Canada dans le nord de l'Amérique septentrionale fait depuis l'an 1751 à 1761*, présenté par H.R. Casgrain, Québec, 1887, pp. 34-35.

43 BN, Mélanges Colbert, vol. 129, f. 146. La Rochelle. 4 mai 1665, Colbert de Terron à J.-B. Colbert.

44 *Journal des Jésuites*. p. 343.

45 France, Archives des Affaires étrangères, série B, (mémoires et documents), *Amérique*, vol. 5, f. 143. Mémoire du roi destiné au sieur Talon, 2 mars 1665.

46 Le régiment devint *Soissons*, du nom de son nouveau colonel, en 1676, puis prit le nom de la province de *Perche* en 1690. Français de fait depuis des décennies, le régiment laissa alors son statut « d'étranger » pour intégrer celui de « l'infanterie française ». En 1744, le régiment *Perche* est intégré à celui des *Gardes de Lorraine* qui devient *Lorraine* en 1766.

47 AC, C11A, vol. 4, f. 28. Paris, 9 mars 1673. Mémoire de Talon destiné au roi.

48 AC, B, vol. 3, f. 22. Paris, 11 février 1671. Colbert à Talon.

49 AC, C13C, vol. 3, f. 49. Mémoire touchant les dépenses que le sieur de La Salle a faites à [au fort de] Frontenac (1675-1684).

50 AC, C11A, vol. 125, f. 32. Paris, 3 avril 1669. Louis XIV à Courcelles.

51 Ruette d'Auteuil. « Mémoire sur l'état présent du Canada », 12 décembre 1715, RAPQ, p. 59.

52 *Relations par lettres de l'Amérique septentrionale (années 1709 et 1710)*, présenté par Camille de Rochemonteix, Paris, Letouzey et aîné, 1904, p. 6.

53 AC, C11A, vol. 15, f. 120. Québec, 15 octobre 1697. Champigny au ministre.

54 AC, C11A, vol. 3, f. 172. Québec, 11 novembre 1671. Talon à Colbert.

55 AC, C11A, vol. 13, f. 367. Québec, 10 novembre 1695. Mémoire concernant la paye et le décompte des troupes en Canada. Les premiers sont admis, en 1685, et le ministre approuve la mesure, en 1687. La situation sera finalement régularisée en 1722 par une ordonnance royale.

56 AC, série M, vol. 1031. Mémoire sur le Canada, non signé, vers 1702.

57 AC, C11A, vol. 125, f. 393. Versailles, 7 mai 1726. Mémoire dans le but de conseiller le sieur marquis de Beauharnois.

58 AC, C11A, vol. 29, f. 26. Québec, 14 novembre 1708. D'Aigremont au ministre. Ces commentaires sont émis à la suite d'une proposition visant à établir des compagnies militaires composées d'Amérindiens.

59 On ne peut soutenir la thèse que les officiers les plus érudits en France ignorent ces actions. Des comptes rendus détaillés sont souvent publiés dans la *Gazette de France*, l'hebdomadaire officiel, et le *Mercure Galant*, revue mensuelle très populaire. On peut aussi ajouter les récits de voyages de La Hontan, de Bacqueville de la Potherie, etc.

60 *Aventures du chevalier de Beauchêne*, t. 1, p. 19. « On les liait à un poteau, autour duquel on allumait quatre feux à une distance assez grande... Les Canadiens avaient souvent menacé ces sauvages de les traiter de la même façon s'ils n'abolissaient cette barbare coutume et ne faisaient meilleure guerre... »

61 Kalm, pp. 413-414, 552.

62 *The Journal of William Pote, Jr., During His Captivity in the French and Indian War from May 1745 to August 1747*, présenté par John Fletcher Hurst, New York, Dodd, Mead & Co., 1908, p. 124.

63 AC, C11A, vol. 30, f. 45. Québec, 14 novembre 1709. *Aventures du chevalier de Beauchêne*, t. 1, p. 18, note 1. « Ce cri, que les Canadiens ont imité des sauvages, est un hurlement qui se fait en se frappant plusieurs fois la main sur la bouche ».

64 *Relations par lettres de l'Amérique septentrionale (années 1709 et 1710)*, p. 8.

65 AC, C11A, vol. 9, f. 133. Québec, 27 octobre 1687. Denonville au ministre. Il semble que l'on parle de l'extrémité ouest de l'île de Montréal, probablement à Sainte-Anne-de-Bellevue.

66 Courville, sieur de. Mémoire sur le Canada, RAPQ, 1924-1925, p. 103.

67 AC, C11A, vol. 10, f. 217. Québec, 15 novembre 1689. Frontenac au ministre. Frontenac rapporte qu'il y eut environ 200 victimes, mais des études plus récentes affirment que 24 hommes furent tués à Lachine, et environ 80 faits prisonniers. Certains furent suppliciés, d'autres adoptés puisque 42 furent portés disparus. Quel que soit le nombre des victimes, le choc et l'horreur eurent un formidable effet de mobilisation dans la population.

68 L'entrevue de Frontenac avec l'émissaire fut houleuse. Selon La Hontan, le gouverneur fut tellement insulté que Mgr de Saint-Vallier et l'intendant Champigny tentèrent de modérer ses ardeurs, puisqu'il désirait tout simplement faire pendre l'émissaire à la vue de la flotte ennemie, qu'il considérait comme « un assemblage de forbans, de corsaires, de gens sans aveux ». C'est alors que Frontenac donna sa réponse célèbre, ajoutant « et à coups de fusils ; qu'il (Phips) apprenne que ce n'est pas de la sorte qu'on doive sommer un homme comme moi... » Ces paroles furent rapportées selon la relation du contrôleur général Monseignat à Madame de Frontenac en novembre 1690. AC, C11A, vol. 11, f. 5.

69 Savage, Thomas. *An Account of the Late Action of the New-Englanders, under the command of Sir William Phips, Against the French at Canada*, Londres, 1691, p. 12.

70 *A Narrative of an Attempt Made by the French of Canada upon the Mohaques Country being Indians under the Protection of Their Majesties Government of New-York*, New York, William Bradford, 1693, p. 11.

71 Les pertes touchèrent les régiments des colonels Seymour, Windress, Kaine et Clayton selon PRO, Colonial Office 5, vol. 9, f. 20. Le journal de Walker chiffre les pertes en soldats à 884 mais cet état est moins détaillé que la source précédente. Les régiments britanniques des colonels Kirke, Hill, Disney et Churchill furent indemnes ainsi que l'artillerie et les deux régiments américains des colonels Vetch et Walton levés pour l'expédition. Le régiment britannique du colonel Grant fut aussi assigné à l'expédition Walker mais on incorpora 233 de ses soldats dans les autres régiments à l'embarquement. Il y avait aussi un détachement de 98 artilleurs et artificiers et deux ingénieurs sous le commandement du colonel King du Board of Ordnance. PRO, Treasury 1, vol. 132, f. 143 et vol. 135, f. 15 ; Royal Artillery Institute, Woolwich (G.-B.), *Manuscript Book of Warrants*. Les Français retrouvèrent de nombreux corps sur la grève et les rochers parmis lesquels ceux de femmes, dont certaines avaient encore des enfants au sein. Voir *The Walker Expedition to Québec*, 1711, présenté par Gerald S. Graham, Toronto, Champlain Society, 1953.

72 « Les commandants et les majors des troupes du détachement de la Marine », BHR, XXXVI, (1930), pp. 705-708. Les titulaires sont nommés dans cet article.

73 AC, C11D, vol. 5, f. 64. Versailles, 5 mars 1705. Mémoires du sieur de Brouillan.

74 AC, C11A, vol. 125, f. 201. Versailles, mars 1692. Lettres patentes pour l'établissement des récollets.

75 Kalm, p. 276.

76 Il arrive que l'on accepte des soldats mesurant 5 pieds (1,62 m) à cause de la rareté des recrues et parce que « ceux qui ont 5 pieds 1 pouce (1,65 m) demandent des sommes exorbitantes pour leur engagement ». AM, B3, vol. 363, f. 223. Nantes, 17 juillet 1734. M. Dionne au ministre. Lors de la recrue de 1749-1750, le ministre permet « d'engager les hommes à cinq pieds ». Versailles, 5 mai 1749. Ministre au commissaire de Rochefort.

77 Depréaux, Albert. *Les Affiches de recrutement du XVIIe siècle à nos jours*, Paris, 1911.

78 Affiche du Corps royal de fusiliers de la Marine (1774-1782) qui donne « Avis aux beaux hommes » que l'on est « bien habillé, bien nourry, on y voit du pays et l'on est bien appointé », certainement les avantages traditionnellement vantés pour le recrutement des troupes de la Marine. Collection particulière.

79 AC, C11B, vol. 17, f. 296. Louisbourg, 24 octobre 1736. Procès de Joseph Legrand dit Picard. Ce jeune soldat de 16 ou 17 ans fut accusé de désertion à la suite d'une erreur bureaucratique. Il fut acquitté et put reprendre son service.

80 AR, 1E, 87, f. 167. [Mars 1716] Envoi de recrues...

81 J.C.B. *Voyage au Canada dans le nord de l'Amérique septentrionale fait depuis 1751 à 1761*, présenté par H.R. Casgrain, Québec, 1887. Casgrain suggère M. de Bonnefous, officier au Royal-Artillerie, mais celui-ci ne vint au Canada qu'en 1757. J.C.B. se trouve au fort Duquesne en 1755. Une liste nominative reproduite dans les *Papiers Contrecœur*, Québec, Université Laval, 1952, mentionne le canonnier Charles Bonin, dit Jolicœur, à ce fort. Il est le seul à posséder ces initiales combinées à ce nom de guerre. Le J est pour Joseph, comme pour tous les catholiques de sexe masculin.

82 On peut aussi calculer six livres et 15 sols par mois pour un total de 81 livres par année à l'instar des autorités de l'époque qui déduisent à l'avance la somme fixe de deux livres cinq sols pour l'habillement. Au bout du compte, le résultat est essentiellement le même et le soldat n'est pas plus riche.

83 De plus, on fournit au contremaître une ration valant 16 livres par mois. Voir Vermette, Luce, *La Vie domestique aux forges du Saint-Maurice*, Ottawa, Parcs Canada, 1982.

84 AC, C11A, vol. 77, f. 27. Québec, 21 septembre 1742. Beauharnois et Hocquart au ministre.

85 AC ,C11A, vol. 35, f. 15. Québec, 7 novembre 1715. Ramezay et Bégon au ministre.

86 AC, C11A, vol. 13, f. 261. Québec, 10 novembre 1695. Frontenac et Champigny au ministre.

87 Rapport concernant le casernement du régiment de Guyenne vers 1775, cité dans le *Carnet de la Sabretache*, 1903, p. 99. Ce document est un témoignage presque unique sur la vie dans les casernes sous Louis XV.

88 J.C.B., p. 39. En plus des artilleurs, les grenadiers et les cavaliers couchent deux par lit. Jusqu'aux années 1790, les fantassins de l'armée française partagent à trois leur couche, puis à deux durant les guerres de la République et de l'Empire. Ce n'est qu'après la défaite de Napoléon, en 1815, et le retour des Bourbons que les fantassins obtiennent peu à peu des lits individuels.

89 AC, C11A, vol. 13, f. 261. Québec, 10 novembre 1695. Frontenac et Champigny au ministre.

90 AM, B1, vol. 9, f. 517. Rochefort, 31 octobre 1716. M. de l'Épinay au conseil de la Marine. Lafrance, Marc et Desloges, Yvon, *Goûter à l'histoire : les origines de la gastronomie québécoise*, Québec, Parcs Canada et Chenelière, 1989 ; Farmer, Denis et Carol, *The King's bread, 2d Rising: Cooking at Niagara 1726-1815*, Youngstown, N.Y., Old Fort Niagara, 1987 ; Dunton, Hope, *From the Hearth. Recipes from the World of 18th Century Louisbourg*, Sydney, N.-É., University College of Cape Breton,1986. Pour les vins, les bières et les spiritueux, voir le numéro « À votre santé » de *Cap-aux-diamants*, nº 28, hiver 1992. Voir aussi Weathon, Barbara Ketcham, *L'Office et la Bouche: Histoire des moeurs de la table en France 1300-1789*, Paris, Calman-Lévy, 1984.

91 Boyer, Raymond. *Les Crimes et les Châtiments au Canada français du XVIIe au XIXe siècle*, Montréal, Cercle du livre de France, 1966, pp. 62-63. Il fournit un long extrait du procès-verbal de la séance de la Question à laquelle fut soumis le soldat Pierre Beaudoin, dit Cumberland, en 1752. C'est une lecture quasi insoutenable.

92 AC, C11A, vol. 75, f. 222. Québec, 15 octobre 1741. Beauharnois au ministre. Ce fut le cas à Montréal, en 1741, quand deux soldats faux-monnayeurs, condamnés et pourchassés par les archers, réussirent à s'enfuir parce que les soldats du périmètre ne bougèrent pas.

93 AC, C11A, vol. 29, f. 89. 13 juin 1708. Ordonnance du roi.

94 ANQQ, P450/4. Procès par contumace pour désertion au fort Beauséjour, 1751-1752. On enregistre à ce fort six désertions en cinq mois. Ce taux élevé s'explique du fait que les établissements britanniques étaient très proches. On y note une augmentation du nombre de déserteurs, à partir de 1750, mais il faut souligner qu'on double quasiment le nombre de soldats en garnison au Canada à cette époque.

95 J.C.B., p. 39.

96 Voir Lemay, Hugolin, *Vieux papiers, vieilles chansons*, Montréal, Franciscains, 1936 ; MacMillan, Ernest, *A Canadian Song Book*, Toronto, Dent, 1938 ; D'Harcourt, Raoul et Marguerite, *Chansons folkloriques françaises au Canada*, Québec, Université Laval, 1956 ; Barbeau, Marius, *Folk Songs from Old Quebec*, Ottawa, National Museum of Canada, 1964. « Malbrough » est le duc de Marlborough, l'un des plus grands généraux de l'histoire militaire britannique.

97 J.C.B., p. 39.

98 AC, C11A, vol. 67, f. 176. Québec, 15 octobre 1737. Beauharnois au ministre.

99 Accusation portée contre Marguerite Lebœuf, la tenancière de cette maison, cité dans Boyer, p. 349.

100 Cité dans Lachance, André, *La Vie urbaine en Nouvelle-France*, Montréal, Boréal, 1987, p. 59.

101 AC, C11A, vol. 87, f. 274. Québec, 3 novembre 1747. La Galissonnière au ministre. Il ne fait que répéter ce qui se dit depuis le temps de Champlain.

102 Kalm, p. 119.

103 AC, F2C, carton 1, f. 55. 29 juin 1722. Mariages des officiers et soldats.

104 AC, C11A, vol. 40, f. 164. Québec, 12 janvier 1719. Vaudreuil au Conseil de la Marine.

105 AC, C11A, vol. 43, f. 131. Québec, 14 janvier 1721. Vaudreuil au Conseil de la Marine.

106 AC, C11A, vol. 43, f. 320. Québec, 6 octobre 1721. Vaudreuil au Conseil de la Marine.

107 AC, B, vol. 72, f. 12. Versailles, 4 avril 1741. Le ministre à Beauharnois.

108 ANQM, Panet, n° 599. 1er septembre 1757. Inventaire des biens de Jacques-René Gauthier, écuyer, sieur de Varennes... Capitaine des gentilshommes de cette colonie.

109 AC, C11A, vol. 65, f. 140. Québec, 17 octobre 1736. Beauharnois au ministre. Ce voyage en France eut lieu en 1736-37. Malheureusement, les résultats des recherches effectuées par les officiers ne nous sont à peu près pas parvenus. Leurs manuscrits et leurs notes semblent avoir été perdus ou détruits du fait des intempéries et des guerres qui ravagèrent la Nouvelle-France à partir de 1745.

110 Guignard, M. de. *L'École de Mars*, Paris, chez Simart, 1725, 2 t., I, pp. 686-687.

111 AC, F2B, vol. 1, f. 395. «1742. Canada». Il s'agit d'un sommaire de l'état des officiers accompagné de notes les concernant.

112 La Hontan, pp. 254-255.

113 AC, B, vol. 87, f. 4. Marly, 4 janvier 1748. Le ministre à La Galissonnière.

114 Allaire, Gratien. «Officiers et marchands : les sociétés de commerce des fourrures, 1715-1760», *Revue d'histoire de l'Amérique française*, XL, 1987, pp. 409-428.

115 Franquet, pp. 15-16.

116 AC, C11A, vol. 13, f. 178. Montréal, 28 septembre 1694. Mémoire de La Mothe-Cadillac.

117 Challes, Robert. *Journal d'un voyage fait aux Indes orientales (1690-1691)*, présenté par Frédéric Deloffre, Paris, Mercure de France, 1979, p. 215. Malgré le titre, l'auteur y relate aussi sa capture en Acadie en 1687.

118 Contrairement au «service à la Russe» en usage depuis le siècle dernier, où les plats sont apportés à la table successivement. Divers passages traitent de ce sujet dans Courtin, Antoine de, *Nouveau traité sur la civilité qui se pratique en France parmi les honnêtes gens*, Paris, 1695, et dans *La Civilité puérile et honnête*, par «un missionnaire», 1749. De larges extraits de ces livres et de plusieurs autres sur ce sujet sont reproduits dans Franklin, Alfred, *La Vie privée d'autrefois : les repas*, Paris, Plon, 1889. Il en ressort que les manquements aux bonnes manières sont impardonnables! C'est ce qu'apprendra un imposteur, qui se dit marquis de Bayonne, en 1715. Il se trahira, en utilisant la fourchette pour se servir d'olives au cours d'un dîner avec le commandant des troupes du port.

119 AC, C11A, vol. 35, f. 3. Québec, 13 novembre 1715. Ramezay et Bégon au ministre. Il n'échappe à sa peine qu'en se sauvant en Nouvelle-Angleterre. Des témoins vinrent ensuite attester que la victime, avant de mourir, s'était déclarée l'agresseur et avait pardonné, de sorte que le chevalier fut exonéré.

120 AC, C11A, vol. 13, f. 283. Québec, 4 novembre 1695. Frontenac au ministre.

121 Cité dans Cloarec, Alain, «L'Ordre royal et militaire de Saint-Louis & l'institution du mérite militaire», *Arts & Curiosités* (Paris), novembre-décembre 1975, p. 22. Il existe des ordres comme celui de Saint-Michel ou celui du Saint-Esprit qui n'admettent que les grands personnages de la cour du roi. Voir Marchal, Charles et Michel, Sophie, «Les ordres du roi», *Arts & Curiosités* (Paris), novembre-décembre 1981. Les officiers français ayant servi dans l'Ordre de Malte peuvent en porter la croix. Il s'agit presque toujours d'officiers des vaisseaux ou des galères. Nous n'avons trouvé qu'un chevalier de Malte dans les troupes du Canada, le marquis de Crisafy, mort en 1696. Les décorations d'ordres de chevalerie plus obscurs ne sont pas reconnues par le roi, comme le découvre le sieur Walon, en 1731, qui se voit interdire le port de la croix de l'Ordre de Saint-Jean de Latran par le gouverneur général Beauharnois. Voir AC, C11A, vol. 54, f. 422.

122 AC, C11A, vol. 89, f. 230. Québec, 8 novembre 1747. Saint-Simon au ministre.

123 Archives du Séminaire de Québec. *Saberdache rouge*, vol. M1, n⁰ 26, p. 66. Règlement demandé à monsieur le général par monsieur le curé de Varennes pour l'ordre de la procession de la Fête-Dieu, 1er juin 1756. Les capitaines ne sont pas toujours sévères à l'endroit des cabaretiers, car le curé se plaint qu'on s'est enivré « trop de fois... au grand scandale de la religion » dans le passé.

124 À ne pas confondre avec son frère cadet Philippe. Celui-ci vient remplacer Louis, en 1692, quand ce dernier est promu au rang d'enseigne de vaisseau.

125 BL, Stowe Manuscripts, vol. 463. *Journal of Engineer Micheal Richards, 1696-1697* « ...by the difficulties of the labour for the hardness of the rocks destroys our tools faster than we could repair them » ; le nombre de soldats provient de la disposition d'embarquement du régiment donnée dans BL, Additional Manuscripts, vol. 15 492, f. 22 ; Daniell, David Scott, *Cap of Honour: the Story of the Gloucestershire Regiment (28th/61st) 1694-1950*, London, Harrap, 1951, p. 18. Ces soldats étaient vêtus d'un uniforme rouge et jaune.

126 AC, C11D, vol. 6, f. 19. Port-Royal, 26 juin 1707. Subercase au ministre. Il leur demanda de leur envoyer des uniformes « pareils à ceux des bombardiers des ports », mais cette demande n'eut pas de suite.

127 *Mercure Galant*, février 1706, p. 85. On ne précise pas s'il s'agit de Basques français ou espagnols. Sans doute les deux car l'Espagne est également en guerre contre l'Angleterre. Le tapabord est un genre de casque en étoffe avec des rabats qui couvrent les oreilles. C'est une coiffure alors très populaire au Canada.

128 *The Deplorable State of New-England by Reason of a Covetous and Treacherous Governour...To which is added, An Account of the Shameful Miscariage of the Late Expedition against Port-Royal*, Boston, 1708.

129 AR, 1E, vol. 101, f. 293. Versailles, 7 mars 1723. L.A. de Bourbon à Karrer.

130 PRO, State Papers 42, vol. 38, f. 225. Projet d'attaque sur Halifax (1755). On note que les Rangers ne résidaient pas à Halifax. En ce qui a trait aux « mauvais sujets », l'observation concernant les Mohicans peut indiquer que ces derniers remplaçaient les Agniers, au début des années 1750, et que l'on recrutait des colons et des aventuriers blancs, familiers avec la forêt. À partir de 1752, le commandement fut assuré par Joseph Goreham, frère de John, mort à Londres en décembre 1751. Selon Drake, p. 128.

131 AC, C11A, vol. 96, f. 5. Québec, 20 août 1750. Bigot au ministre.

132 « Correspondance de Madame Bégon », lettre du 1er octobre 1752, RAPQ, 1934-1935, p. 178.

133 Musée du Séminaire de Québec, Archives historiques, Papiers Surlaville.

134 AC, C11A, vol. 3, f. 254. Québec, 2 novembre 1672. Frontenac au ministre.

135 Cette « grande paix » est le résultat d'années de négociations très difficiles entre les Français, leurs ennemis iroquois et leurs alliés des Grands Lacs, particulièrement les Outaouais. Nous ne pouvons donner ici qu'une évocation bien simplifiée du traité de 1701. Voir l'ouvrage de Gilles Havard, *La Grande Paix de Montréal de 1701 : les voies de la diplomatie franco-amérindienne,* Recherches amérindiennes au Québec, Montréal, 1992.

136 On ne connaît pas encore de façon certaine où était situé ce fort, qui s'élevait à environ 160 km au sud du lac Michigan dans l'État actuel de l'Illinois. Les forts des Renards étaient des constructions remarquables, pourvues d'une double palissade, d'un parapet en terre ainsi que d'un fossé. Voir Peyser, Joseph L., « The Fate of the Fox Survivors: A Dark Chapter in the History of the French in the Upper Country, 1726-1737 », *Wisconsin Magazine of History*, vol. 73, n⁰ 2, hiver 1989-1990, pp. 83-110.

137 Le 6 juillet 1739, on comptait 11 officiers y compris le commandant, un aumônier, un chirurgien, 24 cadets dont 11 à l'aiguillette et 13 cadets-soldats, 39 soldats, 45 miliciens, 319 Amérindiens, dont 186 étaient des Iroquois alliés établis avec deux missionnaires près de Montréal. AC, C13A, vol. 24, f. 299.

138 Proclamation du Massachusetts de 1746, cité dans Drake, Samuel G., *A particular History of the Five Years French and Indian War,* Albany, Munsell, 1870, p. 134-135. Les scalps des enfants valaient 19 livres et les enfants ramenés prisonniers étaient rachetés pour 20 livres... De même, les scalps de ceux qui avaient plus de 12 ans valaient 38 livres et les prisonniers eux-mêmes 40 livres. Avec une si mince différence entre la valeur des scalps et celle des prisonniers, ce système était en fait une invitation voilée à tuer sa victime plutôt qu'à la faire prisonnière.

CHRONOLOGIE DES PRICIPALES BATAILLES 1000 - 1754

La présente chronologie n'est pas exhaustive. Elle fournira cependant au lecteur et à la lectrice la liste des principaux combats livrés à l'intérieur et à l'extérieur du Canada, depuis l'an mil jusqu'à 1754.

1000 env.
Les Vikings attaquent des autochtones et tuent huit *Skraelings*, probablement au Labrador. Ces derniers répliquent et Thorvald, le chef viking, est tué. Quelques années plus tard, une colonie viking, peut-être à Terre-Neuve, repousse une attaque des *Skraelings*. Cet établissement sera abandonné quelques mois plus tard.

1541-1542
Charlesbourg-Royal. Des Iroquoiens attaquent les Français qui hivernent avec Jacques Cartier à Charlesbourg-Royal (Cap-Rouge, Québec).

1554
Combats entre navires basques espagnols et français au large du Labrador.

1577 (été)
Combat entre guerriers inuit et membres de l'expédition du Britannique Martin Frobisher à la baie de Frobisher.

1606 (été)
Combats entre Français et Amérindiens près de Stage Harbour (Massachusetts, É.-U.)

1609 (30 juillet)
Champlain participe avec quelques Français à une attaque menée contre les Iroquois par les Algonquins et les Montagnais près de la pointe Saint-Frédéric sur le lac Champlain. Il tue avec son arquebuse deux chefs iroquois. Les autres guerriers, effrayés, s'enfuient.

1610 (19 juin)
Champlain accompagne les Montagnais et les Algonquins sur la rivière des Iroquois (Richelieu). Ils repoussent une attaque iroquoise.

1612
Combats entre les Basques espagnols et le pirate anglais Easton à Harbour Grace, Terre-Neuve.

1613 (juillet)
Samuel Argall, venu de la Virginie avec 60 hommes et 14 canons, détruit les Habitations de Saint-Sauveur et de Port-Royal, en Acadie.

1615 (11-12 octobre)
Champlain, quelques Français et des guerriers hurons, algonquins et montagnais, assiègent sans succès un fort des Tsonnontouans situé au sud du lac Ontario, dans la région d'Oswego.

1628 (juillet)
Les frères Kirke, corsaires anglais, capturent une flotte française faisant voile vers Québec avec des colons et des provisions. Environ 1 200 coups de canons sont tirés les 17 et 18 juillet près de l'île Barnabé dans le Saint-Laurent. Impuissant, Champlain rend Québec, sans livrer d'autre combat, le 19 juillet 1629.

1629
Au printemps, les Anglais capturent un navire de pêche français à Port-aux-Baleines, île du Cap-Breton. Ils construisent une Habitation qui sera prise, le 18 septembre, par le capitaine français Daniel. Pendant ce temps, l'Écossais Alexander s'empare de Port-Royal.

1641 (juin)
Une escarmouche entre les Iroquois et le gouverneur Montmagny, près de Trois-Rivières, marque le début d'une nouvelle guerre franco-iroquoise.

1642 (20 août)
Trois cents Iroquois attaquent le fort Richelieu (Sorel), alors en construction, et sont repoussés par la petite garnison de quelque 40 soldats. Le fort, abandonné en 1646, est brûlé par les Iroquois en 1647.

1644 (30 mars)
Combat à Ville-Marie entre Maisonneuve, accompagné de 30 hommes, et 80 Iroquois. Maisonneuve doit se retirer.

1649-1650
Destruction de la Huronie par les Iroquois. Les nations des Hurons, des Neutres et des Pétuns sont dispersées. Sur une population de 12 000 habitants, 3 000 environ sont massacrés ou capturés, 2 000 se livrent à l'ennemi et 400 se réfugient à l'île d'Orléans, puis à Lorette. Les autres se dispersent dans les territoires de l'Ouest.

1652 (14 octobre)
Près de Montréal, le major Closse, avec 34 hommes, repousse quelque 200 Iroquois.

1654 (30 août)
Une flottille de 250 Outaouais, venus traiter pour la première fois sur le Saint-Laurent, est attaquée par quelque 120 Agniers.

1660 (2-15 mai)
Dollard des Ormeaux, ses 16 compagnons, quatre Algonquins et 40 Hurons succombent lors d'une attaque de 700 Iroquois, au Long-Sault, sur l'Outaouais (Carillon, Québec).

1666 (septembre)
Iroquoisie. Tracy, Courcelles et Salières, avec 700 soldats, 400 volontaires canadiens et une centaine de Hurons et d'Algonquins, brûlent quatre villages iroquois et les récoltes de leurs habitants.

1682-1689
Guérilla iroquoise contre les Français et leurs alliés amérindiens.

1686 (printemps)
Le chevalier de Troye et les frères Le Moyne (d'Iberville, Sainte-Hélène et Maricourt), à la tête de 30 soldats et de 70 Canadiens, prennent les forts anglais Moose (rebaptisé Saint-Louis), Rupert ou Charles (Saint-Jacques) et Albany (Sainte-Anne), à la baie d'Hudson.

1687 (juillet)
Denonville, avec 800 soldats, 1 100 miliciens et 400 Amérindiens, ravage le pays des Tsonnontouans, empêchant ainsi les Iroquois et les Anglais d'enlever aux Français le contrôle du commerce des fourrures.

(3 novembre)
Un raid de 100 à 200 Iroquois est repoussé au fort Chambly.

1689 (4-5 août)
Mille cinq cents Iroquois attaquent Lachine, tuent 24 personnes et ramènent environ 80 prisonniers.

1689 (septembre)
Du Luth et d'Ailleboust avec 28 Canadiens défont 22 Iroquois au lac des Deux-Montagnes.

1690 (mars-avril)
Trois expéditions différentes composées de Canadiens et d'Amérindiens, attaquent et détruisent des villages de la Nouvelle-Angleterre. Elles sont dirigées par d'Ailleboust de Manthet et Le Moyne de Sainte-Hélène à Corlaer (Schenectady), par Hertel de Rouville à Salmon Falls et par Portneuf et Courtemanche aidés de Saint-Castin à Casco (Portland, Maine).

(mai)
William Phips, avec trois navires et une troupe de 446 soldats et officiers, prend Pentagouët et Port-Royal.

(2 juin)
La Porte de Louvigny, avec 143 « voyageurs » et 30 soldats, défait une bande iroquoise au lac des Chats.

(août)
D'Iberville, avec trois navires, prend le fort New Severn, commandé par Thomas Walsh.

(octobre)

Phips, avec 34 navires et 2 300 miliciens, attaque Québec. Frontenac lui répond «par la bouche de (ses) canons». Phips se retire avec des pertes considérables.

1690-1697

Raids iroquois sur les établissements français entre Montréal et Trois-Rivières.

1691 (août)

Un raid mené par le major Peter Schuyler, avec 300 miliciens et Iroquois, est repoussé à Laprairie.

1692 (7 juin)

Vaudreuil, avec un détachement de soldats, de Canadiens et d'Amérindiens, surprend et anéantit 40 Iroquois à Repentigny .

(22 octobre)

Durant trois jours, la jeune Madeleine de Verchères réussit à résister aux Iroquois qui assiègent le fort de Verchères. Elle utilise un stratagème pour donner l'illusion que le fort est défendu par une forte garnison, alors qu'elle y est seule avec deux soldats, un domestique, ses deux jeunes frères et quelques femmes.

1692

Français et Abénaquis repoussent une attaque anglaise contre le fort Naxouat ou Saint-Joseph (Fredericton, Nouveau-Brunswick).

1693 (janvier-février)

Trois villages iroquois au nord d'Albany sont attaqués et détruits par les Français.

(22 juin)

James Knight reprend le fort Albany aux Français.

1694 (juillet)

M. de Villieu, assisté de 200 Abénaquis, ravage plusieurs établissements anglais dans le New Hampshire.

(septembre-octobre)

Pierre Le Moyne d'Iberville et son frère, Le Moyne de Sérigny, avec deux navires, assiègent et reprennent le Fort York à la baie d'Hudson. Ce poste, autrefois commandé par Thomas Walsh, sera repris par les Anglais en 1696.

1696 (août)

Frontenac, Callières et Ramezay, avec l'aide de 2 000 soldats, miliciens et Amérindiens, détruisent un village abandonné par les Onontagués et ravagent toutes les récoltes de ses habitants, près d'Oswego.

Pierre Le Moyne d'Iberville, avec deux navires, l'appui de 240 Abénaquis sous Saint-Castin et de 25 soldats sous Villieu, attaque le fort Pemaquid (William Henry, Maine) commandé par Pascoe Chubb qui n'a que 95 hommes. Chubb capitule le 15 août.

(octobre)

Le major Benjamin Church, avec 400 hommes et 50 Amérindiens, assiège le fort Naxouat. Villebon, assisté d'une centaine d'hommes et d'Amérindiens, parvient à lui résister.

(novembre à mars 1697)

Pierre Le Moyne d'Iberville et Jacque François de Mombeton de Brouillan, commandant de Plaisance, s'emparent de St. John's et de toutes les places anglaises de Terre-Neuve, à l'exception de Bonavista et de l'île de Carbonear.

1697 (5 septembre)

Combat naval près du fort York, à la baie d'Hudson, entre le *Pélican*, commandé par d'Iberville, et 3 navires anglais. Le *Hampshire* et le *Hudson's Bay* sont coulés. Seul le *Dering* parvient à s'échapper. Le fort York est pris par les Français peu après.

Une attaque anglaise contre le fort Naxouat est repoussée.

1704 (février)

Jean-Baptiste Hertel de Rouville, avec 50 Canadiens et 200 Amérindiens, détruit Deerfield (Massachusetts, É.-U.)

1704 (été)

La Grange, avec 100 Canadiens et deux barques, s'empare d'une frégate et brûle deux bâtiments à Bonavista.

(juillet)

À Port-Royal, le gouverneur français Brouillan repousse une flotte de trois navires, sous les ordres de Church, qui dispose de 14 bateaux de transport et de 36 barques portant 550 hommes.

1705 (février)

Subercase, avec 450 Canadiens et Micmacs, enlève Beboule et Petit Havre mais ne parvient pas à capturer le fort de St. John's, défendu par les lieutenants Moody et Latham. Montigny s'empare du poste de Bonavista.

1707

Une flotte anglaise, dirigée par le major Lloyd, ruine les stations de pêche des Malouins du Petit-Nord (Terre-Neuve), entre cap Freels et le détroit de Belle-Isle.

(juin et août)

À deux reprises, en juin et en août, une expédition partie de la Nouvelle-Angleterre attaque sans succès Port-Royal, défendu par Subercase et une petite garnison, ainsi que par le fils de Saint-Castin et les Abénaquis.

1708 (29 août)

Jean-Baptiste Hertel de Rouville, Jean-Baptiste de Saint-Ours Deschaillons et 200 combattants attaquent le village de Haverhill (Massachusetts), le détruisent et repoussent, au retour, une attaque de 60 hommes, commandés par le capitaine Ayer.

(décembre)

M. Saint-Ovide, avec 170 Français, Canadiens et Amérindiens, capture St. John's (Terre-Neuve). La garnison du fort capitule le 1er janvier 1709.

1710 (13 octobre)

À Port-Royal, Subercase et ses 150 soldats se rendent au colonel Francis Nicholson, venu de la Nouvelle-Angleterre avec une flotte de 36 navires ayant à bord 3 600 hommes, dont 600 soldats réguliers.

1712 (mai)

Les Renards, nation de l'ouest du lac Michigan, tentent de s'emparer du poste de Détroit près duquel ils se sont récemment établis. Les Outaouais et les Illinois prêtent main-forte à Dubuisson et à ses quelque 20 soldats pour contre-attaquer. Les Renards sont défaits.

1716 (août)

Louvigny, avec 225 soldats et miliciens ainsi que plusieurs Amérindiens, attaque les Renards dans leur territoire du Wisconsin et obtient une capitulation.

1722 (été)

Des Amérindiens entourent Annapolis Royal sans parvenir à déloger la garnison britannique.

1728 (août)

Beauharnois envoie une armée de 400 Français et 800 Amérindiens, sous le commandement de Constant Le Marchand de Lignery, à la poursuite des Renards. Les villages et les récoltes sont brûlés, mais les Renards réussissent à se dérober.

1730 (août-septembre)

Saint-Ange, officier de la Louisiane, Villiers, commandant du fort Saint-Joseph, et Noyelles, commandant du fort Miami, regroupent leurs forces, française et amérindienne, afin d'attaquer et de détruire la principale bourgade des Renards.

1733 (septembre)

Les Renards s'allient aux Sauks (Sakis), attaquent et tuent Villiers et plusieurs autres Français.

1735 (avril)

Une expédition franco-amérindienne, sous Noyelles, assaille les Renards et les Sauks dans leur fort de la rivière des Moines (Iowa). Après quelques escarmouches, un traité est conclu.

1740 (22 février)
Céléron de Blainville, avec une centaine de soldats et de miliciens canadiens ainsi que 200 Amérindiens alliés, attaque avec succès les Chikasaws (près de la ville actuelle de Memphis, Tennessee). Ces derniers signent la paix.

1744 (mai)
Expédition navale à partir de Louisbourg, dirigée par du Vivier. Avec 344 hommes, il prend et détruit Canso, en Nouvelle-Écosse, que défendent le capitaine Patrick Heron et 120 soldats.

(août)
Siège d'Annapolis Royal par du Vivier, à la tête de 50 soldats et d'environ 200 Amérindiens. Le commandant de Louisbourg, de Gannes, met fin à l'attaque et les Français se retirent.

1745 (mai-juin)
Prise de Louisbourg par une force de plus de 4 000 miliciens de la Nouvelle-Angleterre, sous les ordres de William Pepperrell. Le gouverneur Duchambon, avec une force de 1 500 hommes, composée de compagnies franches de la Marine, d'un détachement du régiment suisse de Karrer, de canonniers-bombardiers et de miliciens, capitule après un siège de 47 jours.

(29 novembre)
Le lieutenant Paul Marin, avec 400 Français, 200 Abénaquis et Micmacs, détruit Saratoga où il capture 100 hommes.

1746 (juillet)
Une expédition américaine contre l'île Saint-Jean (île du Prince-Édouard) est défaite près de Port-La-Joie par la garnison française qui compte une quinzaine hommes et environ 100 Micmacs.

(août)
Rigaud de Vaudreuil, avec 400 miliciens et 300 Amérindiens, capture le fort Massachusetts (Adams, Massachusetts) et sa garnison de 22 hommes.

1747 (12 février)
Coulon de Villiers, de la Corne et un détachement de 236 Canadiens et de 50 Micmacs attaquent Grand-Pré (Nouvelle-Écosse), occupé par un régiment du Massachusetts. Les Américains capitulent.

(mars)
Le chevalier de Niverville brûle cinq forts et 100 maisons abandonnées par leurs habitants, dans les environs de Haverhill (Massachusetts).

(avril)
Un raid français contre le fort No 4 (Charlestown, New Hampshire) est repoussé.

(juin)
La Corne de Saint-Luc, avec une vingtaine de soldats et de miliciens et 200 Amérindiens, attaque le fort Clinton (près de Easton, New York).

(20 juin)
Le lieutenant Chew et une centaine de volontaires américains sont défaits par les Français et amenés prisonniers au fort Saint-Frédéric.

1748 (5 juillet)
Lunnenburg (aujourd'hui Ashby, Massachusetts) est pris d'assaut par une expédition canadienne.

(18 juillet)
Environ 70 miliciens américains sont attaqués près de Schenectady et se retirent après avoir perdu une trentaine d'hommes.

1752 (21 juin)
Deux cent cinquante Amérindiens alliés, sous le cadet Mouët de Langlade, attaquent la bande des Miamis que dirige le chef anglophile Memeskia, à Pickawillany (Pica, Ohio), et capturent huit commerçants anglais.

1754 (28 mai)
Washington, avec environ 400 Américains et Amérindiens, attaque l'enseigne Jumonville. À la tête de 32 Canadiens, celui-ci est venu lui porter une sommation lui enjoignant de se retirer du territoire français.

(3 juillet)
Coulon de Villiers, frère de Jumonville, avec 600 Français et 100 Amérindiens, attaque Washington au fort Necessity, défendu par 400 hommes et neuf canons. Washington capitule.

LES AUTRES TROUPES DE LA MARINE

Aux XVIIᵉ et XVIIIᵉ siècles, le ministère de la Marine englobait sous sa responsabilité les vaisseaux de guerre à voiles allant sur les océans, la flotte des galères en Méditerranée, la défense des côtes françaises et l'administration de la défense des colonies. La Marine entretenait des troupes non seulement en Amérique du Nord, mais aussi en France et aux Antilles.

COMPAGNIES FRANCHES DE LA MARINE DES VAISSEAUX

Il existe aujourd'hui beaucoup de confusion au sujet des Compagnies franches de la Marine. Et pour cause : la même appellation désignait tant les troupes qui servaient sur les navires que celles qui étaient envoyées aux colonies. Pis encore. Les documents de l'époque parlent souvent du « détachement » de la Marine. Bien des historiens en ont conclu, naturellement, qu'un seul et même corps, basé en France, envoyait des détachements de soldats servir tantôt dans les colonies, tantôt sur les navires, alors qu'en fait ces services étaient assurés par deux corps différents.

Mais la confusion ne s'arrête pas là. Jusqu'à l'année 1671, la Marine française levait occasionnellement des régiments pour servir sur ses vaisseaux. Leurs noms évoquaient leur origine : « La Marine », « Royal-Vaisseaux », « Royal-Marine ». Cependant, sous l'insistance du ministre de la Guerre, Louvois, tous les régiments furent versés à l'armée terrestre, y compris ceux aux noms « maritimes », même s'ils n'eurent plus aucun mandat de cette nature par la suite. Le ministre de la Marine, Colbert, obtint alors de Louis XIV l'autorisation de lever des soldats et de les grouper en « compagnies franches », c'est-à-dire indépendantes et non enrégimentées. Durant les années 1670 et 1680, des compagnies de soldats-gardiens furent ainsi levées et licenciées selon les besoins. Puis, le 16 décembre 1690, les Compagnies franches de la Marine furent créées pour assurer ce service en permanence. Elles furent assignées à chacun des ports militaires, en France, d'où chaque compagnie détachait des soldats pour servir sur les navires de guerre. Ces hommes prenaient part à toutes les batailles navales et à de nombreux débarquements. Ce sont ces soldats qui servirent sous d'Iberville, au cours de ses expéditions maritimes. Leurs effectifs furent réduits à aussi peu que 3 000 hommes durant les périodes de paix et augmentés à 10 000 durant les guerres. Les Compagnies franches de la Marine des vaisseaux furent dissoutes le 5 novembre 1761.

Les soldats de ces compagnies furent d'abord armés d'épées et de mousquets à mèche avec baïonnettes. On échangea graduellement les mousquets pour des fusils, durant les années 1690. À partir des années 1680, l'uniforme de ces soldats fut gris-blanc avec doublure, parements, veste, culottes et bas bleus, boutons d'étain, puis de laiton à partir du début du XVIIIᵉ siècle.

BOMBARDIERS DE LA MARINE

Le service de l'artillerie de la Marine requérait son propre personnel, distinct de celui de l'armée de terre. Il existait des commissaires d'artillerie de la Marine et des écoles d'apprentis-canonniers dans plusieurs ports militaires. L'invention de la galiote à bombes, au début des années 1680, provoqua la création d'un corps spécialisé de « Bombardiers de la Marine ». Ces artilleurs devaient servir les mortiers montés à bord. La première compagnie fut levée à Toulon, en 1682, la seconde à Brest, en 1692, et la troisième à Rochefort, en 1694. À compter du début du XVIIIᵉ siècle, quelques bombardiers furent détachés aux colonies. L'un d'eux fut envoyé à Port-Royal, en Acadie, en 1702, puis à l'île Royale où il fut éventuellement incorporé comme aide d'artillerie, en 1716. Un détachement servit en Louisiane, en 1740, et un autre forma la seconde compagnie de canonniers-bombardiers coloniaux à Louisbourg, en 1758. Les bombardiers de la Marine portaient un uniforme rouge et bleu. Ils furent incorporés à l'artillerie de l'armée de terre en 1761.

TROUPES DES GALÈRES

La flotte des galères était basée à Marseille. Ces navires étaient de véritables prisons flottantes, car les rameurs étaient des prisonniers de tous genres «condamnés aux galères du roi». Ces vaisseaux servaient surtout à protéger les côtes et le commerce méditerranéen français des pirates arabes qui s'étaient établis en Afrique du Nord. Le nombre de galères passa de six, en 1661, à un sommet de 40, en 1690, pour finalement se stabiliser à 15 après la mort de Louis XIV — qui affectionnait les galères. En 1748, cette flotte, devenue inutile, fut abolie.

On affectait une compagnie de soldats par navire pour y servir de «garnison». Les effectifs de ces «Compagnies franches des Galères» variaient grandement selon les périodes de guerre ou de paix et selon le nombre de galères en service. L'armement était similaire à celui des Compagnies franches des vaisseaux. Sous Louis XV, l'uniforme était gris-blanc avec doublure, parements, veste, culottes et bas rouges, boutons de laiton.

Il existait aussi des «Pertuisaniers des Galères» affectés à la surveillance des galériens prisonniers tant à terre qu'en mer. Cette occupation, relativement méprisée, était cependant essentielle pour assurer la sécurité de la galère et libérer les soldats durant les combats. En 1695, une ordonnance fixa leur nombre à huit par bâtiment. Ils portaient un uniforme bleu et rouge avec «un ceinturon façon d'Élan, et un sabre»[1].

TROUPES DE LA MARINE AUX ANTILLES

À part les troupes qu'elle envoya en Nouvelle-France (Canada, île Royale, Louisiane), la Marine entretint une petite armée coloniale aux Antilles et en Guyane. Dans les Antilles, il n'y eut d'abord qu'un gouvernement général, pour «les îles de l'Amérique» mais, en 1714, on divisa les Antilles françaises en deux zones administratives : les «îles du Vent» — la Martinique, la Guadeloupe, la Dominique, la Grenade et la Guyane — et Saint-Domingue — aujourd'hui Haïti.

Les premières troupes coloniales des Compagnies franches de la Marine furent établies à la Martinique, en 1674, à la suite d'une attaque hollandaise. La garnison compta environ 500 hommes jusqu'en 1750, année où on doubla le nombre de Compagnies franches de la Marine qui passa de 10 à 20. La garnison comprit également 200 hommes du régiment suisse de Karrer à partir de 1724. Les îles du Vent furent dotées d'une compagnie de canonniers-bombardiers en 1747 et les Compagnies franches de la Marine de la Guyane s'y établirent en 1677. La plupart furent stationnées au fort Louis de Cayenne. La garnison de la Guyane augmenta graduellement de 150 à 500 soldats entre 1677 et le milieu du XVIIIe siècle.

En 1690, deux premières Compagnies franches de la Marine de Saint-Domingue furent établies à Haïti. En 1732, la garnison de cette florissante colonie comptait 16 compagnies totalisant 800 soldats, et augmenta jusqu'à 34 compagnies en 1750. Ceci sans compter quelque 400 soldats suisses du régiment de Karrer et une compagnie de canonniers-bombardiers, levée en 1745. Au total, quelque 2 300 officiers et soldats étaient répartis sur un tout petit territoire comparé au Canada. Mais Haïti était alors la «perle des Antilles», la plus riche des colonies, et on la dota d'un système de défense qui s'avéra efficace jusqu'à la Révolution française.

L'armement, l'équipement et l'uniforme de ces troupes étaient sensiblement les mêmes qu'en Nouvelle-France. On échangea les mousquets pour des fusils durant les années 1690. Le climat obligea à apporter certains ajustements à l'uniforme. On envoya des «justaucorps» en toile, au lieu de vestes en drap de laine, ainsi que des culottes en toile et des bas de coton, jusqu'aux années 1720. Par la suite, on adopta des guêtres de toile.

---

[1] AM, A1, vol. 32, no 14. Versailles, 16 février 1695. Règlement du Roy concernant les pertuisaniers des galères.

BIBLIOGRAPHIE

Les sources des textes et des images dans ce livre sont très variées. La liste qui suit ne constitue pas une bibliographie exhaustive, mais plutôt une orientation sommaire à travers des sources principales. Les collections d'artéfacts de nombreux lieux historiques et musées furent aussi consultées. La plupart d'entre elles sont citées dans les légendes des illustrations.

SOURCES MANUSCRITES

Archives nationales du Canada

Ces archives sont très importantes pour tout chercheur canadien, car elles contiennent des copies de presque tous les manuscrits concernant le Canada contenus dans les archives et bibliothèques nationales françaises et britanniques. Quoique modeste, l'iconographie est intéressante dans le domaine militaire d'avant le XIXe siècle.

Archives nationales de France

Colonies : séries A (ordonnances) ; B (lettres envoyées) ; C11A (Canada) ; C11B (île Royale) ; C11C (Terre-Neuve) ; C11D (Acadie) ; C13A et C13B (Louisiane) ; D2C (troupes) ; E (dossiers personnels) ; F1A (finances) ; F3 (collection Moreau de Saint-Méry) ; Dépôt des fortifications des colonies.
Marine : séries A1 (ordonnance) ; B1 (Conseil de la Marine) ; B2 (ordres et dépêches) ; B4 (campagnes) ; G (artillerie).

Archives nationales du Québec (à Montréal et à Québec)

Greffes notariales, pièces judiciaires, ordonnances, série NF25.

Archives du port de Rochefort

Séries 1E (correspondance générale) ; 5E2 (marchés).

Bibliothèque nationale de France

Fonds Français, Nouvelles Acquisitions françaises, Mélanges Colbert, Cabinet des estampes.

British Library

Séries : Additional Manuscripts, Stowe Manuscripts.

Public Records Office, Grande-Bretagne

Séries : Colonial Office 5 ; State Papers 42 ; Treasury 1 et 48.

Service historique de l'Armée de terre, France

Séries A1 (correspondance générale) ; XI (archives des corps de troupes) ; ordonnances, mémoires et reconnaissances.

Également, des objets et des documents manuscrits au Musée de l'Armée à Paris et à Salon-de-Provence, à La Sabretache à Paris, à la bibliothèque du Musée David M. Stewart à Montréal, aux archives du Musée du Séminaire de Québec, à la Anne S.K. Brown Military Collection de l'Université Brown à Providence, au Museo Naval à Madrid, au Royal Artillery Institute à Woolwich (Grande-Bretagne), ainsi que dans des collections particulières.

OUVRAGES DE RÉFÉRENCE

Atlas historique du Canada, volume I : *Des origines à 1800*, Montréal, Les Presses de l'Université de Montréal, 1987.

The Canadian Encyclopedia, Edmonton, Hurtig, 1985, 3 t.

Corvisier, André. *Dictionnaire d'art et d'histoire militaire*, Paris, Presses universitaires de France, 1988.

Dictionnaire biographique du Canada, Québec, Université Laval, t. I à 4 (1966-1980).

Le Jeune, L. *Dictionnaire général de biographie, histoire, littérature, agriculture, commerce, industrie et des arts, sciences, moeurs, coutumes, institutions politiques et religieuses du Canada*, Ottawa, Université d'Ottawa, 1931, 2 t.

SOURCES PUBLIÉES ET OUVRAGES D'ÉPOQUE

Beauchêne, Chevalier de. *Aventures du chevalier de Beauchêne, Canadien français élevé chez les Iroquois et qui devint capitaine de flibustiers*, 1732, republié à Paris, Librairie commerciale et asiatique, 1969, 2 t.

Bonin, Joseph Charles, dit « J.C.B. ». *Voyage au Canada dans le nord de l'Amérique septentrionale fait depuis 1751 à 1761*, présenté par H.R. Casgrain, Québec, 1887.

Boucher, Pierre. *Histoire véritable et naturelle des moeurs et productions au pays de la Nouvelle-France vulgairement dite le Canada*, Paris, 1664, republié sous la direction de Marcel Trudel avec de nombreuses études complémentaires par la Société historique de Boucherville, Boucherville, 1964.

Briquet, M. de. *Code militaire, ou compilation des ordonnance des rois de France, concernant les gens de guerre*, 12 vol., Paris, Chez Durand, 1761.

Cadwallader, Colden. *The History of the Five Nations of Canada*, Londres, 1757.

Cartier, Jacques. *Les Voyages de Jacques Cartier*, présenté et annoté par J. Dumont selon l'édition de 1545, Montréal, Les Amis de l'histoire, 1969.

Challes, Robert. *Journal d'un voyage fait aux Indes orientales (1690-1691)*, présenté par Frédéric Deloffre, Paris, Mercure de France, 1979.

Champlain, Samuel de. *Les Voyages du sieur de Champlain*, Paris, 1613, et *Les Voyages de la Nouvelle-France occidentale, dite Canada, faits par le sieur de Champlain*, Paris, 1632, présenté par C.-H. Laverdière sous le titre *Œuvres de Champlain*, Québec, 1870.

Chasseneu. *Catalogas Gloriae Mundi*, Lyon, 1529.

Collombon. Trophée d'armes, Lyon, 1650 (réimprimé en 1660).

Daniel, Père. *Histoire de la Milice française...*, 2 t., Paris, 1721.

De La Potherie, Charles Bacqueville, Le Roy, Claude. *Histoire de l'Amérique septentrionale...*, Paris, J.-L. Nion et F. Didot, 1722.

The Deplorable State of New England by Reason of a Covetous and Treacherous Governour... To Which is added, An Account of the Shameful Miscariage of the Late Expedition against Port-Royal, Boston, 1708.

Diaz del Castillo, Bernal. *The Conquest of New Spain*, traduit et annoté par J.M. Cohen, Londres, Folio Society, 1974.

Documentary History of the State of New York, 4 t., présenté par Edmund B. O'Callaghan, Albany, 1850-1851.

Documentary Relative to the Colonial History of the State of New York, 12 t., présenté par Edmund B. O'Callaghan et Berthold Fernow, Albany, 1856-1887.

Dollier de Casson, Francois. « Histoire de Montréal », *Mémoires de la Société historique de Montréal, quatrième livraison*, Montréal, 1868.

En Tibi lector Robertum Valturium ad illustrem heros sigismundum Pandulphum Malatestam Arimenensium regem de Re Militari, Paris, 1534.

Franquet, Louis. *Voyages et mémoires sur le Canada*, Montréal, Élysée, 1974.

Journal des Jésuites, édité d'après le manuscrit original et présenté par C.-H. Laverdière et H.-R. Casgrain, Québec, 1871.

Juchereau de Saint-Ignace, Jeanne-Françoise et Duplessis de Sainte-Hélène, Marie-Andrée. *Les Annales de l'Hôtel-Dieu de Québec 1636-1716*, Montauban, 1751, édition de 1939 à Québec.

Julien, C.-A., Herval, R. et Beauchesne, T. *Les Francais en Amérique pendant la première moitié du XVI siècle*, Paris, Presses Universitaires de France, 1946.

Gaya, sieur de. *Traité des armes*, Paris, Sébastien Cramoisy, 1678.

Guignard, M. de. *L'École de Mars*, 2 t., Paris, chez Simart, 1725.

Hakluyt, Richard. *The Principal Navigations, Voyages, Traffiques & Discoveries of the English Nation*, t. VII, Londres, 1598-1600, édition de l'Université de Glasgow, 1904.

Hutchinson, Thomas. *The History of the Colony and Province of Massachusetts Bay*, 3 t., publié en 1764-1767, présenté par L.S. Mayo, Cambridge, Mass., Harvard University, 1936.

Kalm, Pehr. *Voyage de Pehr Kalm au Canada en 1749*, traduit et annoté par Jacques Rousseau et Guy Béthune, Cercle du Livre de France, Montréal, 1977.

Lafiteau, Joseph-François. *Mœurs des sauvages américains comparés aux mœurs des premiers temps*, 2 t., Paris, 1724.

La Hontan, baron de. *Voyages du baron de La Hontan dans l'Amérique septentrionale*, Amsterdam, François L'Honoré, 1705.

Lamont, M. de. *Les Fonctions de tous les officiers de l'infanterie depuis celles de sergent jusqu'à celles de colonel*, Paris, 1669.

La Vérendrye, Pierre Gaultier de Varennes de. *Journals and Letters of Pierre Gaultier de Varennes de La Vérendrye and His Sons*, présenté et annoté par Lawrence J. Burpee, Toronto, Champlain Society, 1927.

Le Blant, Robert, et Beaudry, René. *Nouveaux documents sur Champlain et son époque, volume 1 (1560-1622)*, Ottawa, Archives publiques du Canada, 1967.

Lemau de Jaisse, Pierre. *Septième abrégé de la carte générale du militaire de France sur terre et sur mer*, Paris, 1741.

Lostelneau, Pierre de. *Mareschal des batailles*, Paris, 1647.

Maas, Théodore. *Soldats et chevaux desinéz et gravez d'après nature*, s.l., s.d.

Maréchal, Sylvain. *Costumes civils actuels de tous les peuples connus*, Paris, 1784-1787, 4 t., t. IV.

Maylen, John. *Gallic Perfidy: A Poem*, Boston, 1758.

«Mémoire ou Journal sommaire du voyage de Jacques Repentigny Legardeur de Saint-Pierre... », août 1752, dans le *Rapport des Archives canadiennes pour 1885*, Ottawa, 1886.

Mémoires de Louis XIV, présenté par Jean Longnon, Paris, Tallandier, 1927.

A Narrative of an Attempt Made by the French of Canada Upon the Mohaques Country Being Indians Under the Protection of Their Majesties Government of New York, New York, William Bradford, 1693.

New York Gazette, repris dans *The Weekly Post-Boy*, 6 avril 1747.

Papiers Contrecœur, et autres documents concernant le conflit anglo-français sur l'Ohio de 1745 à 1756, présentés par Fernand Grenier, Québec, Presses universitaires Laval, 1952.

Peyrins, Beneton de Morangue de. *Traité des marques nationales*, Paris, 1739.

A Plain Narrative of the Uncommon Sufferings and Remarkable Delivrance of Thomas Brown of Charlestown, in New England, Boston, 1760.

Pote, William. *The Journal of William Pote, Jr., During His Captivity in the French and Indian War from May 1745 to August 1747*, présenté par John Fletcher Hurst, New York, Dodd, Mead & Co., 1896.

Ramusio, Giovanni Battista. *Primo [terzo] volume, & terza editione della navigation et viaggi...*, Venise : Nella stamperia de Giunti, 1563-1583 (vol. 3, 1565).

Relations des Jésuites contenant ce qui s'est passé de plus remarquable dans les missions des pères de la compagnie de Jésus dans la Nouvelle-France, 3 t., Québec, 1858.

Relation par lettres de l'Amérique septentrionale (années 1709 et 1710), présenté par Camille de Rochemonteix, Paris, Letouzey et aîné, 1904.

Sagard, Gabriel. *Le Grand Voyage au pays des Hurons*, présenté et annoté par Jean Dumont selon l'édition de 1632, Montréal, Les Amis de l'histoire, 1969.

Saint-Rémy, Surirey de. *Mémoires d'artillerie*, Paris, 1697, réimprimé à La Haye en 1702, 2 t., seconde édition à Paris en 1707, réimprimé en 1741, 3 t.

Savage, Thomas. *An Account of the Late Action of the New-Englanders, Under the Command of Sir William Phips, Against the French at Canada*, Londres, 1691.

Selections from the Public Documents of Nova Scotia, Halifax, Charles Annand, 1869.

Vachon, André. *Les Documents de notre histoire : rêve d'empire; Le Canada avant 1700*, Ottawa, Archives publiques du Canada, 1982.
– *Les Documents de notre histoire : l'enracinement; Le Canada de 1700 à 1760*, Ottawa, Archives publiques du Canada, 1985.

Vecellio, César. *Vecellios Renaissance Costume Book*, réimpression de la seconde édition de 1598 à Venise, par Dover Books, New York, 1977.

Venn, Thomas. *Military Observations, or the Tacticks Put into Practice...with The Original of Ensignes Their Duties, and Postures of Their Colours*, Londres, 1672.

Williams, John. *The Redeemed Captive Returning to Zion*, publié pour la première fois en 1707 à Boston. Réédition de 1795 publiée par H.R. Hunting, Springfield, Mass., 1908.

Zur-Lauben, M. le baron de. *Histoire militaire des Suisses au service de la France*, 5 t., Paris, 1751.

REVUES SPÉCIALISÉES ET PÉRIODIQUES

Bibliographie internationale d'histoire militaire, par le comité de bibliographie de la Commission internationale d'histoire militaire comparée, du vol. 1 (1979) jusqu'à présent.

Canadian Journal of Arms Collecting, Bloomfield, Ontario, à partir du vol. 1 (1963) jusqu'à présent.

Gazette des uniformes des nos 19 à 34, janvier - février (1977).

Journal des armes, Chicoutimi (Québec), vol. 1 et 2 (1979-1980).

Journal of the Society for Army Historical Research, Londres, du vol. 1 (1921) jusqu'à présent.

Mercure, François, t. XIX, (1633).

Mercure Galant, mensuel, de 1672 jusqu'à 1720.

Military Collector and Historian: Journal of the Company of Military Historians, Washington, à partir du vol. 1 (1949) jusqu'à présent.

Military Illustrated : Past and Present, Londres, du n° 1 (juin-juillet 1986) jusqu'à présent.

Neptunia, Paris, Musée de la Marine, du n° 88 (1967) jusqu'à présent.

La Sabretache, Paris, du vol. 1 (1893) jusqu'à présent.

Traditions, Paris, du n° 1 (1987) jusqu'à présent.

Uniformes : les armées de l'Histoire, Paris, du n° 19 (1974) jusqu'à 1991 (se nomme *La Gazette des uniformes* des nos 19 à 34, janvier - février 1977).

ÉTUDES

Ariès, Christian. *Armes blanches militaires françaises*, 24 t., Nantes, chez l'auteur, 1963-1987.

Aubert de Gaspé, Phillipe. *Les Anciens Canadiens*, Québec, 1864, réédité à Montréal, Fides, 1970.

Barbeau, Marius. *Folk Songs from Old Quebec*, Ottawa, Musées nationaux du Canada, 1964.

Barkham, Michael M. *Report on 16th century Spanish Basque Shipbuilding, c. 1550 to c.1600*, Ottawa, Parcs Canada, Rapport inédit n° 422.

Blanchard, Anne. *Les Ingénieurs du « Roy » de Louis XIV à Louis XVI*, Montpellier, 1979.

Bonnefoy, François. *Les Armes de guerre portatives en France, du début du règne de Louis XIV à la veille de la Révolution (1660-1789); de l'indépendance à la primauté*, 2 t., Paris, Librairie de l'Inde, 1991.

Bouchard, Russel. *Les Fusils de Tulle en Nouvelle-France : 1691-1741*, Chicoutimi, Journal des armes, 1980.

Boudriot, Jean. *Armes réglementaires françaises*, Paris, 1961-1963.
– *Le Vaisseau de 74 canons*, Grenoble, Quatre seigneurs, 4 t., 1973-1977.

Bovay, Emile Henri. *Le Canada et les Suisses - 1604-1974*, Fribourg, Éditions universitaires, 1976.

Boyer, Raymond. *Les Crimes et les Châtiments du Canada français du XVIIe au XIXe siècle*, Montréal, Cercle du livre de France, 1966.

Brzezinski, Richard. *The Army of Gustavus Adolphus, 1 - Infantry*, Londres, Osprey Military, 1991.

Carman, William Y. *British Military Uniforms from Contemporary Pictures*, New York, Arco, 1957.

Casanova, Jacques-Donat. *Une Amérique française*, Paris et Québec, Documentation française et Éditeur officiel du Québec, 1975.

Chambers, Ernest J. *The Canadian Militia: A History of the Origin and Development of the Force*, Montréal, Fresco, 1907.

Champagne, Antoine. *Les La Vérendrye et le Poste de l'Ouest*, Québec, Cahier de l'institut d'histoire, 1968.

Charbonneau, André, Desloges, Yvon et Lafrance, Marc. *Québec, ville fortifiée du XVIIᵉ au XIXᵉ siècle*, Québec, Pélican et Parcs Canada, 1982.

Charrié, Pierre. *Drapeaux et étendards du roi*, Paris, Léopard d'Or, 1989.

Chartrand, René. *The French Soldier in Colonial America*, Bloomfield, Ont., Museum Restauration Service, 1984.
    – *Louis XIV's Army*, Londres, Osprey Military, 1988.

Chénier, Rémi. *Québec, ville coloniale francaise en Amérique : 1660 à 1690*, Ottawa, Environnement Canada, Service des parcs, 1991.

Clausewwitz, Carl von. *De la guerre*, traduit par Denise Naville, Paris, Minuit, 1953.

Comité d'histoire du Service de santé, collectif, *Histoire de la médecine aux armées*, Paris, Charles Lavauzelle, 1982, t. 1.

Corvisier, André. *L'Armée française de la fin du XVIIᵉ siècle au ministère de Choiseul : le soldat*, Paris, Presses universitaires de France, 1964, 2 t.
    – *Armées et sociétés en Europe de 1494 à 1789*, Paris, Presses universitaires de France, 1976.
    – *Les Contrôles de troupes de l'Ancien Régime*, Paris, vol. 3, Service historique de l'Armée, 1970.

Coste, Gabriel. *Les Anciennes Troupes de la Marine 1627-1792*, Paris, 1896.

Daniell, David Scott, *Cap of Honour: The Story of the Gloucestershire Regiment (28ᵗʰ/61ᵗʰ) 1694-1950*, Londres, Harrap, 1951.

Dechêne, Louise. *Habitants et marchands de Montréal au XVIIᵉ siècle*, Paris et Montréal, Plon, 1974.

Delâge, Denis. *Le Pays renversé : Amérindiens et Européens en Amérique du Nord-Est - 1600-1664*, s.l., Boréal, 1991.

Delaunay, L.-A. *Étude sur les anciennes compagnies d'archers, d'arbalétriers et d'arquebusiers*, Paris, 1879.

Depréaux, Albert. *Les Affiches de recrutement du XVIIᵉ siècle à nos jours*, Paris, 1911.

Desloges, Yvon. *Une ville de locataires : Québec au XVIIIᵉ siècle*, Ottawa, Environnement Canada, Services des parcs, 1991.
    – et Lafrance, Marc. *Goûter à l'histoire : les origines de la gastronomie québécoise*, Québec, Parcs Canada et Chenelière, 1989.

D'Harcourt, Raoul et Marguerite. *Chansons folkloriques françaises au Canada*, Québec, Université Laval, 1956.

Drake, Samuel G. *A Particular History of the Five Years French and Indian War*, Albany, Munsell, 1870.

Dunnigan, Brian L. *Glorious Old Relic: The French Castle and Old Fort Niagara*, Youngstown, N.Y., Old Fort Niagara, 1987.

Dunton, Hope. *From the Hearth, Recipes from the World of 18ᵗʰ century Louisbourg*, Sydney, N.-É., University College of Cape Breton, 1986.

Eccles, William J. *Canada Under Louis XIV – 1663-1701*, Toronto, McLelland and Stewart, 1964.

Edge, David et Paddock, Miles, John. *Arms and Armour of the Medieval Knight*, Londres, Bison, 1988.

Farmer, Denis et Carol. *The King's Bread, 2ⁿᵈ Rising: Cooking at Niagara 1726-1815*, Youngstown, N.Y., Old Fort Niagara, 1987.

Fauteux, Aegidius. *Les Chevaliers de Saint-Louis en Canada*, Montréal, Les Dix, 1940.

Field, Cyril. *Britain's Sea-Soldiers*, vol. 1., Liverpool, Lyceum, 1924.

Filteau, Gérard. *Par la bouche de mes canons! - La ville de Québec face à l'ennemi*, Québec, Septentrion, 1990.

Fortescue, John W. *A History of the British Army*, vol. 2., Londres, Macmillan, 1910.

Franklin, Alfred. *La Vie privée d'autrefois : les repas*, Paris, Plon, 1889.

Frégault, Guy. *La Civilisation de la Nouvelle-France*, Montréal, Fides, 1969.
   – *D'Iberville, Pierre Le Moyne*, Montréal, Fides, 1968.

Gagnon, François-Marc. *Ces hommes dits Sauvages*, Montréal, Libre Expression, 1984.

Galbraith, John Kenneth. *The Age of Uncertainty : A history of Economic Ideas and Their Consequences*, Boston, Houghton Mifflin, 1977.

Gélinas, Cyrille. *Le Rôle du fort de Chambly dans le développement de la Nouvelle-France de 1665-1760*, Ottawa, Parcs Canada, 1983.

Girard, Georges. *Racolage et Milice*, Paris, circa 1915.

Gooding, S. James. *The Canadian Gunsmiths 1608 to 1900*, West Hill, Ont., Museum Restauration Service, 1962.

Gordon, Kate et McGhee, Robert. *Les Vikings et leurs Prédécesseurs*, Ottawa, Musée de l'Homme, 1981.

Graham, Gerald S., éd. *The Walker Expedition to Quebec, 1711*, Toronto, Champlain Society, 1953.
   – *Empire of the North Atlantic*, Toronto, University of Toronto Press, 1950.

Graham-Campbell, James et Kidd, Daffyd. *The Vikings*, Londres, British Museum, 1980.

Le Grand Héritage : l'Église catholique et la société du Québec, collectif sous la direction de Jean Simard, Québec, Musée du Québec, 1984.

Greer, Allan. *Les Soldats de l'île Royale 1720-1745*, Ottawa, Parcs Canada, 1979.

Guénin, Eugène. *La Nouvelle-France*, Paris, Hachette, 1904.

Hanson, Victor Davis. *The Western Way of War*, New York, Alfred Knoft, 1989.

Haring, Clarence Henry. *Trade and Navigation Between Spain and the Indies in the Time of the Hapsburgs*, Boston, Harvard University Press, 1918.

Havard, Gilles. *La Grande Paix de Montréal de 1701 : les voies de la diplomatie franco-amérindienne*, Montréal, Recherches amérindiennes au Québec, 1992.

Heath, Ian. *The Vikings*, Londres, Osprey Military, 1985

Histoire de l'École navale, par un ancien officier, Paris, 1889.

Houlding, John A. *French Arms Drill of the 18th century*, Bloomfield, Ont., Museum Restauration Service, 1988.

Ingstad, Helge. *Westard to Vinland: The Discovery of Pre-Columbian Norse House-sites in North America*, traduit du norvégien par Erik J. Friis, Toronto, Macmillan, 1969.

Jeanen, Cornelius J. *Friend and Foe : Aspects of French-Amerindian Cultural Contact*, Toronto, McClelland and Stewart, 1976.

Johnston, A.J.B. *L'Été de 1744 : la vie quotidienne à Louisbourg au XVIIIe siècle*, Ottawa, Parcs Canada, 1983.

Jomard, E.T. *Les Monuments de la géographie...*, Paris, Kaeppelin, 1854.

Jouan, René. *Histoire de la Marine française*, Paris, Payot, 1950.

Kellogg, Louise P. *The French Regime in Wisconsin and the Northwest*, New York, Cooper Square, 1968.

Kidd, Kenneth, E. *The Excavation of Ste Marie I*, University of Toronto, 1949.

Lachance, André. *Le Bourreau au Canada sous le Régime francais*, Québec, Société historique de Québec, 1966.
   – *La Justice criminelle du roi au Canada au XVIIIe siècle*, Québec, Université Laval, 1978.
   – *La Vie urbaine en Nouvelle-France*, Montréal, Boréal, 1987.

Lacroix, Paul. *Le XVIIIe siècle : institutions, usages et costumes en France 1700-1789*, Paris, Firmin-Didot, 1878.

Lacoursière, Jacques et Bizier, Hélène-Andrée. *Nos racines : l'histoire vivante des Québécois*, Montréal, 1979.

La Fay, Howard. *The Vikings*, Washington, National Geographic Society, 1972.

Lanctôt, Gustave. *Histoire du Canada*, 3 t., Montréal, Beauchemin, 1966.

Lawson, Cecil C.P. *A History of the Uniforms of the British Army*, t. 1 et 2, Londres, 1942 (réédition à Londres, Norman Newton, 1962).

Leach, Douglas Edward. *Arms for Empire : A Military History of the British Colonies in North America, 1603-1763*, New York, Macmillan, 1973.

Leclerc, Jean. *Le Marquis de Denonville, gouverneur de la Nouvelle-France 1685-1689*, Montréal, Fides, 1976.

Lemay, Hugolin. *Vieux papiers, vieilles chansons*, Montréal, Franciscains, 1936.

Lenk, Torsten. *The Flintlock : Its Origin and Development*, Londres, Bramhall House, 1965.

Lewis, Michael. *The History of the British Navy*, Londres, Pelican, 1957.

Lewis, Warren H. *The Splendid Century : Life in the France of Louis XIV*, New York, Doubleday, 1957.

McCullough, A.B. *La Monnaie et le Change au Canada, des premiers temps jusqu'à 1900*, Ottawa, Canada - Parcs, 1987.

McGhee, Robert. *Le Canada au temps des envahisseurs*, Hull et Montréal, Musée canadien des civilisations et Libre Expression, 1989.

McLennan, John S. *Louisbourg, from Its Foundation to Its Fall 1713-1758*, Londres, Macmillan, 1918.

Macmillan, Ernest. *A Canadian Song Book*, Toronto, Dent, 1938.

Masson, Paul. *Les Galères de France (1481-1781) : Marseille port de guerre*, Paris, Hachette, 1938.

Mathieu, Jacques. *La Construction navale royale à Québec : 1739-1759*, Québec, Société historique de Québec, 1971.

Mémain, René. *Matelots et soldats des vaisseaux du roi, à Rochefort de 1661 à 1690*, Paris, Hachette, 1936.

Millar, John F. *American Ships of the Colonial & Revolutionary Periods*, New York, W.W. Norton, 1978.

Miville-Deschênes, François. *Quand ils ne faisaient pas la guerre ou l'aspect domestique de la vie militaire au fort Chambly pendant le Régime français d'après les objets archéologiques*, Ottawa, Environnement Canada - Parcs, 1987.

Le Monde de Jacques Cartier : l'aventure au XVIe siècle, collectif sous la direction de Fernand Braudel, Montréal et Paris, Libre Expression et Berger-Levrault, 1984.

Myrand, Ernest. *Phips devant Québec*, Québec, Demers, 1893.

Noël, Michel. *Art décoratif et vestimentaire des Amérindiens du Québec, XVIe et XVIIe siècles*, Montréal, Leméac, 1979.

Nørlund, Paud. *Viking Settlers in Greenland*, Londres et Copenhague, 1936.

Parent, Michel et Verroust, Jacques. *Vauban*, Paris, Jacques Fréal, 1971.

Parker, Goeffrey. *The Military Revolution : Military Innovation and the Rise of the West, 1500-1800*, Cambridge University Press, 1988.

Parkman, Francis. *A Half century of Conflict*, 2 t., Toronto, George Morang, 1899.

Pétard, Michel. *Équipements militaires, de 1600 à 1870*, Saint-Julien-de-Concelles, France, chez l'auteur, t. 1 et 2, 1984 et 1985.

Peterson, Harold L. *Arms and Armour in Colonial America 1526-1783*, New York, Bramall House, 1956.

Proulx, Gilles. *La Garnison de Québec de 1748 à 1759*, Ottawa, Environnement Canada, Service des parcs, 1991.

Proulx, Jean-Pierre. *Histoire militaire de Plaisance : une étude sur les fortifications françaises*, Ottawa, Parcs Canada, 1979.
– *Les Basques et la Pêche à la baleine au Labrador au XVIe siècle*, Ottawa, Environnement Canada, Service des parcs 1993.

Reboul, (colonel). *La Vie au dix-huitième siècle : l'armée*, Paris, Marcel Seheur, 1931.

La Renaissance et le Nouveau Monde, ouvrage collectif, Québec, Musée du Québec, 1984.

Rousset, Camille. *Histoire de Louvois*, 3 vol., Paris, 1863-1864.

Roy, Pierre-Georges. *Les Officiers d'état-major des gouvernements de Québec, Montréal et Trois-Rivières sous le Régime français*, Lévis, 1919.
– *Le Vieux Québec*, première série, Québec, 1923.

Roy, Régis et Malchelosse, Gérard. *Le Régiment de Carignan*, Montréal, G. Ducharme, 1925.

Salone, Émile. *La Colonisation de la Nouvelle-France*, Paris, E. Guilmoto, 1905 (réédition à Québec, Boréal, 1970).

Saurel, Louis. *Peines et gloires des gendarmes*, Paris, Lavauzelle, 1973.

Séguin, Robert-Lionel. *La Civilisation traditionnelle de l'« habitant » aux XVIIe et XVIIIe siècles*, Montréal, Fides, 1967.
– *La Vie libertine en Nouvelle-France au dix-septième siècle*, Montréal, Leméac, 1972, 2 vol.

Sioui, Georges E. *Pour une autohistoire amérindienne*, Québec, Université Laval, 1989.

Stanley, George F.G. *New France : The Last Phase, 1744-1760*, Toronto, McLelland and Stewart, 1968.
– *Nos soldats. Histoire militaire du Canada de 1608 à nos jours*, version française sous la direction de Serge Bernier, Montréal, Éditions de l'homme, 1980.

Steele, I.K. *Guerillas and Grenadiers*, Toronto, Ryerson, 1971.

Stotz, Charles Morse. *Outposts of the War for Empire*, Pittsburgh, Historical Society of Western Pennsylvania, 1985.

Susane, Louis. *Histoire de l'artillerie française*, Paris, 1874.
– *Histoire de l'infanterie française*, 5 t., Paris, 1876.

The Spirit Sings: Artistic Traditions of Canada's First Peoples, ouvrage collectif, Calgary et Toronto, Musée Glenbow et McClelland and Stewart, 1987.

Toudouze, Georges G. *Les Équipages de la Marine française*, Paris, éditions militaires illustrées, 1943.

Trigger, Bruce. éd. *Handbook of North American Indians*, t. 15 (Northeast), Washington, Smithsonnian Institute, 1978.

Trigger, Bruce. *Les Enfants d'Aataentsic : l'histoire du peuple huron*, Montréal, Libre Expression, 1991.

Trudel, Marcel. *L'Affaire Jumonville*, Québec, Université Laval, 1953.
– *Histoire de la Nouvelle-France : II - Le Comptoir 1604-1627*, Montréal, Fides, 1966.
– *Histoire de la Nouvelle-France : III - la Seigneurie des Cent-Associés 1627-1663*, t.1 : *Les Événements*, Montréal, Fides, 1979.
– *Initiation à la Nouvelle-France*, Montréal, Holt, Rinehard et Winston, 1968.

Tuck, James A. et Grenier, Robert. *Red Bay, Labrador, World Whaling Capital A.D. 1550-1600*, Saint-Jean, T.-N., Atlantic Archaeology Ltd., 1989.

Vermette, Luce. *La Vie domestique aux forges du Saint-Maurice*, Ottawa, Parcs Canada, 1982.

Verney, Jack. *The Good Regiment : The Carignan-Salières Regiment in Canada, 1665-1668*, Montréal et Kingston, McGill-Queen's, 1991.

Vichot, Jacques. *Répertoire des navires de guerre francais*, Paris, Musée de la Marine, 1967.

La Vie quotidienne au Québec : histoire, métiers, techniques et traditions, collectif sous la direction de René Bouchard, Québec, Université du Québec, 1983.

Vigié, Marc. *Les Galériens du roi*, Paris, Fayard, 1985.

Wanty, Emile. *L'Art de la guerre*, 4 t., Verviers, Belgique, Gérard, 1967.

Weathon, Barbara Ketcham. *L'Office et la Bouche : Histoire des mœurs de la table en France 1300-1789*, Paris, Calman-Lévy, 1984.

Weeden, William B. *Economic and Social History of New England, 1620-1789*, 2 t., Cambridge, Mass., Riverside Press, 1891.

Wintringham, Thomas et Blashford-Snell, John. *Weapons & Tactics*, Londres, Penguin, 1973.

Chartrand, René. « Les drapeaux en Nouvelle-France »,
Conservation Canada, I, N° 1, 1974.

– « The Troops of French Louisiana
1699-1769 », *Military Collector & Historian, Journal of the
Company of Military Historians*, XXV, N° 2, été 1973.

– « From Versailles to Wyoming : French Exploration
and Trade in the 18th century West », *Journal of the West*,
XXVI, N° 4, octobre 1987.

Cloaree, Alain. « L'Ordre royal et militaire de Saint-Louis
et l'Institution du mérite militaire », *Arts & Curiosités*
(Paris), novembre-décembre 1975.

Cros, Bernard. « Les Ingénieurs de la Marine au XVIIe et
XVIIIe siècles », *Neptunia*, N° 170, juin 1988.

Desloges, Yvon. « Le logement militaire à Québec au
XVIIIe siècle », *Canadian Defense Quarterly*, hiver, 1987.

Doulgas, William A.B. « The Sea Militia of Nova Scotia,
1749-1755 », *Canadian Historical Review*, XLVII, 1966.
Dubuc, Élise. « Costumes des gens de mer du XVIe siècle
trouvés dans l'estuaire du Saint-Laurent : un bon exemple
de hardes de marins au temps de la découverte du
Nouveau Monde », *Canadian Folklore Canadien*, X,
Nos 1 et 2, 1988.

Eccles, William J. « The Social, Economic, and Political
Significance of the Military Establishment of New
France », *Canadian Historical Review*, LII, 1971.

Edwards, Joseph Plimsoll. « The Militia of Nova Scotia,
1749-1867 », *Collections of the Nova Scotia Historical Society*,
XVII, 1913.

Fortier, Margaret. « The Development of the Fortifications
at Louisbourg », *Canada, An Historical Magazine*, I, N° 4,
1974.

ARTICLES

Allaire, Gratien. « Officiers et marchands : les sociétés de
commerce des fourrures, 1715-1760 », *Revue d'histoire de
l'Amérique française*, XL, 1987.

Back, Francis. « S'habiller à la canadienne »,
Cap-aux-Diamants, N° 24, hiver 1991.

Back, Francis. « Le capot canadien : ses origines et son
évolution aux XVIIe et XVIIIe siècles », *Canadian Folklore
Canadien*, X, Nos 1 et 2, 1988.

Baker, Raymond F. « Une campagne d'amateurs : le siège
de Louisbourg en 1754 », *Lieux historiques canadiens :
cahiers d'archéologie et d'histoire*, N° 18, Ottawa,
Parcs Canada, 1978.

Barkham, Selma. « The Spanish Province of Terranova »,
The Canadian Archivist/L'Archiviste canadien, Ottawa,
Archives nationales du Canada, II, N° 5, 1974.

Bourassin, Emmanuel. « Les Gardes des reines-régentes,
des princes du sang et des grands officiers de la
couronne », *Uniformes*, N° 119, octobre 1988.

Chapin, Howard M. « Colonial Military Flags », *New
England Quaterly*, IV, 1931.

Grenier, Robert. «Excavating a 400-year-old Basque Galleon», *National Geographic*, CLXVIII, N° 1, juillet 1985.

Hennet, Léon. «Les Milices gardes-côtes», *Revue maritime et coloniale*, LXXXVIII et LXXXIX, 1886 et 1887.

Lanctôt, Gustave. «Les troupes de la Nouvelle-France», *Canadian Historical Association Annual Report*, 1926.

Marchal, Charles, Michel, Sophie. «Les Ordres du roi», *Arts & Curiosités* (Paris), novembre-décembre 1981.

Maurault, Olivier. «Les Aumôniers des troupes pendant les campagnes du Canada sous le Régime français», *Les Cahiers des Dix*, XXX, 1965.

Moore, Christopher. «The Maritime Economy of Isle Royale», *Canada, An Historical Magazine*, I, N° 4, 1974.

Morgan, Robert J. et MacLean, Terrence D. «Social Structure and Life in Louisbourg», *Canada, An Historical Magazine*, I, N° 4. 1974.

Ouellet, Fernand. «Les officiers de la milice et la structure sociale au Québec, 1660-1815», *Actes du 4e Colloque international d'histoire militaire*, Ottawa, 1979.

Peyser, Joseph L. «The Fate of the Fox Survivors : A Dark Chapter in the History of the French in the Upper Country, 1726-1737», *Wisconsin Magazine of History*, LXXIII, N° 2, hiver 1989-1990.
Piers, Harry. «The Fortieth Regiment...», *Collections of the Nova Scotia Historical Society*, XXI, 1927.

Tuck, James A. «Unearthing Red Bay's Whaling History», *National Geographic*, CLXVIII, N° 1, janvier 1985.

Wilson, Clifford. «La Vérendrye Reaches the Saskatchewan», *The Canadian Historical Review*, XXXIII, N° 1, mars 1952.

THÈSES

Cassel, Jay. *The Troupes de la Marine in Canada, 1683-1760 : Men and Materiel*, Ph.D., University of Toronto, 1987.

Douglas, William A.B. *Nova Scotia and the Royal Navy, 1713-1766*, Ph.D., Queen's University (Kingston, Ont.), 1973.

Foote, William A. *The American Units of the British Regular Army, 1664-1775*, M.A., Texas Western College, 1959.

Foote, William A., *British Regulars in Colonial America : The Independent Companies, 1664-1764*, Ph.D., Texas A&I University, 1968.

Russ, C.J. *Les Troupes de la Marine 1683-1713*, M.A., Université McGill, 1973.

Sharp, Morrison. *The New England Trainbands in the Seventeenth Century*, Ph.D., Harvard University, 1938.

Viau, Roland. *Anthropologie de la guerre iroquoienne*, Ph.D., Université de Montréal, 1991.

TABLE DES MATIÈRES

235

*Les illustrations qui apparaissent dans l'ouvrage sont répertoriées dans l'index.